이 책을 읽으며 미국에서 박사 과정을 함께 공부한 흑인 친구가 생각났다. 흑인 설교와 관련된 주제가 나오면 늘 그 친구가 발표했는데, 과거의 아픈 흔적이 떠오르면 목소리에 눈물이 스미곤 했다. 흑인의 정서가 일제 강점기를 겪은 우리 민족의 정서와 비슷한 것 같아 깊은 애정을 느꼈다.

이 책은 성경과 하나님을 사랑하고 사람을 향한 거룩한 애정을 지닌 한 사람의 진솔한 고백이다. 이 책을 통해 모든 사람이 하나님 앞에서 사랑받는 한 지체이며 그들을 향해 부르는 하나님의 사랑 노래가 창세 이후로 같은 음률임을 발견하게 될 것이다. 당신은 정말이지 흔치 않은 특별한 책을 들고 있는 것이다.

_ **류응렬** 와싱톤중앙장로교회 담임목사, 고든콘웰 신학대학원 객원교수

"성경은 미국 흑인의 존재와 공간을 지지하는가?"라는 질문에 휘튼 칼리지의 신약학자 이서 매컬리는 "제4의 입장"을 제안한다. 그는 이 입장을 새롭게 창설하려 하지 않는다. 오히려 노예 시절부터 성경을 하나님의 말씀으로 믿으며 권위를 굳건하게 인정한 흑인 기독교 지도자들이 읽고 설교하고 적용한 그 유산 안에 정경적이고, 신학적이며, 동시에 상황적인 성경 읽기가 있었다고 주장한다. 사회문화적 의제에만 집중하며 성경 본문을 버리거나, 반대로 성경 본문에만 치우치다가 문화적 현실을 배제하는 성경 읽기 대신, 복음과 상황 양자를 모두 붙잡은 성경 읽기가 흑인 교회 성경 읽기의 유산이자 전통이라는 사실을 역사적으로, 해석학적으로 보여 주는 것이 저자가 이 책을 쓴 의도이자 목적이다. 이 책은 '거기와 여기', '그때와 지금'에 모두 충실한 해석과 적용이라는 성경 해석학의 핵심 원리를 흑인 기독교 성경 읽기 전통에 성공적으로 실험한 사례 연구로 평가받을 만하다.

_ **이재근** 광신대학교 교회사 교수, 『20세기, 세계, 기독교』 저자

1970년대 한국 교회에서는 아프리카계 미국인이 노예로 살았던 이유가 함의 자손이 종이 되도록 저주를 받았기 때문이라고 설교하곤 했다. 성경 신학적으로 전혀 근거가 없는 이런 해석은, 한국에 복음을 전해 준 미국 남부 출신 선교사들의 보수적인 견해를 그대로 반영한 결과였다. 이 책은 미국 보수 백인 중산층의 시각으로 성경을 읽는 데 익숙해진 한국의 많은 그리스도인들에게 성경을 다른 시선으로 새롭게 볼 수 있게 해 준다. 더 나아가 성경 본문을 그들의 독특한 관점으로 해석하는 흑인 교회의 전통을 통해, 역동적인 근현대사를 겪은 한국 교회의 시각으로 성경을 해석하는 의미 있는 작업 또한 시작되기를 기대해 본다.
_**이태후** 노스 필리 커뮤니티 교회 목사, 미국 필라델피아 흑인 빈민가 사역자

이서 매컬리는 우리가 긴급하게 들어야 할 목소리 가운데 하나다. 이 책은 예언자적이고 성경적이고 신중하고 현명하고 친근하고 논리정연하다. 따라서 더욱 강한 충격을 준다. 우리 시대를 위한 강력한 이야기다.
_**N. T. 라이트** 옥스퍼드 대학교 위클리프 홀 선임 연구원, 『역사와 종말론』 저자

이 책은 바르게 읽은 성경이 어떻게 흑인의 정의와 해방을 위한 원천이 되며, 성경의 권위 안에서 정통 신앙이 어떻게 미국 유색 인종의 존엄과 번영을 뒷받침하는지 명확히 보여 준다. 이서 매컬리는 신학적으로 심오한 깊이에 탁월한 가독성을 놓치지 않으면서 자신의 개인 서사와 통찰을 흑인 교회, 미국 문화, 신중한 성경 해석과 능수능란하게 함께 엮어 밀도 있고 아름다운 태피스트리를 짜낸다. 우리가 사는 동시대의 이 순간, 이보다 더 적실하고 긴급하며 유익하고 소망을 주는 책은 생각할 수 없다.
_**티시 해리슨 워런** 성공회 사제, 『오늘이라는 예배』 저자

이 책에서 이서 매컬리는 당당하게 흑인이자 그리스도인으로서, 성서를 성경(Scripture)으로 또한 흑인의 경험에 적실한 책으로 읽는 일에 헌신한다. 매컬리는 흑인의 성경 해석과 흑인 교회 전통의 제도와 습관이, 모든 독자들로 하여금 어떻게 성경과 신학을 오늘의 긴급한 사안들과 연결하도록 도와줄 수 있는지 보여 준다. 이 책을 붙잡고 씨름하는 이들에게 복이 있을 것이다.
_**재넷 옥** 풀러 신학교 신약학 조교수, Constructing Ethnic Identity in 1 Peter 저자

성경은 정의를 구하는 흑인 그리스도인에게 해 줄 말이 있는가? 잘 알려져 있지만 무시되고 평가절하당하고 잘못 해석되던 본문들을 살펴봄으로써, 이서 매컬리는 성경을 하나님의 말씀으로 신실하게 읽는 것이 흑인 그리스도인들을 (그리고 다른 이들을) 여러 실천으로 소환한다고 말한다. 그 실천은 악을 명명하고 그것에 저항하고 분노를 표현하며 자유와 정의를 추구하는 것, 또한 화해를 촉진하고 용서를 실천하고 소망을 살아 내는 것을 포함한다. 이 모두는 예수님 안에서 계시된 하나님의 복음을 선포하는 일의 여러 측면이다. 참으로 중요한 책이다.

_마이클 고먼 세인트메리 대학원대학교 성서학 및 신학 레이먼드 브라운 석좌 교수

이서 매컬리는 우리 세대의 가장 명철한 신학적 지성이다. 『진리는 나의 집에 있었다』는 현재 기독교 학계의 사막에서 오아시스다. 교수로서 나는 어서 빨리 이 책을 학생들에게 읽히고, 목사로서 어서 빨리 이 책을 제자 훈련에 사용하고 싶다. 성경을 배우는 흑인 학생들은 우리 인종(흑인)과 성경 읽기가 만나는 교차로에서 일어날 수 있는, 부풀린 거짓말과 불행한 문화적 재난의 위험을 본능적으로 안다. 이 책에서 우리는 그 길을 똑바로 걸어갈 수 있는 새로운 빛을 얻는다.

_찰리 데이츠 시카고 프로그레시브 침례교회 담임목사

내 손에 들리기 전까지 나에게 이 책이 얼마나 필요했는지 미처 몰랐다. 『진리는 나의 집에 있었다』는 학문적이지만 명쾌하게 읽히며, 수많은 흑인 그리스도인들이 수 세기 동안 말해 온 것을 전달한다. 현재 일하고 계신 하나님을 놓치고 싶지 않다면, 어서 이 책에 귀 기울이기를 바란다.

_재키 힐 페리 『게이 걸, 굿 갓』 저자

『진리는 나의 집에 있었다』에서 이서 매컬리는 흑인 기독교 전통 안에 언제나 자리 잡고 있었던 찬양, 정통 교리, 정통 실천이라는 아름답고 풍요로운 삼두마차에 경의를 표한다.

_이케미니 우완 *Truth's Table* 저자, *Truth's Table* 팟캐스트 공동 진행자

이 책에서 매컬리는 이론적 방법론을 전하지만 거기에 머물지 않는다. 그는 신앙을 포기하거나 억압적 읽기에 굴복하지 않으면서도 성경 본문에—이전에 우리에게 불리하게 사용되던 본문까지도—어떻게 접근하고 적용할 수 있는지 보여 준다. 『진리는 나의 집에 있었다』가 아프리카계 미국인의 해석학 연구에 추가된 것을 환영한다.

_데니스 에드워즈 노스파크 대학교 신약학 조교수, Might from Margins 저자

우리 시대에 뉘앙스, 은혜, 문화 의식을 담고서 말하는 목소리가 있음에 진심으로 감사한다. 이서는 우리에게 신학적 이해와 흑인됨의 건강한 결합을 제공한다. 꼭 읽어야 할 책이다!

_레크래 힙합 레코딩 아티스트

이것은 신학교의 진부한 모래상자 밖으로 나와 놀고 싶은 신학자와 흑인 성경 사전의 필요성을 인식한 신학생과 사역자를 위한 책이다. 매컬리의 일화와 정의, 제안은 유럽 기독교가 건설한 '색을 지운' 구조 안에서 절박하게 존엄을 되찾고자 하는 사회를 위해 시의적절하다.

_쇼 바라카 힙합 아티스트, AND 캠페인 공동 발기인

흑인 교회의 아들이, 자신을 키워 냈고 계속해서 자신에게 양분을 제공하는 흑인 교회 해석자들에게 보내는 이 감사와 격려의 화답을 엿듣는 것은 큰 깨달음과 감동과 활력을 준다. 지금부터 이 책은 내가 가르치는 모든 성경 해석학 과목에서 필독서가 될 것이다.

_웨슬리 힐 트리니티 목회연구원 성서학 조교수, Washed and Waiting 저자

이 책은 목사, 대학생, 신학생을 비롯해 아프리카계 미국인의 성경 해석이 이 시대의 우리에게 어떻게 소망의 이야기를 들려줄 수 있는지 관심을 가진 모든 이가 꼭 읽어야 한다. 성경과 그에 대한 비판을 진지하게 받아들이는 흑인 그리스도인들이 경찰 활동, 흑인 정체성, 정치적 시위, 정의 추구 같은 사안에 대해 제기해 온 문제들을 다룬 탁월한 책이다.

_리사 필즈 주드3프로젝트 창립자 겸 대표

이서 매컬리 박사는 그가 받은 신약의 학문적 훈련을 흑인 교회 전통을 향한 그의 사랑과 결합한다. 그러한 노력의 결실로, 아프리카계 미국인의 성경 해석 역사에 공헌하는 책이 나왔다. 아주 신선하고 술술 읽힌다.
_ **자비스 윌리엄스** 서던 뱁티스트 신학교 신약 해석학 조교수, Redemptive Kingdom Diversity 저자

이 책은 성경 해석학, 자서전, 흑인 역사와 영성, 미국의 인종 문제에 대한 예리한 문화적 논평, 선별된 신약성경 본문에 대한 통찰력 있는 석의를 독특하고 탁월하게 조합해 냈다.
_ **니제이 굽타** 노던 신학교 신약학 교수, 『신약학 강의 노트』 저자

저자는 우리 앞에 아프리카계 미국인 공동체의 역사적이고 현재적인 우려를 아주 선명하게 제시한다. 그는 건전한 석의 방법론, 깊이 있는 문화적 통찰, 숙련된 적용을 통해 이러한 사안들에 대한 하나님의 마음으로 우리를 데려간다. 그러나 이것이 단지 흑인만을 위한 책이 아님을 알기 바란다. 전혀 그렇지 않다. 복음의 소망으로 이러한 문제들과 씨름하기를 바라는 사람은 누구든 이 책을 집어 들고 읽어야 한다.
_ **어윈 인스 주니어** The Beautiful Community 저자

『진리는 나의 집에 있었다』는 인종에 상관없이 삶을 변화시킬 복음으로 깊이 들어가는 통찰을 제공한다. 이 책을 읽는다면, 당신의 영적 형성의 지평이 넓어질 것이다. 당신은 이 책을 다 읽은 후에도 다시 반복해서 펼치게 될 것이다.
_ **더윈 그레이** 사우스캐롤라이나 트랜스포메이션 교회 창립 목사, 『내 안의 영웅을 깨워라』 저자

이서 매컬리는 성경을 잘 읽는 것이 민족성을 포기하는 것을 의미하지 않는다고 합당하게 주장한다. 대신 우리는 정확하게 우리 자신의 위치로부터 성경을 읽는 동시에, 성경이 우리의 지평을 넓히는 것을 허락해야 한다. 아프리카계 미국 목사와 학자들은 물론이고, 북미 모든 인종의 교회 지도자들이 주의 깊게 살펴보고 숙고해야 할 책이다.
_ **오스발도 파딜라** 비슨 신학교 신약학 교수, The Acts of the Apostles 저자

진리는 나의 집에 있었다

IVP(InterVarsity Press)는
캠퍼스와 세상 속의 하나님 나라 운동을 지향하는
IVF(InterVarsity Christian Fellowship)의 출판부로
생각하는 그리스도인을 위한 문서 운동을 실천합니다.

Originally published by InterVarsity Press
as *Reading While Black* by Esau McCaulley
© 2020 by Esau McCaulley
Translated and printed by permission of InterVarsity Press,
P.O. Box 1400, Downers Grove, IL 60515, USA. www.ivpress.com

This Korean translation edition © 2023 by Korea InterVarsity Press
156-10 Donggyo-ro, Mapo-gu, Seoul 04031, Republic of Korea.

진리는 나의 집에 있었다

READING WHILE BLACK

이서 매컬리
백지윤 옮김

Ivp

우리의 이름을 담은 책을 끝내 보지 못하고 돌아가신
이서 매컬리 시니어를 기념하며
이 책을 바칩니다.
내가 어떤 존재가 되든,
여전히 나는 당신의 아들입니다.

일러두기
이 책에 인용된 성경은 '새번역 성경'을 기본으로 삼았다. 경우에 따라 원어 의미에 가까운 '개역개정 성경'과 '저자 사역'(혹은 '옮긴이 사역')을 사용한 경우 따로 표기했다.

차례

감사의 글 14

1장 남부도 할 말이 있다 흑인 교회의 성경 해석을 위한 공간 만들기 17
2장 자유란 두려움이 없는 것 신약성경과 경찰 신학 45
3장 피곤한 발, 편안한 영혼 신약성경과 교회의 정치적 증언 71
4장 흑인이 읽을 때 성경과 정의 추구 101
5장 흑인과 자긍심 성경과 흑인의 정체성 131
6장 이 울분은 어떻게 할 것인가? 성경과 흑인의 분노 159
7장 노예의 자유 페닝턴의 승리 183
결론 소망의 연습 217

보너스 트랙 흑인 교회의 성경 해석 발전에 관한 추가 고찰 221
토론 가이드 240
참고 도서 242
인명 찾아보기 253
성경 찾아보기 258

---------- 감사의 글 ----------

친구, 가족, 동료의 도움이 없었다면 이 책은 나오지 못했을 것입니다.

나의 어머니 로리, 우리가 가고 싶어 하지 않을 때도 우리를 강권하여 교회로 데려가시고, 하나님이 주시는 더 나은 것을 향한 소망을 우리 안에 불어넣어 주셔서 감사해요. 이것은 나의 책인 만큼 어머니의 책이기도 합니다. 내 형제자매 라타샤, 마케다, 브랜든, 내가 사랑받을 만하게 행동하지 않을 때도 나를 사랑해 줘서 고마워.

아내 맨디, 당신에게는 모든 것에 대해 감사해요.

루크, 클레어, 피터, 미리엄, 나의 바람은 너희에게 어려움이 찾아올 때, 우리의 선조들이 그랬던 것처럼 신구약 성경을 읽으며 거기서 소망의 원천을 찾는 법을 기억하는 것이란다. 만약 그 소망이 어떤 모습인지 생각나지 않는다면, 이 책이 너희를 안내해 주기를 기도한다.

주드3프로젝트(Jude 3 project)의 리사 필드, 내가 책임감을 가져야 할 공동체가 있음을 일깨워 주어 감사합니다. 티시 해리슨 워런, 글쓰기가 아름다울 수 있고 또 아름다워야 함을 기억할 수 있게 도와줘서 고마워요.

찰리 데이츠, 신실한 흑인 교회의 설교와 목회의 본이 되어 줘서 감사합니다. 또한 앤드(AND) 캠페인의 저스틴 기보니, 신실한 시민운동이 여전히 가능하다는 것을 일깨워 줘서 감사합니다.

N. T. 라이트, 박사 과정 학생인 나를 믿어 주고 학계에서 내 길을 발견하도록 격려해 주셔서 감사합니다.

노스이스턴 신학교와 현 휘튼 칼리지의 교수진, 직원, 학생들 모두 그동안 준 격려와 대화에 감사드립니다.

아나 기싱과 IVP 직원들, 이 기획의 중요성을 믿어 주셔서 감사합니다. 아나, 당신은 모든 글, 전화, 이메일을 받아 준 공로를 인정받아 마땅해요. 다음번에는 더 잘 해 볼게요. (아마도 그러지 못할 가능성이 높겠지만.)

1장

남부도 할 말이 있다

흑인 교회의 성경 해석을 위한 공간 만들기

> 성경에 기록하기를, "나는 믿었다. 그러므로 나는 말하였다" 하였습니다. 우리는 그와 똑같은 믿음의 영을 가지고 있으므로 우리도 믿으며 그러므로 말합니다. _ **고린도후서 4:13**

> "그런데 그게 말이죠.… 저는 사람들이 지겨워요. 무슨 말인지 아실 거예요. 마음이 꽉 닫힌 사람들이요. 이건 그러니까 우리에게 데모 테이프가 있는데 아무도 들어 보고 싶어 하지 않는 그런 거예요. 그런데 그게 말이죠. 남부도 할 말이 있다는 거예요." _ **안드레 3000**

나의 어머니는 자식들이 복음에 푹 잠기도록 최선을 다 하셨다. 대부분의 일요일, 우리가 있을 곳은 뻔했다. 매컬리들은 오전 10시부터 성령이 자신의 일을 마치실 때까지 앨라배마주 헌츠빌의 유니온 힐 제일 침례교회의 회중석에 안전하고 안락하게 자리를 잡고 있을 것이다. 그러나 어머니가 천방지축 네 아이를 주님의 집으로 끌고 갈 수 없을 만큼 크라이슬러 공장에서의 노동이 너무 고될 가능성도 언제나 있었다. 이 피곤이 **제 일**을 해내도록 돕기 위해, 우리는 어머니가 깊은 잠에서 깨지 않기를 바라며 교회당 생쥐처럼 조용히 숨죽이고 방 안에 있곤 했다. 우리의 계획이 실패로 돌아갔다는 신호는 라디오에서 들려오는 마할리아 잭슨(Mahalia Jackson)의 노랫소리였다. 마할리아가 "어메이징 그레이스"를 부르기 시작하면 다 끝난 일이었다.

우리집은 복음성가를 알았다. 마할리아와 더불어, 자기의 노새 좀 잡고 있으라는 셜리 시저(Shirley Caesar, "Hold My Mule"이라는 유명한 복음성가를 불렀다―옮긴이), 자신은 결코 피곤함을 느끼지 않는다고 일깨워 주는 제임스 클리블랜드(James Cleveland, "I Don't Feel No Ways Tired"라는 역시 유명한 복음성가를 불렀다―옮긴이)가 쉬지 않고 흘러나왔다. 복음성가는 우리집을 채웠고 우리의 상상력을 형성했다. 우리가 그것에 반항할 때조차 그랬다.

네 자녀의 소망과 꿈에 끊임없이 영향을 준 두 번째 증인은 거실 선반 위에 자리잡은 두꺼운 킹 제임스 성경이었다. 킹은 읽는 책이라기보다는 일종의 부적 같은 역할을 했다. 어머니는 우리에게서 진실을 캐내고 싶을 때, 킹 제임스 성경 위에 손을 얹고 우리가 말한 것이 진실이라고 맹세하게 하셨다. 가장 뻔뻔한 죄인이 아니고서야 우리 중에 감히 어머니, 예수님, 킹 제임스 앞에서 거짓말을 할 수 있는 사람은 없었다. 또한 우리는 기독교 만화 "수퍼북"를 보았고, 주중 성경공부 모임과 등록비를 감당할 수 있는 모든 여름성경학교에 참석했다. 성경은 어디에나 있었다.

그러나 나는 환경에 둘러싸인 아이이기도 했다. 나는 힙합을 사랑하는 앨라배마 출신의 남부 흑인 소년이었다. 어머니가 마할리아의 노래를 잠깐 멈추기가 바쁘게 나는 남부 힙합 음악을 틀었다. 내가 노스웨스트 헌츠빌의 학교와 파티에 오가며 운전을 하고 다닌 델타 99번 도로는 아웃캐스트(OutKast), 구디맙(Goodie Mob), 마이애미(Miami)의 베이스 음으로 쿵쾅댔다. 이 음악들 역시 내가 세상을 해석하는 데 도움을 주었다. 그것은 바로 내 도시의 흑인과 갈색 인종의 몸을 철저하게 굴종시키는 것처럼 보이는 세상이었다.

간단히 말해, 나는 주님과 문화를 알았다. 나의 애정을 차지하기 위해 그 양쪽은 끝없는 싸움을 벌였다. 나는 힙합을 사랑했다. 때로 오직 래퍼들만이 남부 흑인의 삶을 특징짓는 위험과 드라마와 유혹이 자극적으로 뒤섞인 경험이 어떤 것인지 제대로 이해한다고 느껴졌기 때문이다. 그들은 약물과 폭력, 경찰과의 (심지어 하나님과의) 대면을 노래했다. 그들은 자신들에게 강요된 그 삶을 반추하면서도 그에 대한 해결책을 제공하지는 않았다. 그렇지만 나는 어머니의 복음성가도 사랑했다. 그것은 나를 소망으로 채워 주며, 변하지 않는 오래된 무엇인가에 나를 연결해 주었기 때문이다. 힙합이 허무주의와 실용주의적 윤리(게임은 게임이고 우리는 살아남기 위해 해야만 하는 것을 할 뿐이다)로 기울어 있었다면, 성경의 말씀과 사상에 기반한 어머니의 음악은 무엇인가 더 크고 넓은 것에 대한 비전을 제공해 주었다. 이는 단지 두 장르 음악 간의 싸움이 아니다. 나는 흑인의 허무주의와 흑인의 소망 간의 싸움을 말하고 있다. 절망을 향하도록 우리를 유혹하는 세상에서, 어떻게 기독교 전통이 소망을 위해 싸우고 그것을 위한 공간을 만드는지 말하고 있다. 소망을 위한 이 싸움의 핵심은 흑인 교회로부터 나오는 성경 읽기와 해석의 실천, 즉 내가 흑인 교회의 성경 해석이라 부르는 것이었다고 나는 주장한다.

1990년대는 동부와 서부 두 연안이 서로 전쟁을 벌인 힙합 논쟁의 시기였다. 캘리포니아 거리의 삶을 연대기적으로 기록하는 갱스터 랩뮤직 전문 음반회사 데쓰로우(Death Row)가 서부 연안을 이끌었다. 동부 연안에서는 배드보이(Bad Boy) 레코드사가 기교적 가사와 흑인 찬양에 가치를 두는 전통을 대표했다. 대립의 핵심에 있는 문제는 랩뮤직의 본성 자체, 즉 어떤 태도와 어조, 초점이 맞느냐 하는 것이었다.

서서히 무르익던 적대감은 1995년 제2회 소스(Source) 시상식에서 절정에 달했다. 이 모임은 1990년대 흑인 힙합 문화의 중재자 역할을 하던 잡지의 축하 행사였다. 1995년의 시상식은 뉴욕에서 열렸다. 따라서 객석은 단연코 동부의 편이었다. 서부 연안 예술가가 상을 받을 때마다 거침없는 야유가 터져 나왔다. 마침내 신인상 순서가 되었을 때, 동부 연안도 서부 연안도 아닌 그 어느 쪽과도 특별히 관계가 없는 남부에서 온 그룹 아웃캐스트가 수상자로 드러났다. 그러나 때가 때인 만큼, 그들은 동부 출신이 아니라는 이유만으로 승리의 순간에 야유를 받아야 했다.

이에 대한 응답으로, 두 멤버 가운데 좀 더 별난 안드레 3000(André 3000)이 사람들 앞에 서서 말하기 시작했다. 이번 장을 시작한 바로 그 인용문이다.

그런데 그게 말이죠.…저는 사람들이 지겨워요. 무슨 말인지 아실 거예요. 마음이 꽉 닫힌 사람들이요. 이건 그러니까 우리에게 데모 테이프(악곡과 연주를 다른 사람에게 들려주기 위해 만든 테이프―편집자)가 있는데 아무도 들어 보고 싶어 하지 않는 그런 거예요. 그런데 그게 말이죠. 남부도 할 말이 있다는 거예요.[1]

안드레는 자신이 남부 사람이고 흑인이며 다르다는 것에 대해 어떤 변명도 하지 않겠다고 선언했다. 동부와 서부가 문화에 공헌할 부분이 있다는 것은 인정하면서도, 남부 역시 그 자체로 존중받을 가치가 있는 제3의 존재라는 것이다. 그 뒤에 따라온 부담과 비난은 그들을 망가뜨리지 못했다. 대신 그들을 작업실로 되돌려 보냈다. 그 결과, 많은 이들에게 가장 영향

---

[1] 이 이야기는 2014년에 미국 음악 전문 채널 VH1에서 만든 다큐인 *ATL: The Untold Story of Atlanta's Rise in the Rap Game*에서 다시 언급된다.

력 있는 힙합 음반 중 하나로 꼽히는 '아퀘미니'(Aquemini)라는 제목의 앨범이 만들어졌다. 이는 당당하게 남부적이면서도 동부와 서부의 요소에서 영향을 받은 독특한 앨범으로 남아 있다. 연안의 충성 제약에서 자유로운 그들에게는 창의력을 발휘할 공간이 있었다. 나는 종종 흑인 교회의 성경 해석자들에게 '아퀘미니', 즉 진정으로 우리 자신이면서 조금 다르게 존재할 수 있는 자유가 필요하다고 생각했다.

내가 말하는 흑인 교회의 성경 해석자는 누구를 지칭하는가? 나는 흑인 교회의 교리에 대한 근본적이고 지속적인 헌신, 설교, 공적 증언, 정신에서 발견되는 신앙에 의해 형성된 흑인 학자와 목사를 염두에 두고 있다. 다양한 이유로, 이러한 흑인 교회의 전통은 책으로 출간된 적이 거의 없다. 이 전통은 아프리카계 미국 그리스도인들의 설교 강단, 설교 원고, CD 및 녹음테이프 사역, 동영상 안에 살아 있다.

분명히 하자. 흑인 기독교 전통은 하나의 단일한 거대 조직이 아니며 한번도 그런 형태를 띤 적이 없었다. 하지만 흑인 교회 전통은 모든 그리스도인이 일반적으로 믿는 많은 것을 고수한다는 의미에서 신학적으로 대체로 정통적이라고 타당하게 말할 수 있다. 이러한 정통성은 3대 흑인 교단인 미국침례교회(National Baptist Convention), 그리스도 하나님의 교회(Church of God in Christ, COGIC), 아프리카 감리교 감독교회(African Methodist Episcopal Church, AME)의 신앙 선언문에 반영되어 있다.[2] 그럼에도 이러한 시각을 공유하는 흑인 신학자나 저자들은 자신들이 소스 시

---

2 _ 그리스도 하나님의 교회의 신앙 선언문은 www.cogic.org/about-company/statement-of-faith, 미국침례교회의 선언문은 www.nationalbaptist.com/about-nbc/what-we-believe, 아프리카 감리교 감독교회의 선언문은 www.ame-church.com/our-church/our-beliefs를 보라.

상식에 서 있는 아웃캐스트와 같음을 발견한다. 우리는 백인 진보 진영과 백인 복음주의 간의 싸움으로 떠밀려 들어가 양쪽 모두로부터 각기 다른 방식으로 소외당한다. 진보적 아프리카계 미국인 형제자매에게로 시선을 돌릴 때, 우리는 많은 사안에서 고개를 끄덕이며 동의한다. 그러나 종종 익숙하면서도 이질적인 이상한 부조화를 느낀다. 따라서 우리는 무엇인가 다른 점, 즉 제4의 입장 때문에 모든 방향으로부터 비판을 받는다.[3] 나는 이 제4의 입장을 흑인 교회의 신학이라 부르고, 그 방법론을 흑인 교회의 성경 해석이라 칭하고 있다. 이는 새로운 생각이나 방법을 제안하고자 함이 아니라 이미 존재하는 실천을 정확하게 표현하고 적용하려는 시도다.

나는 이 제4의 입장, 당당하게 흑인으로서 접근하는 정통적 성경 읽기가 오늘날 흑인 그리스도인에게 적실한 이야기를 들려줄 수 있다고 주장한다. 흑인 교회의 전통이 지닌 최고의 본성, 즉 정의에 대한 공적 옹호, 흑인의 신체와 영혼의 가치에 대한 확고한 긍정, 다민족 신앙 공동체에 대한 비전이 이 전통의 중심에 서 있는 이들에 의해 구현될 수 있다고 주장한다. 이것은 성경이 무엇인가 할 말이 있음을 의심하는 이들의 냉소주의에 맞서는 것, 즉 소망을 위해 싸우는 일이다.

흑인 교회의 전통이 우리 시대를 위해 해 줄 말이 있다는 결론에 어떻게 이르게 되었는지 설명하기 위해, 나는 내가 지금껏 알아 온 여러 해석학 공동체를 빠르게 돌아보는 여행을 떠나고자 한다. 나의 논의가 개인적 진술에 불과해 보일 수 있지만, 사실은 각 전통의 학자 및 목사들과 오랫동안 나눈 교류에 기반하고 있다. 보다 온전하고 미묘한 차이를 담아내는

---

3 _ 다음 장에서 분명해지겠지만, 나는 흑인 진보 전통이 흑인 교회 외부에 존재한다고 주장하는 것이 아니다. 그들은 흑인 교회의 한 발현이다. 그들은 여전히 흑인 신앙의 본질에 대한 우리 공동체 내부에서 계속되는 대화의 일부로 남아 있다.

논의는 할 수 없었지만(이 자체로 책 한 권이 필요하다), 다만 내가 누군가를 비판하는 경우에도 부정적인 면만 강조하거나 과장하지 않기를 바랄 뿐이다. 이 서론은 책의 대부분을 차지할 보다 건설적 논의를 위한 준비 작업이 될 것이다.

진보주의자, 복음주의자, 흑인 학생

대학 입학 첫날, 나는 백인의 교실을 처음으로 접했다. 그전까지는 교회, 동네, 학교, 스포츠팀까지 모든 것이 검었다. 대조적으로 대학은 98퍼센트가 하얗게 보였다. 그 학교에 가기로 결정했을 때, 대다수가 백인이라는 사실은 알고 있었다. 그렇지만 신입생 모집 담당자들은 문화적 불편함이 양질의 교육을 위해 치러야 할 작은 대가라고 했다. 내가 무엇을 알았겠는가? 나는 낯선 고등교육의 세계에서 길을 찾기 위해 최선을 다하는 십대였을 뿐이다.

나는 역사와 종교를 복수전공 하기로 결정했다. 이 두 과목, 즉 내 민족의 역사와 내 기독교 신앙은 나의 정체성에서 핵심을 차지했기 때문이다. 나는 혼자서 중간 항로(Middle Passage, 아프리카 노예를 아메리카 대륙으로 강제 운송하던 악명 높은 대서양 항해 경로로, 상상을 초월하는 열악한 운송 환경 때문에 잡혀 온 약 2천만 명의 아프리카인 중 거의 절반이 항해 도중 사망한 것으로 추정된다―이하 옮긴이), 남북전쟁, 재건 시대(Reconstruction, 남북전쟁 이후 재건과 회복이 이루어진 시기이지만, 오히려 남부에서는 이제 자유인이 된 흑인에 대한 백인의 적개심과 제도적 차별이 점점 극심해진 시기이기도 하다), 할렘 르네상스(Harlem Renaissance, 1920년대 뉴욕의 할렘 지구를 중심을 시작된 흑인 문화예술

부흥기), 흑인 인권 운동(Civil Rights Movement, 1950-1960년대에 걸쳐 인종차별에 저항한 시민운동으로, 앨라배마주의 몽고메리에서 흑인 여성 로자 파크스가 버스에서 백인에게 자리 양보를 거부했다가 유죄판결을 받자 이 지역의 흑인들이 버스 보이콧을 하면서 흑인의 인권 탄압에 저항하는 대규모 시위가 시작되었고, 마틴 루터 킹 목사를 중심으로 흑인의 투표권을 요구하는 비폭력 거리 행진으로 이어졌다), 마약 대유행(crack epidemic, 1980년대 초에서 1990년대 초까지 미국 주요 도시, 특히 흑인들 사이에서 마약 사용이 급증했던 현상)에 관해 읽었다. 그러나 더 알고 싶었다. 나는 우리가 지금 서 있는 지점에 어떻게 오게 되었는지 알고, 그런 뒤 역사의 교훈이 내가 앞으로 나아가는 길의 지도를 그리는 것을 어떻게 도와줄 수 있을지 분별해야 했다. 더 긴급하게는, 그것이 꼭 들려져야 할 이야기라는 생각이 들었다. 그러나 또한 나는 예수님과 성경을 사랑하도록 자란 그리스도인이기도 했다. 나는 어려운 질문들에 대한 단순한 해답 너머에 닿고 싶었다. 나는 나의 신앙뿐 아니라 다른 이들의 신앙을 이해하기 위해 도전받고 내 한계를 늘려 보고 싶었다. 나는 둘 중 하나를 고르기보다 양쪽 세계의 가장 좋은 것을 좇기로 결정했다. 나는 성경과 역사를 공부할 것이다. 그렇지만 대학 2학년 말이 되면 그중 한 전공만 남게 될 것이다.

성경 고등 비평을 처음 경험하는 독실한 학생이라면 당황하지 않을 수 없다. 단순하기만 했던 것들이 훨씬 복잡해진다. 창세기의 두 창조 기사를 어떻게 조화시킬 것인가? 복음서 간의 차이를 어떻게 다룰 것인가? 바울과 야고보 양쪽의 목소리를 모두 들을 수 있도록 대화를 어떻게 풀어낼 수 있을까? 요한계시록은 어떻게 할 것인가? 신구약 성경에 나오는 폭력과 듣기 불편한 구절들은 어떻게 하는가?

성경을 배우면 우리의 신앙이 변화된다. (또한 바라기로는 성숙하고 깊어지게 한다). 대부분 교수가 수업에서 무엇을 하고자 하느냐에 달려 있다. 교수들은 우리의 목회자가 아니다. 안전을 제공하는 것은 그들의 일이 아니다. 어떤 교수는 어려운 문제들이 사실 그렇게 어렵지 않다고 말하면서 문제를 에둘러 간다. 다른 교수는 이러한 문제들에 정면으로 맞서 그것을 관통해 반대편으로 가는 다른 길을 제시한다. 또 다른 교수는 학생 스스로 이러한 문제들과 씨름하도록 내버려 둔다. 때로는 특정한 관심사를 가지고 있는 경우도 있다. 해체를 노리는 것이다.

첫 성경 수업에 들어갔을 때, 나는 나도 모르게 수백 년에 걸친 백인 복음주의자와 백인 주류 개신교인 간의 전쟁 안으로 들어갔다. 교수들은 후자에 공감을 드러냈다. 그들은 남부를 둘러싼 모든 폐해의 원인이 백인 근본주의라 믿었고, 그들의 목표는 학생들에게서 그것을 제거하는 것이었다. 그들에게 더 나은 남부 사람은 백인 주류 교회의 진보적 남부 사람이었다. 그들의 생각에, 진보적인 남부 사람이 되는 것은 정치, 경제, 종교 등에 대해 백인 주류 개신교가 합의한 오직 더욱 **근본적인** 의견을 위해 성경의 중심성을 거부할 때에만 가능했다. 그들은 '오래된 이야기들'과 '오래된 신들'은 설화처럼 성찰을 자극한다는 점에서 유익하다고 생각하지만 서구 지식인의 가장 최신 선언들이 우리에게 남겨 준 새로운 통찰과는 경쟁할 수 없다고 믿는 것 같았다. 이 이야기에서 흑인 학생들은 사실 **행위자**에 포함되어 있지 않다. 우리는 행위의 대상이고, 우리의 고통은 백인 근본주의의 악을 보여 주는 예로서 기능했다.

내 교수님들의 주장은 일면 타당하다. 남부(와 북부)에서 근본주의 그리스도인이 흑인에게 정말 말로 다 할 수 없는 해를 가한 것은 역사를 깊이 파고들지 않더라도 볼 수 있다. 그들은 자신들의 개인적이고 집단적인 죄를 정당화하기 위해 성경을 이용했다. 그러나 이보다 어쩌면 더 중요한 두 번째 증언이 있다. 자신들의 존엄성과 희망을 종종 부정하는 문화 속에서 그들 존엄성과 희망의 토대를 바로 **이 동일한** 성경에서 찾았던 흑인 그리스도인들의 증언이다. 내 교수님이 근본주의자들에게서 성경을 빼앗고자 하는 노력은, 흑인 그리스도인들에게서 그들이 서 있는 반석을 강탈하는 것이기도 했다.[4]

　문제가 있어 보였다. 만일 성경에 근본적으로 흠이 있고 주류 개신교의 본문 수정 없이는 대체로 쓸모가 없다면, **기독교는 정말로 백인의** 종교인 것이다. 그들은 나의 동의 없이 그것을 재구성하고 있었다. 더 나아가, 이 재구성된 종교의 형태는 20세기 유럽 지식인의 형상을 담고 있었다.

　만일 흑인 그리스도인들의 자유를 위해 성경을 거부해야 한다면 그러한 시각은 근본주의자들이 성경을 제대로 해석했다는 느낌을 준다. 그렇다면 인종차별주의자들이 우리에게 행한 모든 일은 강력한 성경적 근거를 갖게 된다. 내 교수님의 승리는 너무도 내 어머니의 패배처럼 느껴졌다. 어머니는 나에게 인종차별주의자는 형편없는 해석자이며, 모든 사람의 가치에 대해 말하는 성경 본문에서 흑인의 존엄에 대한 확증을 발견하는 우리야말로 성경을 정확하게 읽고 있는 것이라고 늘 말씀하셨다. 이 논쟁 전체는 흑인의 증언을 전혀 고려하지 않은 채 만들어지고 진행되었다. 나는 다른 누군가의 전쟁에서 피해자일 뿐이었다.

　결국 이 전쟁은 나에게 그다지 흥미롭지 않았고, 나는 내 노력의 초점을 역사에 맞추기로 결정했다. 내가 종교 전공을 철회한 것은 그것이 어려운 질문들로 나의 신앙을 도전했기 때문이 아니라, **올바른 어려운 질문**

---

4 _ 내가 고등 비평의 요소들을 수용하면서도, 내 교수님들의 모든 주장이나 결론이 설득력 있다고 생각하지는 않았다는 사실은 잠시 옆으로 제쳐 놓기로 한다. 그렇지만 이 차이를 연대순으로 기록하자면 또 다른 책 한 권이 필요할 것이다.

들을 던지지 않았기 때문이다.[5] 그럼에도 이 수업들에서 제기된 질문들은 충분히 역설적이게도, 내가 성경과 흑인 문화 사이의 관계를 둘러싼 사안들로 다시 돌아가는 여정을 시작하게 만들었다.

내가 다닌 대학은 또 다른 해결책으로 복음주의를 제시했다. 나의 교수님과 다른 사람들은 복음주의를 피하라고 당부했고, 복음주의자들이 근본주의자의 후손이니 신뢰해서는 안 된다고 경고했다. 처음에는 모든 것이 괜찮았다. 복음주의자가 성경에 대해 말하는 방식에는 흑인 교회와 연결되는 지점이 있었다. 성경에 대한 강조는 나를 형성한 전통을 떠올리게 했다. 사람마다 **복음주의**를 다르게 인식하므로, 내가 사용하는 이 용어의 의미를 명확하게 하는 것이 중요하다. 역사학자 데이비드 베빙턴(David Bebbington)의 정의를 많은 사람이 좋은 출발점으로 삼는다. 그는 복음주의의 네 가지 특징을 다음과 같이 개괄한다.

- 회심주의(Conversionism): '다시 태어나는' 경험과 예수님을 따르는 일생의 과정을 통해 삶이 변화되어야 한다는 믿음.
- 행동주의(Activism): 선교와 사회 개혁의 노력 안에서 복음을 표현하고 입증하는 것.
- 성경주의(Biblicism): 절대적 권위로서 성경을 매우 중요시 여기고 성경에 순종하는 것.
- 십자가 중심주의(Crucicentrism): 인간의 구속을 가능하게 하는 예수 그리스도의 십자가 희생에 대한 강조.[6]

---

5 _ 내가 염두에 두고 있는 질문들의 예로서, 흑인의 울분을 다룬 이 책 6장을 보라.
6 _ David Bebbington, *Evangelicalism in Modern Britain: A History from the 1730s to the 1980s* (London: Routledge, 1989), pp. 1-17. 『영국의 복음주의: 1730-1980』(한들). 또한 Mark

성경에 관한 믿음, 보다 일반적으로는 기독교 신학에 관한 믿음에 있어서 복음주의와 흑인 교회 사이에 공통점이 많다는 것은 누구나 아는 사실이다.7 흑인 교회 가운데 이 목록에 포함된 내용을 문제 삼는 경우는 거의 없을 것이다. 문제는 여기서 빠진 것들이다.

나는 역사, 특히 아프리카계 미국인의 역사에 초점을 맞추기 위해 종교 전공을 철회한 뒤, 복음주의자들 사이에서 머물기 시작했다. 졸업과 동시에 나는 신학 공부로 돌아가 복음주의 신학교에서 목회학 석사를 전공하기로 결정했다. 그 이유는 내가 신학 연구와 흑인 역사 및 문화 사이에서 여전히 갈등하고 있었기 때문이다. 그러나 나는 둘 중 하나를 선택해야 한다는 생각은 잘못임을 깨닫지 못했다.

복음주의자들 사이에서 시간을 보낼수록, 나는 점점 그 공간에서 미묘하고도 미묘하지 않게, 그들이 흑인 문화의 '투박함'(uncouthness)이라고 보는 것에 대한 일종의 무시가 자라날 수 있음을 깨달았다. 우리의 교회는, 우리 목회자들이 항상 학문적 언어로 말하지는 않기 때문에 신학적으로 들리지 않는다는 말을 들어야 했다. 내가 다닌 복음주의 신학교에서 우리가 읽는 책들의 저자는 거의 대부분 백인이었다. 마치 성경에 관한 모든 중요한 대화는 독일인들이 성경 본문을 분해하기 시작할 때 시작되었고, 그렇게 너덜너덜해진 성경을 복음주의자들이 와서 다시 하나로 모으기라도 한 것처럼 말이다. 나는 영국의 복음주의자와 독일의 자유주의자 사이

Noll, *The Rise of Evangelicalism* (Downers Grove, IL: IVP Academic, 2003), pp. 17-20를 보라. 『복음주의 발흥』(기독교문서선교회).

7 _ 퓨 리서치(Pew Research)는 59퍼센트의 흑인 개신교인과 57퍼센트의 복음주의자가 성경은 하나님의 말씀이며, '문자적으로' 해석해야 한다고 믿는 것을 발견했다. "Members of the Historically Black Protestant Tradition Who Identify as Black", Pew Research Forum, 2020년 2월 26일 접속. www.pewforum.org/religious-landscape-study/radical-and-ethnic-composition/Black/religious-tradition/historically-Black-protestant.

에 벌어졌던 논쟁의 윤곽을 배웠다. 흑인 그리스도인들 사이에서 무슨 일이 일어나고 있든, 그것은 진짜 성경 해석과는 별 상관없는 일처럼 보였다. 나는 이러한 무시를 공기처럼 마셔야 했고, 목소리로 그것을 거부할 때조차 회의가 내 무의식 안으로 스며들었다.

마침내 나는 몇 가지를 의식하기 시작했다. 나는 복음주의 신학의 많은 부분에 대해 편안하게 느꼈지만 실제로 분명히 단절된 것들이 있었다. 첫째, 이 그룹들 안에는 흑인 교회를 묘사하는 특정 그림이 있었다. 나는 사회 복음(social gospel)이 흑인 기독교를 손상시켰다는 말을 들었다. 나는 흑인 기독교에 나의 소망을 두기보다, 이 나라의 초창기일 수도 있고 전후 미국 개신교의 붐이 일던 시기일 수도 있는 신학의 황금기를 바라보아야 했다. 그러나 내 안의 역사가는 이러한 신학적 신실함에서의 최고의 순간이 동시에 흑인의 자유와 관련해서는 최악의 순간이었음을 깨달을 수밖에 없었다.

나는 앞에서 개괄한 복음주의의 네 기둥 옆에 무언의 다섯 번째와 여섯 번째 기둥이 수시로 존재한다는 것을 알게 되었다. 그것은 불의를 대수롭지 않게 여기는 특정 방식의 미국 역사 읽기에 대한 일반적 합의, 인종차별과 구조적 불의에 관한 현재적 사안에 대해 대체로 침묵하기로 하는 신사적 합의다. 내 민족이 자신이 원하는 동네에 집을 살 수 없고, 실력이 충분해도 원하는 학교에 다니지 못한 때를 너무 자주 정당하게 인정하는 전통 안에서 어떻게 내가 편안할 수 있겠는가? 탁자에 앉을 수 있는 대가가 침묵이라면, 그런 공동체 안의 내 자리를 어떻게 받아들일 수 있겠는가?

나의 분투는 미국 역사와 정의의 사안을 다른 방식으로 읽는 문제 이상의 것이었다. 나는 복음주의의 어떤 부분에서 성경이 **기능하는** 방식에 문제를 느꼈다. 많은 이들에게 성경은 바울의 칭의 교리에 대한 더 정교한 요점을 놓고 끝없이 전쟁을 벌이는 장으로 축소되었다. 진정한 학자란 종교개혁 이래 맹렬히 계속되어 온 논쟁에서 가장 최근 엎치락뒤치락한 상황을 정확하게 진술할 수 있는 이들이었다. 맞다. 하나님 앞에서 우리의 위치에 대한 문제는 중요하다. 절대적으로 중요하다(나는 종교개혁의 위대한 강조점들을 높이 평가한다). 그러나 성경이 그리스도인이자 하나님 나라의 시민으로서 어떻게 살아야 한다고 말하는지 역시 궁금했다. 나는 성경이 우리에게 생명의 신성함, (군대와 경찰을 포함한) 통치 체제의 권위, 종교의 자유를 변호해야 한다는 말을 들었다. 다시, 이 각각의 문제는 모두 중요하다. 나는 낙태반대론자다. 무정부주의자도 아니다. 그러나 내 민족이 당한 착취는 어떻게 설명할 것인가? 우리의 고통과 분투는? 성경은 어느 지점에서 흑인의 소망을 다루며, 역사적으로 흑인 그리스도인과 동떨어져 있던 공동체에서는 왜 이것이 긴급한 문제가 아니었는가?

 내가 읽은 성경 주석들은 성경 본문이 흑인 신자의 경험에 무엇을 말해 줄 수 있는지 관심을 거의 보이지 않았다. 본문을 실제적으로 적용하려고 노력한다 해도, 자주 백인 중산층 그리스도인에게 그 초점이 맞추어졌다. 그 외에는 본문을 아예 적용하지 않기로 결정했다. 대신 학자들은 단순히 1세기 유대인과 기독교 세계를 기술했다. 나에게 그것은 바울과 예수님을 1세기에 가두어 둘 수 있는 특권의 표시였다. 바울에게 그의 성경(구약)은, 민족이 뒤섞인 교회들에게, 그 간극을 뛰어넘어 그들이 함께 살아가는 삶의 본질을 말해 주는 불이었다. 얼마나 대담한 생각인가! 내가 알던 흑인 목회자들 역시 바울처럼 신약성경 본문이 흑인 그리스도인이 마주하는 문제를 직접적으로 말한다고 대담하게 생각했다. 그들은 자신들과 동일하게 느꼈던 흑인 해석자의 긴 역사에 속한 일부였다. 따라서 나는 복음주의의 성경에 대한 교리적 강조를 인정하면서도, 그리스도인으로서 온전하고 완전하게 느끼기 위해서 더 많은 것을 찾아야 했다. 나는 미국에서 흑인의 존재가 갖는 복합성을 다루기 위해 흑인 기독교 전통의 뿌리를 더 깊이 파고들어야 할 강력한 소명을 느꼈다.

모든 흑인을 응원하다: 길 중간의 정류소

2017년 에미상(Emmys) 시상식을 앞두고 레드카펫에서 「버라이어티」(Variety) 매거진은 아프리카계 미국인 작가 겸 감독, 프로듀서, 배우인 이사 레이(Issa Rae)를 인터뷰했다. 그들은 그녀에게 누가 수상하기를 바라느냐고 물었다. 그녀는 모든 흑인을 응원한다고 답했다. 그녀는 왜 그렇게 말했을까? 흑인이 아닌 모든 후보를 싫어해서인가? 아니다. 할리우드에 극소수의 흑인만 있을 때, 누가 되든지 흑인의 수상은 축하할 일이 되기 때문이다.

소수의 흑인 목소리만 두드러지고 내 민족이 제기하는 질문들은 무시되는 세계에서 나는 무엇을 했는가? 나는 흑인 누구라도 찾기 시작했다. 흑인이자 그리스도인으로 살아간다는 것이 무엇을 의미하는지 이해하도록 도와줄 신학자를 탐색하기 시작했다. 나처럼 소수 유색 인종의 목소리만 채택하는 학교를 나온 이들에게, '흑인 중요 인물'을 찾는 여정은 종종 고독했다.

책에서 아프리카계 미국인의 신학적 목소리를 발견했을 때, 나는 나와 관심사가 비슷해 보이는 사람들을 찾아내서 정말 기뻤다. 이러한 연구 안에 담긴 대화는 오직 '어른들'만 낄 수 있는 저녁 식탁에서 이모와 삼촌이

나누는 날것 그대로의 정직한 이야기처럼 느껴졌다. 그런데 읽으면 읽을수록, 식탁에는 모든 삼촌과 이모가 있는 것이 아니라 내가 잘 아는 특정 이모나 삼촌만 있었다. 내가 만난 흑인 저자들은 대부분 흑인 기독교 전통의 진보적 줄기에서 나온 이들이었다. 이러한 저자들과 교류하는 것이 즐거웠지만, 어떤 목소리들이 빠져 있다는 느낌을 떨쳐 버릴 수 없었다.

이야기가 하나 더 있다. 이번 장을 한참 쓰고 있을 때, 나는 그리스도 하나님의 교회(COGIC) 목회자 모임에서 흑인의 성경 해석에 대한 강연을 해 달라는 초청을 받았다. 나는 강연를 시작하면서, 이 책에서 지금까지 다룬 내용의 많은 부분을 개관했다. 내가 어릴 때 다닌 흑인 교회, 주류 개신교, 복음주의, 흑인 진보 전통에 대해 말했다. 각각의 강점과 약점을 논하려고 계획한 지점에서, 한 목사가 내 말을 끊고 자신들은 무엇을 해야 하느냐고 질문했다. 그는 억압받는 이들을 옹호하지 않는 안일한 정통파에 대한 나의 비판을 받아들인다고 말했다. 그러나 물려받을 기업이 없는 이들에 대한 관심을 공유하는 대학과 신학교에 목회자를 보낼 때, 그들은 자신이 소중하게 붙드는 신학적 믿음을 대가로 치르게 된다고 했다. 그들은 자신들의 사회적 관심을 공유하는 동시에, 성경이 우리의 유익을 위해 우리에게 주어진 하나님의 말씀이라는 자신들의 믿음을 진지하게 받아들이기 위해서는 어디로 가야 하는지 물었다. 양쪽을 조합하려면 누구의 책을 읽어야 하는가? 그들은 신학적 분석을 위해 하나의 자료를 보고, 사회적 실천을 위해서는 또 다른 자료를 보아야 하는 것 같다고 말했다.

그 대화는 흑인 진보 진영의 여러 요소에 대해 내 안에 자라나던 불편한 느낌을 더욱 농축시켰다. 몇 가지 사회 분석을 들으면서는 고개가 끄덕여졌지만, 일부 흑인 진보주의자는 나의 주류 교수님들 사이에서 내가 목격했던 전통적 신앙을 무시하는 태도를 똑같이 공유하고 있었다. 흑인 진보주의자가 백인 진보주의자와 주로 다른 점은, 기독교 신앙을 수정하여 흑인 공동체의 경험과 직접 대화하는 자리 안에 위치시킨다는 것이었다. 그들 중 많은 이들은 전통적 기독교 신앙이 해방 사역을 제한한다고 이해했다. 그들은 때로 성경을 해결책보다는 문제의 일부로 보았다.

공정하기 위해 말하면, 흑인 진보주의자들은 종종 성경의 넓은 주제 안에서 아주 큰 위로를 발견했다. 그들은 가난한 자들이 마땅히 그 존엄을 인정받아야 하는 존재이자 하나님께 사랑받는 존재라고 이야기한 예언자들과 예수님의 말씀을 알았다. 이런 것들을 말하는 한 그들은 내가 아는 전통을 되울림하고 있었던 것이 사실이지만, 그들에게서 기독교 이야기의 다른 요소들은 내가 정확하게 말할 수 없는 방식으로 바뀌고 변해 있었다. 더 나아가, 나는 반복해서 바로 이것이 **흑인 신학**이라는 말을 들었다. 나는 일부 흑인 신학자들이 나에게 흑인 신학이라고 말하는 것과 내가 내 삶에서나 교회에서 경험한 것 사이에서 둘로 찢기는 듯했다.

이사 레이가 에미상 시상식에서 자신은 모든 흑인을 응원한다고 말했을 때, 그녀는 그 행사에서 수상자 후보로 올라간 모든 흑인을 가리켰다. 나는 흑인이 각본을 쓰거나 감독한 일부 할리우드 영화에서 흑인의 삶을 묘사하는 방식에 문제가 있음을 우리 모두 인정할 것이라고 확신한다. 분별에 반대하는 조언을 하는 사람은 거의 없을 것이다. 나는 나 자신도 성경과 가장 일치하기 위해서는 모든 이들, 심지어 흑인 신학자들까지도 내가 견지해 온 신앙에 비추어 비판적으로 읽는 법을 배워야 함을 발견했다.

비판적 읽기를 논하는 것은 약간 위험한 일인데, 전통적 흑인의 목소리는 복음주의 진영에서 종종 진보적 흑인의 목소리를 공격하는 무기로 사용되기 때문이다. 일부 흑인 진보주의자는 복음주의자에게 문제가 되는 신학적 입장을 견지한다. 복음주의자들은 흑인 진보주의자를 직접 묵살

하고 인종차별주의 혐의를 받는 대신, 때로 흑인 (신학적) 보수주의자를 데려와 그 일을 하게 한다.

대용으로 사용된다는 인식을 피하기 위해, 흑인 전통주의자는 대안으로 흑인 진보주의자를 아예 언급하지 않는다. 그러나 문제는 엄밀한 논쟁이 필요한 지점들이 존재한다는 것이다. 우리가 그야말로 동의하지 않는 그런 지점들이 있다.

달리 말하면, 흑인 신학과 흑인 교회를 기꺼이 비방하고 그곳을 종착지로 삼는다면, 백인 보수주의의 공간 안에도 흑인 긍정의 닳고 닳은 길이 존재한다. 그러나 반대의 경우 역시 발생하는데, 말하자면 백인 진보주의자는 종종 흑인 진보주의 목소리를 무기 삼아 흑인 그리스도인들의 실제 관심사와는 별 상관없는 자신들의 목적에 부합하는 이유를 위해 흑인 진보주의를 흑인 기독교 전통의 모든 것이라고 묘사했다. 나의 제안은, 어느 편도 악의적 의도로 논쟁하고 있다거나 단순히 백인의 꼭두각시 역할을 하고 있다고 추정하지 않으면서, 흑인 그리스도인들 사이에서 논의를 계속하자는 것이다.

나는 여전히 흑인 신학자와 성경학자를 응원한다. 우리는 더 많은 목소리가 필요하다. 그렇다고 흑인 성경 해석 작업의 성격, 자료, 방법에 관한 엄밀한 불일치나 논쟁을 위한 공간이 없다는 의미는 아니다.

나의 분투에서 나온 방법론

그럼에도 흑인 진보 전통을 경험한 나는 마침내 하나의 질문을 하며 그 전통의 근원으로 돌아가게 되었다. 초기 흑인 신학에서, 특히 성경 읽기의 실천과 관련한 핵심은 무엇이었는가?[8]

첫 번째 소망의 광선은 프레더릭 더글라스(Frederick Douglass)였는데, 그의 말은 길르앗의 유향과도 같았다. 그는 이렇게 말한다.

> 내가 종교에 관해 언급하거나 종교에 반대하여 말한 것은, 엄격하게 이 땅의 노예 소유자들의 종교에 적용하려는 것이지 결코 기독교 본연에 관한 것은 아닙니다. 나는 이 땅의 기독교와 그리스도의 기독교 사이에서 이보다 더 클 수 없는 차이를 인식하기 때문입니다.…나는 그리스도의 순전하고 평화로우며 차별 없는 기독교를 사랑합니다. 그렇기에 노예를 부리고 여자를 채찍질하고 아기를 학대하는 편파적이고 위선적이고 부패한 이 땅의 기독교를 증오합니다.[9]

그런 다음 프레더릭은 구분의 기준을 흑인 기독교와 백인 기독교 사이에 두지 않고, 노예 소유자들의 종교와 예수님 및 성경의 기독교 사이에 둔다. 나는 역사적으로 흑인 기독교가, 백인 노예 주인이 흑인의 몸을 비하하는 근거로 성경을 사용한 것이 기독교의 다른 종류의 발현과 대조되어야 할 하나의 발현이 아니라고 주장해 왔음을 알게 되었다. 대신 그들은 그러한 읽기가 틀렸다고 말했다. 노예로 살아가던 흑인들은, 심지어 문맹이었던 이들조차 사실상 백인의 해석에 의문을 제기했다.

또한 노예로 살았던 이 사람들은 그들 주인의 바람과는 대조적으로, 하나님이 이스라엘을 노예 생활에서 구속하신 것과 같은 사건들을 하나

---

8 _ 내가 발견한 것에 대한 보다 자세한 논의는 흑인 교회의 방법론 발전에 대한 보너스 트랙을 보라.
9 _ Frederick Douglass, *The Life of an American Slave* (Boston: Anti-Slavery Office, 1845), p. 117.

님의 성품을 이해하는 전형적인 예로 보았다. 그들은 하나님을 근본적으로 해방자라고 주장했다. 죄가 없는데도 제국의 손에 부당하게 고난을 당하신 예수님의 특징은 노예로 살아가던 흑인들의 역경과 심오한 차원에서 공명했다. 해방자 하나님에게 맞춰진 초점은, 백인 주인이 맨 위에 있고 흑인 노예는 맨 아래에 있는 사회 질서를 바라시는 하나님을 강조하던 노예 주인들의 초점과 극명한 대조를 이루었다. 그러나 이야기는 거기서 끝나지 않는다. 출애굽기의 하나님 이야기 옆에는 자신의 백성을 삶의 거룩함으로 부르시는 레위기의 하나님이 있다. 이전에 노예로 살았던 이들은 육체적 해방과 영적 변혁 둘 다를 경축할 수 있었으며, 이는 구약과 신약의 하나님을 만난 결과였다.

노예로 산 사람들은 그들의 사회적 위치로 인해 성경을 다른 방식으로 읽었다. 당당하게 **위치화된**(located) 이러한 읽기는 줄곧 아프리카계 미국인의 성경 해석을 규정해 온 특징이었다. 이는 흑인들이 자신들이 하나님을 이해하는 방식과 어울리지 않는 성경 본문은 거부했다는 의미인가? 흑인들은 정경 안에 정경을 만들어 냈는가?

하워드 서먼(Howard Thurman)이 전에 노예였던 자신의 할머니가 성경을 읽은 방식을 두고 한 이야기가 자주 거론된다. 할머니는 그에게 성경에서 바울 서신 부분을 빠뜨리고 읽게 했다. 처음에는 그도 이러한 관습에 의문을 제기하지 않았다. 나중에 그는 용기를 내서 할머니에게 왜 바울을 읽지 않느냐고 여쭙는다.

"노예 시절에 말이지," 할머니는 말씀하셨다. "가끔 주인의 목사가 노예들의 예배를 주관하고는 했어. 늙은 맥기 씨는 너무 인색해서, 검둥이 목사가 자기 노예들에게 설교하도록 놔두지 않았거든. 백인 목사는 항상 바울 서신을 본문으로 설교했지. 1년에 적어도 서너 번은 이 본문을 사용했지. '종으로 있는 이 여러분, 모든 일에 육신의 주인에게 복종하십시오.…주님께 하듯이 진심으로 하십시오.' 그러고는 우리가 노예인 것이 어떻게 하나님의 뜻인지, 우리가 착하고 행복한 노예이기만 하면 하나님이 어떻게 우리에게 복을 주실지 설명했어. 언젠가 내가 글을 배우고 또 언젠가 자유가 온다면, 나는 내 창조주께 성경에서 이 부분은 읽지 않겠다고 맹세했지."10

이러한 생각을 근거로 어떤 사람들은 노예 생활을 하던 이들이야말로 처음으로 성경의 한계를 인식한 이들이라고 불렀다. 그들은 하나님이 자유의 하나님이시며, 그와 다르게 말하는 성경 본문은 모두 거부되어야 함을 알았다는 것이다. 나는 노예로 살았던 이들이 성경을 노예제를 정당화하는 데 사용하려는 시도를 완강히 거부했다는 것에 동의하면서도, 그러한 시각은 너무 많은 것을 용인한다고 생각한다. 그러한 시각은 노예 주인 자신들은 정경 안의 정경을 가지고 있지 않았다는 의미를 함축한다. 그러나 노예 주인들은 바울을 읽을 때마다 몇몇 본문에만 초점을 맞추었다. 노예와 관련된 바울의 본문에 대해 우리가 무엇을 말하든, 노예에 대한 생각이 그의 신학 세계의 중심에 있다고 주장하는 사람은 거의 없다. 더 나아가 바울 서신의 다른 부분들, 예를 들어 갈라디아서 3:28 같은 본문은 노예 주인 사이에서 그다지 인기가 없었다.

게다가 그들은 구약성경에서 하나님을 노예들의 해방자로 말하는 구절들을 피한다. 흑인들만 특정 구절을 강조하고 그것에 비추어 성경의 다른 부분을 읽는 것이 아니다. 독특한 점은 흑인 노예들이 **무엇을** 강조했

---

10 _ Howard Thurman, *Jesus and the Disinherited* (Boston: Beacon Press, 1976), p. 30.

느냐. 그들은 해방자로서의 하나님을 강조했고, 죄를 위해 죽으심으로써 우리를 하나님과 화해시키신 그리스도의 다스림 아래 하나가 된 한 가족으로서의 인류를 강조했다. 보다 정확하게 표현하면, 나는 노예로 살았던 이들이 출애굽기를 하나님의 성품을 이해하는 표준으로 읽었던 것이, 바울의 노예 본문으로 시작한 이들보다 성경 본문에 훨씬 충실하다고 주장한다.

그러나 문제는 여전히 더 깊다. 노예 주인들은 디모데전서 6:1-3 같은 구절이 제한적으로 적용되어야 한다는 데 동의했다. 그 구절들이 백인 그리스도인에게는 적용되지 않는다는 것이다. 따라서 노예 본문을 자신의 아내와 아이들에게 적용할 수 있는지와 관련해서는, 그들은 복음이 **그들을** 노예제의 망령에서 자유롭게 한다는 데 동의할 것이다. 그러나 그들은 자신들의 학대를 정당화하기 위해 아프리카인 하등인간론을 지어냈다. 그렇지만 노예로 살았던 이들의 성경 해석은 흑인을 인간 이하의 존재로 보는 범주화를 거부했으며, 따라서 나머지 하나님의 창조 세계에 적용되는 노예제 면제를 똑같이 주장했다.

따라서 나는 초기 흑인 성경 해석을 낳은 노예들의 성경 해석이 그 시작부터 **정경적**이었다고 주장한다. 그들은 성경의 주요 주제들을 흑인의 소망과 꿈에 대한 대화로 끌어들였다. 또한 흑인의 성경 해석은 당당하게 **신학적**이었다. 그들은 특정 본문을 하나님에 관한 그들의 교리, 인간에 대한 그들의 신념(인간론), 구원에 대한 그들의 이해(구원론)에 비추어 읽었다.

사실 흑인들이 기독교에 끌린 것은 구약성경의 이야기와 예수님의 삶의 요소들이 그들 자신의 경험과 일치했기 때문이다. 이 사실을 부정할 수는 없지만, 그들이 처한 상황이 성경에 말을 걸었듯이, 하나님 말씀으로서의 성경 역시 그들에게 말을 걸어왔다. 성경은 그들이 당하는 역경에 대한 이해와, 그들이 더 넓은 인간의 이야기와 어떤 관계를 맺고 있는지에 대한 이해를 확장시켜 주었다. 이러한 1차 자료들에서 내가 읽고 본 내용을 묵상하기 시작했을 때, 내가 흑인 교회의 본능 혹은 방법론이라고 부르는 것의 시초가 분명해졌다.

나는 핵심적 신학 원칙에 뿌리 내린 흑인의 경험과 성경 사이의 대화가 하나의 모델이 될 만하고 오늘날에도 계속 이어져야 한다고 제안한다. 이는 미국에서 흑인으로 살면서 자연스럽게 성경을 읽고 질문을 던지는 것, 즉 저명한 신약학자 브라이언 블라운트(Brian K. Blount)가 칭한 "학문적으로 비정통적인 경험"에 참여하는 것이 칭찬할 만한 일임을 의미한다.[11]

이것은 흑인 그리스도인만의 문제가 아니다. 다시 블라운트는 "유럽-미국의 학자, 목회자, 평신도…는 수 세기에 걸쳐 그들의 경제적·학문적·종교적·정치적 우위를 이용하여 그들의 경험을 통해 읽은 성경이 바르게 읽은 성경이라는 환상을 창조했다"라고 말한다.[12] 달리 말하면, 모든 사람이 각자의 위치에서 성경을 읽어 왔지만, 다만 우리는 그것에 관해 정직할 뿐이다. 그렇다면 흑인의 해석을 흑인의 것으로 만드는 요소는 이 나라 흑인들의 집단적 경험, 관습, 습관이다.

그러나 대화는 양방향으로 이루어진다. 우리의 경험이 특정하고 고유한 질문을 성경에 제기한다면, 성경 역시 우리에게 고유한 질문을 제기한다. 인류에게 공통적 경험이 있기는 하지만, 성경이 아프리카계 미국인에게 특정한 도전을 제기하는 어떤 방식도 있을 것이다. 예를 들어, 용서와 인류의 보편적 친족 관계라는 주제는 흑인 그리스도인에게 기회이기도 하

---

11 _ Brian K. Blount, *Then the Whisper Put on Flesh: New Testament Ethics in an African American Context* (Nashville: Abingdon Press, 2001), p. 16.
12 _ Blount, *Then the Whisper Put on Flesh*, p. 15.

고 시험이기도 한데, 이 나라에서 흑인들이 겪는 압제가 과거의 일이면서 아직도 계속되는 일이기 때문이다. 나는 우리가 본문과의 대화에 참여해야 한다고 믿지만, 그럼에도 최종 권위는 절대적으로 하나님의 말씀에 있음을 인정한다.

교회의 삶에서 계속되는 성경의 규범적 역할을 여전히 확증하고 싶은 이들에게, 다방면에서 성경에 대해 제기되는 염려를 일축하는 것으로는 문제가 해결되지 않을 것이다. 앞으로 나아가는 길은 이전 세대의 순진함으로 돌아가는 것이 아니라, 우리에게 남겨진 전통의 뿌리에서 계속 배우면서도 어려운 질문들을 관통하여 지나가는 것이다. 대신 나는 야곱이 취한 태도대로 본문이 우리를 축복할 때까지 떠나지 못하게 할 것을 제안한다. 다르게 말하면, 제대로 해석했을 때, 그것은 우리에게 저주가 아닌 복을 가져오리라 믿고 인내하며 본문을 대하는 신뢰의 해석학을 택하자는 것이다. 이것은 본문을 면밀히 읽고 역사적 문맥, 문법, 구조에 주의를 기울이는 성실한 연구를 의미한다.

요컨대 나는 흑인의 성경 해석이 다음과 같았고, 또 다음과 같을 수 있다고 주장한다.

- 당당하게 **정경적**이고 **신학적**이다.
- 사회적 위치를 반영하며, 분명히 흑인 미국인이라는 특정 **상황**에서 기인한다.
- 성경 자체가 흑인 문제와 관심사에 반응하고 그 방향을 되잡아 주는 방식에 기꺼이 **귀를 기울인다**.
- 본문을 신중하게 공감하며 읽으면 복이 온다고 믿으면서, 본문에 대해 기꺼이 **인내심**을 갖는다.

- 본문을 더 잘 읽어 낼 수 있기를 기대하면서, 흑인과 백인이 성경을 비평하는 대화에 기꺼이 귀를 기울이고 그러한 대화 안으로 들어간다.

성경 연구의 분열은, 흑인 학자들이 오직 문화적 의제에 중심을 맞춘 나머지 본문은 배제해 버리는 성경 해석 전통이나 본문을 존중하기 위해 문화적 의제는 옆으로 밀어 놓는 성경 해석 전통 사이에서 종종 양쪽으로 찢기는 고통을 느낀다는 의미였다. 이는 잘못된 선택이다. 우리는 둘 다 가질 수 있다. 문맥에 따라 본문 자체에 강조점을 더 둘 수도 있고, 우리 문화가 제기하는 질문에 강조점을 더 둘 수도 있다.

이러한 대화 방법은 흑인 성경 해석이 다른 해석 전통에 열려 있게 해 준다. 우리의 문화와 역사가 우리의 해석 체제 전체를 규정해 버린다면, 그 문화와 역사의 일부로 들어가는 대가로 문화의 특수성에 전적으로 묵종하는 결과를 낳을 수 있다. 흑인 문화가 논쟁의 윤곽을 전적으로 결정할 때 이것이 사실이라면, 이는 유럽이 성경 본문에 우위를 둘 때 역시 마찬가지다. 그러나 우리 모두가 하나님은 그런 것들을 통해 우리에게 일관되게 말씀하실 수 있다고 가정하면서 성경을 읽는다면, 우리는 우리의 다양한 문화가 성경으로부터 모아들인 의미들을 논의할 수 있게 된다. 그래서 나는, 다양한 문화 속 우리가 그리스도의 마음을 분별하기 위해 서로 대화하며 본문으로 시선을 돌리는 통일된 임무를 생각하게 된다. 그것은 하나님의 섭리 안에서, 나에게는 우간다 사람의 성경 해석이 필요하다는 의미다. 우간다 사람의 경험은 그 대화에 우간다 사람들 고유의 통찰을 제공할 수 있기 때문이다. 그렇다면 바로 흑인의 경험에 영향을 받은 아프리카계 미국인의 해석은, 시간과 공간 전반에 걸쳐 신도들의 합창에 더해질 때 보편성을 띨 수 있다.

이 책의 나머지 부분에서 나의 목표는 흑인 교회의 성경 해석 모델을 구체적으로 예시하고 구현하는 것이다. 2장에서는 경찰 활동의 신약 신학을 간단히 살펴볼 것인데, 오늘날 흑인 그리스도인에게 긴급한 문제는 우리 공동체를 섬기고 보호할 임무를 맡은 이들과 대중 간의 관계이기 때문이다. 3장에서는 신약성경이 정치 시위와 교회의 증언에 대해 무엇이라 말하는지를 묻는다. 나는 성경이 흑인 그리스도인들에게, 우리를 지켜보는 세상을 향한 교회의 증언을 안내하는 수많은 예와 자료를 제공한다는 것을 보여 줄 것이다. 4장은 정의 문제를 다룬다. 나는 신약성경이, (대체로 누가복음에 근거하여) 뚜렷하게 기독교적이며 흑인 그리스도인들이 품는 소망에 직접적으로 말을 거는 정의로운 사회의 그림을 그린다고 주장할 것이다. 5장은 민족성의 문제와 씨름한다. 여기서 나의 관심은 아주 명료하다. 나는 하나님이 나를 나의 흑인됨으로부터 구원하시는지(색깔을 무시하는 하나님 나라 모델) 아니면 나의 흑인됨은 하나님의 영광을 고유하게 드러내는지 알고 싶다. 6장은 흑인의 분노와 고통의 문제를 다룬다. 역사적으로 우리가 당한 학대를 고려할 때, 우리가 치유로 나아갈 수 있도록 우리의 좌절과 분노를 다룰 수 있는 방식이 존재하는가? 마지막 장은 우리가 던지는 대부분의 질문 뒤에 있는 질문, 말하자면 성경과 노예제의 관계를 다룬다. 마침내 우리는 노예로 살았던 사람의 자유에 이를 것이다. 또한 나는 이번 장에서 초기 흑인 기독교를 살펴보면서 지면 문제로 싣지 못한 내용을 연대기적으로 정리한 짧은 부록(보너스 트랙)을 포함시켰다. 이 대화에 관심이 있다면, 먼저 '보너스 트랙'을 읽어 보기를 권한다.

 이 주제들은 대부분 그 자체로 책 한 권씩의 역할을 할 수 있을 것이다. 지면 제약으로 이러한 문제들을 충분히 논의하지는 못할 것이다. 학자들은 내가 좀 더 말하지 않은 것에 대해 혹은 보다 많은 입장과 대화하지 않은 것에 대해 불평할 수도 있다. 그것은 나의 목표가 아니다. 세부적 분석과 가독성 사이에서 나의 선택은 종종 후자 쪽으로 움직였다. 나의 목표는 모든 본문에서 모든 이슈를 다루기보다, 나를 형성했고 또 다른 학자와 목회자 세대를 계속 형성하고 있는 전통을 반영하는 성경 읽기 방식을 가리키는 것이다. 이 연구는 '너무 자주 무시되었던' 그들의 증언을 기리기 위해 쓰였다.

그렇다면 이 책은 교회의 역사에서 문제가 되는 부분을 모두 설명해 내려는 변증적 시도도, 흑인 기독교 전통 전체에 대한 변호도 아니다. 대신, **흑인의 성경 해석**의 본능과 습관이 우리가 오늘날의 사안을 다룰 때 성경을 사용하도록 도울 수 있음을 보여 주려는 시도다. 흑인 그리스도인에게는 성경을 해석하는 과정 자체가 소망을 연습하는 역할을 하며, 우리를 우리 조상의 신앙과 연결해 주는 통로가 됨을 보여 주려는 시도다. 그보다 더 중요하게는, 이 나라에서 수 세기 동안 고난을 꿋꿋이 견뎌 온 흑인의 한 사람으로 태어나 그 전통을 대표하는 한 아들이 어머니에게 전해 받은 신앙을 제대로 다루어 보고자 한 시도다. 또한 이 책은 강력한 주장을 내세우기도 하는데, 말하자면 흑인 교회의 전통은 할 말이 있으며, 이 전통은 성경과 신학을 공부하는 학생에게 종종 주어지는 표준적 선택 사항들과는 다른 음색을 낸다는 것이다. 이 책은 진리를 찾아 나서기 전까지는 자기가 태어난 흑인 교회의 깊이와 힘을 알아보지 못했던, 조금 고집 센 아들이 그 교회에 보내는 러브레터다. 그리고 그 아들은 그 진리가 내내 집에 있었음을 발견했다.

자유란 두려움이 없는 것
신약성경과 경찰 신학

> 자유가 무엇인지 말해 줄게. 자유란 두려움이 없는 거야.
> _니나 시몬(Nina Simone)

> 세상을 심판하시는 분께서는 공정하게 판단하셔야 하지 않겠습니까?
> _창세기 18:25

열여섯 살이 되었을 때, 나는 미식축구가 내가 대학에 갈 수 있는 길이라는 것을 조금도 의심치 않았다.[1] 대학(college) 코치들로부터 편지와 전화가 오기 시작했지만, 우리 학교는 더 훌륭한 선수를 대학교(university)에 보내는 풍성한 전통이 있었다. 나는 경기에서 좋은 성적을 내고, 문제만 일으키지 않으면 됐다. 이 고등학교 시절, 나는 나와 내 이웃의 폭력 사이에 충분한 완충막을 개발했다. 나는 노스웨스트 헌츠빌의 파티와 동네를 찾아다니는 법을 알았다. 사람들에게 나는 범죄자는 아니지만 건드리지 않는 게 좋은 누군가로 알려져 있었다. 성적은 대학 진학이

---

1 _ 틀린 생각이었다. 그것은 젊음의 패기였다.

기정사실일 만큼 충분히 좋았다.² 따라서 내가 문제에 대해 말할 때, 나 자신의 행동을 염두에 둔 경우는 없었다.

나는 경찰과의 문제에 연루되는 것이, 즉 통제 불능으로 치달은 대치 상태에 처한 나 자신을 보게 되는 것이 두려웠다. 왜 내게 이런 두려움이 있었을까? 나는 로드니 킹 사건의 여파 안에서 자랐다. 그 사건은 휴대폰 동영상 이전 시대에 흑인이 갖는 두려움을 확인해 준 전례 없는 증거였다.

로드니 킹은 로스앤젤레스에서 맹렬한 속도로 추격전을 벌이며 경찰을 앞질렀다. 마침내 따라잡은 경찰이 그를 멈춰 세웠고, 차에서 내린 그는 네 명의 경관에게 무자비하게 폭행을 당했다. 나라 전체가 그 비디오와 멍든 킹의 몸을 찍은 사진을 보았다. 그러나 킹이 당한 폭행이 두려움을 만들어 낸 것은 아니었다. 우리 대부분에게는 그 정도로 극적이지는 않더라도, 각자마다 여전히 지워지지 않는 흔적을 남긴 사연들이 있었다. 흑인 운전자가 무릅쓰는 위험은 우리가 상상해 낸 문제가 아니었다.³

그때가 고등학교 2학년이 될 무렵이었는데, 되도록 나는 조심했다. 어떤 문제도 피하기 위해, 하나의 의식을 개발해 친구들과 외출할 때마다 행했다. 나는 담배를 피우거나 술을 마시지 않았기 때문에 운전을 자원했다. 누구든 내 차를 타기 전에는 불법적인 것을 소지하지 않았다는 확인을 받아야 했다. 어떤 마약도, 술도, 무기도 내 차에는 들어올 수 없었다. 내가 할 수 있는 한, 모든 것을 분명히 했다. 차에 탈 때 우리 모두는 깨끗했고, 운전은 내가 했다. 이것이야말로 고등학교의 마지막 몇 년을 무사히 보

---

2 _ 나는 눈부실 만큼 뛰어난 학생은 아니었지만, 미식축구 선수에게 눈부신 성적은 필요하지 않았다.
3 _ 이를 가장 잘 보여 주는 기사는 다음에서 찾을 수 있다. Christopher Ingraham, "You Really Can Get Pulled Over for Driving While Black, Federal Statistics Show", *Washington Post*, 2014년 9월 9일, https://www.washingtonpost.com/news/wonk/wp/2014/09/09/you-really-can-get-pulled-over-for-driving-while-black-federal-statistics-show.

내고 안전하게 대학에 들어갈 수 있는 길처럼 보였다.

어느 밤, 우리는 쇼핑몰에 갔다가 같은 동네에서 열리는 파티에 갈 계획이었다. 상상할 수 있듯이, 금요일 밤 쇼핑몰로 가는 주요 도로는 십대들로 붐볐다. 신나게 밤을 즐기러 가기 전에 그 도로에 있는 주유소에 들러 기름을 채우기로 했다. 주유소에 있을 때, 같은 방향으로 향하던 친구들을 만났다. 우리는 파티에 대해 말해 주었고, 거기서 만나자고 부추겼다. 기름을 다 넣은 뒤, 나는 출발할 준비를 했다. 그때 검정 SUV가 내 차 아주 가까이 서는 것을 알아차렸다. 나는 이상하다고 생각했다. 금방 기름을 넣으려니 했다. 그런 다음, 또 다른 SUV가 내 왼편으로 왔고, 다른 한 대는 내 차 앞에 정지했다. 나는 차량 강도를 당하는 것이라 생각했지만, 누가 쇼핑몰에서 2킬로미터도 떨어지지 않은 불빛이 훤하게 비추는 주유소에서 차량 강도질을 한단 말인가? 수수께끼는 SUV에서 경관들이 줄지어 내리면서 풀렸다. 그들은 우리 손을 그들이 볼 수 있는 곳에 올려놓으라고 말했다. 나는 내 친구가 자신은 손을 어디에도 넣고 있지 않다고 말하던 것이 기억난다. 그 순간 내 미래가 내 눈앞에서 섬광처럼 스쳐 갔다. 내 모든 계획은 다 부질없었나? 내 꿈은 동네 주유소 편의점에서 과자 한 봉지와 기름 몇 리터를 대가로 날아가 버리는 것인가?

나는 친구에게 조용히 하고 경관이 시키는 대로 하라고 말했다. 우리는 순응했다. 그들은 우리에게 차에서 내리라고 했다. 우리는 시키는 대로 했다. 나는 경관에게 무슨 일이냐고 물었다. 우리가 왜 붙잡힌 것인가? 그는 이 주유소가 마약 판매소로 알려져 있고, 우리가 마약 거래를 하는 모습을 보았다고 말했다. 나는 그곳이 기름을 넣는 곳으로도 아주 잘 알려져 있다는 생각을 하지 않을 수 없었다. 그렇지만 우리가 무엇을 할 수 있었겠는가? 그는 우리 모두의 면허증을 요구했다. 면허증이 있는 사람들은 이의 없이 건넸다. 그런 다음 경관들은 불법적인 것이 없는지 우리와 차를 확인하기 시작했다. 나는 무력했고 화가 났다. 모든 것은 20분이 채 걸리지 않았다. 그들은 아무것도 발견하지 못했다. 나는 방금 우리에게 일어난 일에 대한 사과라든지, 우리가 어리고 흑인이며 주유소에 있었다는 사실 외에 무슨 잘못을 했는지에 대한 설명을 기대했다. 대신, 그들은 우리의 면허증을 돌려주면서 가도 좋다고 말했다.

모든 일이 끝난 뒤, 나는 더 이상 쇼핑몰에 가고 싶지 않았다. 나는 친구들을 모두 집에 데려다 주었고 그것으로 하루를 끝냈다. 다음 날 아침, 나는 미식축구 장학금, 가난에서 벗어나는 길, 가족을 도울 수 있는 기회, 이 모든 것을 잃어버리는 상황에 내가 얼마나 가까이 갔었는지 생각하지 않을 수 없었다. 잠깐 공포에 사로잡혔다. 이 일이 나에게 일어난 유일한 일이거나 가장 지독한 일이었다고 말할 수 있으면 좋겠다. 잘못이 전혀 없는데 단지 흑인이라는 이유로 도로에서 멈춰 세워지거나 공공장소에 있는 것을 저지당한 경우가, 내가 센 것만 일곱 번에서 열 번 정도다.

이런 이야기들은 마치 내가 경찰을 싫어하는 것처럼 보이게 만들 수 있다. 그렇지 않다. 나는 좋은 경찰을 여럿 안다. 그들이 맞닥뜨리는 위험과 그들이 선택한 직업에 내재한 어려움도 안다. 그러나 직업상의 어려움이 비판을 없애 주지는 않는다. 다만 그 비판을 더 넓은 틀 안에 위치시켜 준다. 논의가 보다 온전해지려면, 이 나라에서 경찰과 유색 인종의 대응 방식의 역사 역시 그 틀 안에 포함시켜야 할 것이다. 직업상의 어려움이 문맥을 제공한다면, 인종차별적으로 이루어진 법 집행의 역사와 흑인의 몸에 찾아온 공포 역시 마찬가지다. 아무리 어렵더라도 우리는 전체 이야기를 들어야 한다.

따라서 경찰이 시민을 어떻게 다루는지의 문제는 흑인의 삶에서 긴급한 사안이다. 놀랍게도, 아프리카계 미국인들이 계속 관심을 가지는데도 이 주제는 신약 윤리의 표준적 연구에서 거의 고찰되지 않았다.[4] 과연 이 길드는 옳은가? 국가가 시민을 다루는 방식과 관련된 사안이 신약성경에서 아주 낯선 주제인 나머지, 이러한 본문을 바라보는 흑인들은 거기서 어떤 도움도 발견할 수 없는 것인가?

신약성경은 이제부터 차례로 살펴볼 두 곳에서 기독교 경찰 신학의 시초를 제공한다. 첫째, 많은 비판을 받고 종종 잘못 이해되기도 하는 로마서 13:1-7을 살펴볼 것이다. 나는 학자들이 고대 로마에서 군인과 경찰관의 역할이 중복되었다는 사실을 간과한다고 주장할 것이다.[5] 그 결과, 학자들은 무력에 대해 바울이 한 말과 그 말이 국가의 뜻이나 한계와 연결되는 지점이, 국가가 그 거주민에게 경찰력을 행사하는 방식의 문제와 직접적으로 관련된다는 사실을 무시하게 되었다. 따라서 로마서 13:1-7은 신약성경의 경찰 신학을 구성하는 토대가 된다. 이 중요성을 확립한 뒤, 나는 로마서 13:1-7에는 세금을 내고 권력자의 뜻에 따르는 수동적인 민중을 옹호하는 것보다 훨씬 더 많은 의미가 있다고 주장할 것이다. 나는 로마서 13:1-7이 국가 위에 있는 하나님의 주권을 단언한다고 주장할 것이다. 바울은 국가의 경찰 활동 의무가 결코 무고한 이들에게 공포가 되어서는 안 된다고 말한다. 군인과 경찰관 사이의 연관성에서 찾은 통찰에 기초하여, 우리는 누가복음에 기록된 세례 요한의 사역으로 시선을 돌릴 것

---

4 _ 예를 들어, 다른 면으로는 탁월한 연구인 Richard A. Burridge, *Imitating Jesus: An Inclusive Approach to New Testament Ethics* (Grand Rapids, MI: Eerdmans, 2007)와 Richard Hays, *The Moral Vision of the New Testament: A Contemporary Introduction to New Testament Ethics* (San Francisco: HarperSanFrancisco, 1996)를 보라. 『신약의 윤리적 비전』(IVP).

5 _ Christopher J. Fuhrmann, *Policing the Roman Empire: Soldiers, Administration, and Public Order* (Oxford, UK: Oxford University Press, 2012).

이다. 거기서 세례 요한이 군인/법집행관들에게 그들의 임무를 진실하게 행하도록 촉구하는 모습을 볼 것이다. 그런 다음, 우리의 해석이 경찰 활동 문제에 대한 그리스도인의 참여에 갖는 함의를 짧게 분석하는 것으로 마치고자 한다.

사안은 생각보다 더 크다: 로마서 13:1-2과 악한 통치자의 문제

얼핏 보면, 로마서 13:1-2은 시민을 다루는 방식에서 하나님이 두신 **한계**을 말하고자 할 때 아주 생산적인 출발점 같지는 않다.

> 사람은 누구나 위에 있는 권세에 복종해야 합니다. 모든 권세는 하나님께로부터 온 것이며, 이미 있는 권세들도 하나님께서 세워 주신 것입니다. 그러므로 권세를 거역하는 사람은 하나님의 명을 거역하는 것이요, 거역하는 사람은 심판을 받게 될 것입니다. (롬 13:1-2)

이 구절의 초점은 국가가 아닌 개인에게 있는 것처럼 보인다. 더 나아가, 바울은 권세는 **하나님**이 세우셨기 때문에 개인은 권세 있는 자에게 복종해야 한다고 말한다. 그렇다면 권세에 저항하는 사람은 하나님의 뜻을 거스르기를 각오해야 한다. 여기서 바울이 단서를 달지 않은 것은 많은 이들에게 우려를 일으키는 원인이 되었다.[6]

---

6 _ Leander E. Keck은 "해석자들을 괴롭히고 분열시킨 것은 이 구절의 모호함이 아니라 명료함이다"라고 말한다. *Romans*, Abingdon New Testament Commentaries (Nashville: Abingdon Press, 2005). 또한 R. Cassidy, "The Politicization of Paul: Romans 13:1-7 in Recent

우리 가운데 학대에 대한 올바른 그리스도인의 반응이 혁명이 아니라, 잘못이 바로잡히리라는 종말론적 소망을 가지고 고통을 참으며 순종하는 것이라고 주장하는 경우가 없는가? 기독교 종말론은 비방을 많이 받는 고찰 영역이다. 새창조의 소망은 종종 우리를 아편으로 달래서 순응하게 만드는 것으로 묘사된다. 그러나 종말론은 하찮은 것으로 무시되어서는 안 된다. 장차 올 나라는 우리에게 미래에 대한 소망을 줄 뿐 아니라, 몸을 죽일 수 있지만 그 이상은 하지 못하는 자들의 권세를(마 10:28) 무효화하는 신학의 중심 기둥으로 남아 있다. 그럼에도 나는 여기서 바울이 온유함을 일종의 쪼그라든 하위 성경적 형태 이상으로 생각했다고 본다.

우리는 바울과 로마서 13:1-2을 비판하는 사람들이 충분히 멀리 가지 않았음을 인식할 필요가 있다. 문제는 그들의 말처럼 바울이 악한 통치자에 맞서 반역을 일으키는 것을 금지하는 것이 아니다. 문제는 **악한 통치자** 자신이다. 나는 쟁점이 단지 해석학적인 것만이 아니라고 제안하고 싶다. 동시에 철학적인 것이기도 하다. 앞으로 나아가는 길은 새로운 해석학적 통찰, 즉 이 동사 혹은 저 명사에 대한 새로운 반전에서만 발견되지 않는다.[7] 교착 상태를 넘어서는 길은 본문의 논리를 끝까지 따라가는 것이다.

따라서 우리는 모든 것을 다스리시는 선한 하나님이 왜 악한 통치자가 권세를 잡는 것을 허락하시는지를 물어야 한다. 다른 식으로 표현하면, 우

Discussion", *The Expository Times* 121, no. 8 (2010), pp. 383-389를 보라.

7 _ 본문을 위치시키는 문맥적 틀이 중요하지 않음을 함축하는 것은 아니다. 우리 자신의 문맥과 서신의 더 넓은 범위를 중요하게 여기면서 로마서를 읽는 중요한 예들이 존재한다. 그러한 읽기의 한 시도로서 다음을 보라. Monya A. Stubbs, "Subjection, Reflection, Resistance: An African American Reading of the Three-Dimensional Process of Empowerment in Romans 13 and he Free-Market", *Navigating Romans through Cultures: Challenging Readings by Charting a New Course* (New York: T&T Clark, 2004), pp. 171-198.

리의 질문은 악한 통치자에 대한 우리의 복종이 아닌, 그들의 존재 자체에 관한 것이 되어야 한다. 그렇다면 바울에 대한 비판은 또 다른 형태의 신정론이다. 우리를 다스리는 임무를 맡은 이들이 그 권세를 우리에게 해악을 가하는 데에 사용할 때 우리는 어떻게 해야 하는지를 묻는 것은, 단순히 왜 해악 자체가 존재하는지를 묻는 또 다른 방식인 것이다.

악의 문제에 대응하는 한 가지 방식은 그 문제에 대한 하나님의 답으로서 십자가와 부활을 상정하는 것이었다. 우리는 저 먼 곳에 계시는 하나님이 아니라 인간의 고통 안으로 들어와 그 내부로부터 그것을 구속하시는 하나님을 예배한다. 그리스도인에게는 악의 문제를 만족스럽게 해결해 주는 일련의 추론적 증거가 주어지지 않는다. 우리에게 주어진 것은 우리에게 구애하는 사랑의 행위다. 이러한 호소가 거짓 약속이 아님을 아는 것은, 부활이 하나님이 삶과 죽음을 다스리심을 증명하기 때문이다. 우리만 독특하게 종말론에 초점을 맞추는 것은 아니다. 허무주의자 역시 그들의 종말론에 의해 똑같이 추동된다. 단지 그 종말론에는 소망이 빠져 있을 뿐이다. 내일은 죽을 테니 먹고 마셔라.

그러나 우리는 바울로부터 멀리 떠내려 왔다. 과연 사도는 국가가 그 시민을 다루는 방식에 대해 할 말이 있는가? 그러한 방식에 대응하는 우리의 반응, 즉 복종을 넘어서는 우리의 공적 반응에 대해서도 할 말이 있는가? 그렇다. 나는 다스리는 권세에 대한 복종과 관련된 바울의 말을 네 가지 실재에 비추어 읽어야 한다고 제안한다. (1) **로마서에서** 바로를 하나님이 인간을 통해 권세를 박탈하시는 예로 사용한 것은 바울이 저항을 절대적으로 금지하고 있지는 않음을 보여 준다. (2) 더 넓은 범위의 구약 성경은 하나님이 인간 대리자를 사용해 부패한 통치 체제를 끌어내리시는 것을 증언한다. (3) 앞의 두 제안 사항에 비추어, 우리는 우리의 정확한 역할을 분별하지 못할 때조차 하나님은 그러한 우리 인간을 통해 활동하심을 확언할 수 있다. (4) 따라서 바울의 말은 하나님의 행하심보다는 우리 분별력의 한계에 관한 것으로 보아야 한다.

첫째, 바울과 바로를 보자. 로마서 9:17에는 이렇게 나온다. "그래서 성경에 바로를 두고 말씀하시기를 '내가 이 일을 하려고 너를 세웠다. 곧 너로 말미암아 내 능력을 나타내고, 내 이름을 온 땅에 전파하게 하려는 것이다' 하셨습니다." 사도에 따르면 하나님은 악한 왕을 심판하심으로써 영광을 받으신다.

하나님은 바로의 불의하고 폭압적인 통치 때문에 그를 제거하셨다. 출애굽기는 그것이 이스라엘에 대한 경제적 수탈, 노예화, 가혹한 대우 때문임을 분명히 한다.

주님께서 다시 말씀하셨다. "나는 이집트에 있는 나의 백성이 고통받는 것을 똑똑히 보았고, 또 **억압 때문에 괴로워서 부르짖는 소리를 들었다. 그러므로 나는 그들의 고난을 분명히 안다.** 이제 내가 내려가서 이집트 사람의 손아귀에서 그들을 구하여, 이 땅으로부터 저 아름답고 넓은 땅, 젖과 꿀이 흐르는 땅, 곧 가나안 사람과 헷 사람과 아모리 사람과 브리스 사람과 히위 사람과 여부스 사람이 사는 곳으로 데려 가려고 한다. **지금도 이스라엘 자손이 부르짖는 소리가 나에게 들린다.** 이집트 사람들이 그들을 학대하는 것도 보인다. 이제 나는 너를 바로에게 보내어 나의 백성 이스라엘 자손을 이집트에서 이끌어 내게 하겠다." (출 3:7-10, 저자 강조)

출애굽기에 나오는 것처럼, 바로의 멸망은 대체로 하나님이 하신 일이었다. 그러나 하나님은 **모세를** 통해 일하신다. 로마서에서 하나님의 주권에 대해 말할 때 바울은 이 이야기를 암시한다. 따라서 바울은 권세에 그저 복종하기만 하지 **않은** 사람의 예, 즉 모세를 알았고 또 로마서에서 그에 대해 논했다. 이것은 바울이 로마서 13:1-2에서 한 단서를 염두에 두고 있었던지, 아니면 모세에게 죄가 있다고 생각했던지 둘 중 하나라는 의미다.[8] 게다가 구약성경에는 하나님이 인간을 사용해서 악한 통치 체제를 무너뜨리시는 예들이 많다.[9] 이러한 두 실재에 근거해, 나는 바울이 단순히 잘못을 바로잡는 일을 종말까지 미루지 않는다고 믿는다. 대신, 바울은 우리가 하나님의 더 넓은 목적 안에서 어떤 역할을 하고 있는지를 분별할 수 있다는 데에 합당한 의심을 표현한다. 다르게 표현하면, 하나님은 하나님의 때에 **인간들**을 통해 부패한 제도를 심판하시지만, 우리에게 그러한 문제에서 우리들의 적절한 역할에 대한 통찰을 주시지 않는다.[10]

모세가 우리에게 앞으로 나아갈 수 있는 길을 보여 줄 수 있을지 모른다. 젊은 날 그는 자신의 이스라엘 동족이 당하는 압제를 보고 이집트 사람을 죽이는 것으로 이에 반응한다(출 2:11-15). 우리는 모세가 이스라엘의 노예 생활의 문제를 올바르게 진단했지만 그의 해결책은 잘못된 착상이었음을 안다. 이후, 하나님은 하나님의 때에 자신의 백성을 영속적으로 해방하시고, 그것을 올바른 예배와 민족의 변혁으로 연결시키신다(출 3:1-22).

---

8 _ 놀랍게도 바울이 사용한 바로 서사는 롬 13장을 다룰 때 대체로 무시된다. 눈에 띄는 예외는 다음을 보라. Beverly Roberts Gaventa, "Reading Romans 13 with Simone Weil: Toward a More Generous Hermeneutic", *Journal of Biblical Literature* 136 (2017): pp. 3-22.
9 _ 예를 들면, 단 7:1-28은 주권적인 이스라엘 하나님의 뜻에 따라 흥하고 쇠하는 나라들의 역사 전체를 펼쳐 놓는다.
10 _ Stubbs는 내가 인정하는 것보다 바울을 약간 더 실용적으로 본다. 그녀는 이렇게 말한다. "만약 주변 구절(12:1-13:14)에 비추어 읽는다면, 이 본문은 규범적 요구보다는 로마의 그리스도인들에게 기독교 공동체 안에 존재하는 삶의 일부인 로마제국과 관련된 그들의 사회적 실재를 인정하라는 요청으로 읽힌다." Stubbs, "Subjection, Reflection, Resistance", p. 172.

그렇다면 나는 우리가 로마서 13:1-2을 하나님의 주권, **그리고** 인간의 분별력이 갖는 한계에 대한 진술로 읽어야 한다고 주장한다. 우리는 예언자들이 했던 것처럼 악을 분별하고 심지어 비난하는 것이 허락된다. 히브리 산파, 다니엘, 사드락, 메삭, 아벳느고처럼 저항하는 것이 허락된다. 그럼에도 우리는 우리가 분별한 문제 해결의 올바른 때와 방법을 하나님이 승인하셨다고는 주장할 수 없다.[11] 다시 한번, 이것은 그리스도인으로서 우리가 악을 악이라고 지칭할 수 있는 능력에 제한을 두는 것이 아니라, 타락한 세상에서 사는 삶의 결과를 기꺼이 감내하게 만든다. 우리는 국가에 책임이 주어졌음을 안다. 우리는 무정부주의자가 아니라, 국가가 사실은 **하나님 아래** 있음을 인식한다. 국가에게는 의무가 있고, 우리는 그 책임을 물을 수 있다. 설령 우리가 평화로운 방식으로 책임을 물음으로써 고통받는다고 할지라도 말이다. 부활이 거짓이라면, 이러한 고통은 무익할 뿐이다. 부활이 참이라면, 그리스도인은 그 진실성에 자신의 전 존재를 걸며, 그렇게 우리의 평화로운 증언은 끝없는 폭력의 순환을 초월하는, 인간으로 존재하는 새롭고 더 나은 방식을 증명한다. 그렇다면 로마서 13:1-2에서 바울은, 제자들에게 칼로 사는 사람은 칼로 죽는다고 말씀하시는 예수님과 그리 멀리 있지 않다(마 26:52).

---

[11] _ 나는 바울의 통치 신학이 우리가 단 2:20-21에서 만나는 것과 크게 다르지 않다고 주장한다. 그 구절은 다음과 같이 말한다. "영원부터 영원까지 하나님의 이름을 찬송할 것은 / 지혜와 능력이 그에게 있음이로다. / 그는 때와 계절을 바꾸시며 / 왕들을 폐하시고 왕들을 세우시며"(개역개정).

제국의 경찰 활동

많은 해석자가 주목한 것은 바울이 개인을 향해 한 말이었지만, 기독교 경찰 신학으로 가는 길을 지시해 주는 것은 그가 국가에 관해 한 말이다. 바울은 국가에 복종하라고 요청하면서 그 근거로 국가가 해야 하는 일을 제시한다.

> 치안관들은 좋은 일을 하는 사람에게는 두려울 것이 없고, 나쁜 일을 하는 사람에게만 두려움이 됩니다. 권세를 행사하는 사람을 두려워하지 않으려거든, 좋은 일을 하십시오. 그러면 그에게서 칭찬을 받을 것입니다. 권세를 행사하는 사람은 여러분 각 사람에게 유익을 주려고 일하는 하나님의 일꾼입니다. 그러나 그대가 나쁜 일을 저지를 때에는 두려워해야 합니다. 그는 공연히 칼을 차고 있는 것이 아닙니다. (롬 13:3-4)

두 가지 해석학적 통찰과 한 가지 역사적 지적이 이 본문 해석에서 결정적 역할을 할 것이다. 먼저, 역사적 측면을 보자. 많은 이들이 "칼을 차고 있는 것"이 로마 군대와 관련 있다고 지적했다. 칼은 권세를 가진 이들의 명령에 따르는 군대의 행동을 지칭한다.[12] 그러나 크리스토퍼 퍼만(Christopher J. Fuhrmann)은 제국의 발흥으로 군인들의 '경찰' 활동이 증가되었다고 설득력 있게 주장했다.[13] 따라서 나는 여기서 바울의 말을 경찰관이 정치적

---

12 _ Robert Jewett, *Romans: A Commentary*, Hermeneia (Minneapolis, MN: Fortress, 2007), p. 796; Leon Morris, *The Epistle to the Romans*, PNTC (Grand Rapids, MI: Eerdmans, 1987), pp. 463-464.
13 _ Fuhrmann, *Policing the Roman Empire*.

통일체(body politic, 국가) 안에서 행해야 할 역할을 언급했다고 본다. 우리는 이러한 역사적 지적에, 논쟁의 여지가 많지 않을 두 가지 해석학적 통찰을 덧붙인다. 첫째, 로마서 13:3-4에서 바울이 관심을 기울이는 핵심은 하나의 직업으로서의 군인/경찰관이 아니라 국가의 태도다. 다르게 표현하면, 바울은 국가가 군인/경찰관이 그 시민을 대하는 방식에 엄청난 영향을 끼친다고 인식한다. 따라서 개혁이 필요하다면, 그것은 단지 개인적 차원이 아니라 구조적 차원이어야 한다. 이것은 민주주의의 토대가 된다. 둘째, 바울은 통치 체제가 무고한 사람들에게 두려움의 근원이 되어서는 안 된다고 말한다. 바로 이 무고한 두려움의 문제가 흑인이 법 집행과 대면하는 것을 여전히 괴롭게 한다. 다시 바울의 말은 개혁의 형태에 대한 지침을 제공한다.

로마 그리스도인과 군인/경찰관

'칼'에 대한 바울의 말을 이해하기 위해, 우리가 해야 할 일이 몇 가지 있다. 첫째, 우리가 말하는 경찰이 무엇을 의미하는지 정의해야 한다. 그런 다음, 우리는 군인이 제국의 경찰 활동을 담당한 방식을 개략적으로 살펴봄으로써 바울의 시대에 군인이 경찰 활동의 역할을 수행했음을 보여 주어야 한다. 이는 로마 그리스도인이 어떤 경우에 칼과 대면하게 되었는지에 대한 몇 가지 실질적인 생각으로 이어질 것이다.

여기서 로마 군인을 경찰로 부른 것은, 그들이 범죄를 수사하고 범인을 체포하고 법정에서 증언하는 일을 유일한 임무로 하는 현대 경찰처럼 기능했기 때문이 아니다.[14] 내가 경찰관을 언급할 때 염두에 두는 것은 "공공질서 유지와 민간 영역에 대한 국가의 통제를 의무로 하는 공적 명령을 받는 사람들로 이루어진 조직 단위"다.[15] 로마 군인은 이러한 경찰 활동의 역할을 수행했는가? 그렇다.

 주전 48년 옥타비아누스가 마르쿠스 안토니우스와 클레오파트라를 꺾었다. 이로써 그는 로마 세계 전체의 유일한 권력이 되었다. 그가 처음으로 한 일 중 하나가 로마 민병대를 상비군으로 전환한 것이었다. 이 상비군은 공공질서를 유지하는 책임을 맡았다.[16] 공공질서 유지의 역할은 부분적으로 "경비 의무, 공공 소요 진정", "범죄 수사"를 포함했다.[17] 로마의 경우, 옥타비아누스는 앞에서 언급한 치안 의무뿐만 아니라 옥타비아누스와 그 가족의 안전을 담당할 책임을 맡은 근위대를 창설했다.[18] 가장 가까운 추정으로 볼 수 있는 주장에 따르면, 근위대에는 아홉 개의 코호트가 있고 각 코호트마다 500명에서 1000명 사이의 군인이 있었다. 이 군인/경찰관은 도시 밖에 있는 그들의 부대와 따로 떨어져 사람들 사이에서 살았다.[19] 그들은 군인 제복을 입지 않았으며, 많은 경우 일반 군인보다 돈을 더 많이 받았다.[20] 옥타비아누스는 자신의 근위대와 더불어, 원래 방화 예방 및 화재 진압을 담당하던 그룹인 '비칠레스'(*vigiles*)를 세웠다. 그러나 그들의 역할은 경범죄 조사까지 확장되었다.[21] '비칠레스'와 근위대를 섞어서 약 1만 명의 인원이 도시의 질서 유지를 맡았다. 이는 대략 100명당 군관 한

---

14 _ Fuhrmann, *Policing the Roman Empire*, p. 4.
15 _ Fuhrmann, *Policing the Roman Empire*, p. 6.
16 _ Pat Southern, *The Roman Army: A Social and Institutional History* (Santa Barbara, CA: ABC-CLIO, 2006), pp. 96-97.
17 _ Fuhrmann, *Policing the Roman Empire*, p. 7.
18 _ Southern, *Roman Army*, p. 115.
19 _ Southern, *Roman Army*, p. 8.
20 _ Southern, *Roman Army*, p. 115.
21 _ Fuhrmann, *Policing the Roman Empire*, p. 117.

명 꼴이다.[22] 따라서 칼에 관한 바울의 말은 추상적 개념이 아니었을 것이다. 로마의 그리스도인은 알든 모르든 정기적으로 국가의 경찰 권력을 접하고 있었다.

우리는 로마에서 경찰력과 가장 가까운 것은 질서 유지의 목적을 드러내기 위해 도시 안에 상비하던 군인이었음을 살펴보았다. 또한 그러한 군인들이 로마 그리스도인의 삶에서 차지하는 부분은 결코 지엽적이지 않았으며, 로마 그리스도인은 경찰관/군인과 상당히 정기적으로 접촉했을 것이라고 예상할 수 있다. 군인과의 접촉을 묘사하는 신약성경 자체에서도 이러한 증거를 찾을 수 있다.

더 나가 볼 수도 있을까? 그리스도인은 경찰력을 정확히 어느 지점에서 대면했을까? 그리스도인과 '칼'의 실제 상호작용을 이해하고 싶다면, 그리스도인이 경찰력을 어떤 방식으로 대면했는지를 이해하는 것이 매우 중요하다.

아우구스투스는 자신이 제국에 가져온 '평화'를 추켜세움으로써 통치를 정당화했다. 유명한 그의 『업적록』(Res Gestae)에서 자신이 로마에 이룩한 전례 없는 평화를 입증하기 위해 야누스 퀴리누스(Janus Quirinus)의 문에 관한 고대 전설을 가져온다[야누스는 문(門)의 수호신으로, 로마인들은 전쟁이 일어나면 야누스가 와서 도와주기를 바라며 야누스의 신전 문을 열어 두는 풍습이 있었다. 전쟁이 끝나면 문을 닫아 두었기 때문에, 문이 닫혀 있다는 것은 평화로운 시기를 의미했다—편집자]. 그는 이렇게 말한다. "우리 조상들은 야누스 퀴리누스의 문이 닫혀 있기를 원했는데, 이때는 로마 사람들이 통치하는 전역에서 땅에서나 바다에서나 승리를 통해 평화가 보장되었다. 내가 태어나

---

22 _ Fuhrmann은 이것이 190명당 경찰관이 한 명 꼴인 뉴욕시보다 더 많다고 지적한다. Fuhrmann, *Policing the Roman Empire*, p. 118.

기 전에 도시가 수립되면서부터 기록된 내용을 볼 때 총 두 번 닫힌 적이 있었지만, 나의 원수 통치 체제에서는 그것이 닫혀 있다고 원로원이 세 번이나 최종 판단했다."[23] 이 평화는 국외의 적들을 패배시킨 결과만이 아니었다. 그것은 국가 내부의 안전에 관한 것이기도 했다. 내부적 안전은 도시에서 범죄가 줄어드는 현상을 수반했는데, 이는 안전을 지키기 위해 도시의 우범 지역에 코호트를 배정하고 범죄를 수사하는 활동을 했기 때문이었다. 군인들은 야간 경비대와 비슷한 역할을 하던 '비칠레스'와 함께 일하기도 했다. 그들은 검투 시합과 도시의 삶에 존재하던 다른 주요 축제들을 감독했다.[24] 군인의 역할에서 무시되어 온 또 다른 측면은 세금 징수를 돕는 것이었다. 로마에서 세금 징수원들은 부패하기로 악명 높았고, 종종 사람들에게 세금을 과도하게 징수하고 뇌물을 요구했다.[25] 로마제국에서 군인들은 세금 징수원 배후의 위협적 존재로 종종 기능했다.[26]

로마의 경찰 활동에 대한 논의를 완성하기 위해 우리가 언급해야 할 그룹이 하나 더 있다. 바로 '아이딜레스'(Aediles)와 그 보조원이다. 공화국 시절, 그들의 일은 신전과 도시의 공무 일부를 수행하는 것이었다. 결국 이 역할은 공공질서를 유지하는 데까지 확장되었다. 또한 그들은 세금 징수와 바른 저울 사용을 책임짐으로써 시장을 감독했다. 저울을 감독하는 일은 상인들이 고객을 속일 수 있도록 '아이딜레스'와 그 보조원에게 뇌물을 주는 행위로 이어졌다.[27]

---

23 _ Augustus, *Res Gestae,* trans. Thomas Bushnell (n.p.: n.p., 1998), p. 13, http://classics.mit.edu/Augustus/deeds.html.
24 _ Fuhrmann, *Policing the Roman Empire,* pp. 117, 129.
25 _ Pheme Perkins, "Taxes in the New Testament", *The Journal of Religious Ethics* 12 (1984): pp. 182-200.
26 _ Perkins, "Taxes in the New Testament", p. 183.
27 _ Fuhrmann, *Policing the Roman Empire,* pp. 60-61.

그렇다면 로마 그리스도인이 밤늦게 위험한 지역에 있는 경우 경찰을 마주했으리라 예상할 수 있다. 우리가 아는 대로 초기 로마 그리스도인은 대체로 부유하지 않았으므로 주로 위험한 지역에 거주하고 있었을 것이다.[28] 게다가 그들은 이러한 동네에 산다는 이유만으로 '비칠레스'나 옥타비아누스의 근위대에게 의심을 샀을 것이다. 세금 징수 기간이 돌아오면 조금 더 돈을 뜯어내려는 집행관에게 괴롭힘을 당했을 것이다. 그리스도인 가게 주인들은 장사를 하기 위한 '요금'을 내지 않으면 경쟁자에게 뒤처지는 위험을 무릅써야 하는 압력을 받았을 것이다. 도시가 축제와 축하 행사로 들뜰 때마다, 로마의 그리스도인은 축제 분위기가 통제 불능 상태로 번지지 않게 하는 데 열심이던 초조한 집행관을 경계해야 했을 것이다. 요약하면, 로마 교회 신자는 어느 순간에든지 국가와 권력의 칼을 코앞에서 만났을 것이다. 다른 식으로 말하면, 로마 그리스도인의 국가 권력과의 접촉은 오늘날 아프리카계 미국인이 잠재적으로 경험하는 경찰과의 대면과 놀랍도록 비슷하다.

바울, 구조적 개혁, 두려움의 부재

고대 로마의 경찰 활동의 실재를 간단히 살펴본 우리는 원래의 해석으로 돌아갈 수 있다. 로마서 13:3-4에서 바울은 집행관이 아니라 권세에 초점을 맞춘다. 그는 이렇게 말한다. "치안관들은 좋은 일을 하는 사람에게는 두려울 것이 없고, 나쁜 일을 하는 사람에게만 두려움이 됩니다. 권세

---

28 _ Peter Lampe, *From Paul to Valentinus: Christians at Rome in the First Two Centuries* (Minneapolis, MN: Fortress Press, 2003)를 보라.

를 행사하는 사람을 두려워하지 않으려거든, 좋은 일을 하십시오. 그러면 그에게서 칭찬을 받을 것입니다." 여기서 바울은 도시에 거주하는 사람들에 대한 군인의 태도가 상당 부분 명령을 내리는 이들에 의해 결정되리라는 것을 인식한다.[29] 문제가 있다면, 그것은 전적으로 칼을 찬 사람들만이 아니라 그것을 지시하는 이들에게 있다. 달리 말하면, 바울은 개인의 행동이 아니라 권력 구조에 초점을 맞춘다.

이것은 미국 그리스도인에게 시사하는 바가 있다. 우리 정부가 수십 년이 아닌 수 세기에 걸쳐 흑인의 권리를 박탈하기 위해 법을 만들어 왔다는 사실을 직면해야 한다는 것이다.[30] 그렇게 만들어진 법은 국가가 가진 칼의 힘으로 집행되었다. 역사적으로 미국에서 쟁점은 국가의 공권력에 의해 뒷받침된 제도적이고 집단적인 죄였다.

바울이 **구조**에 초점을 맞추는 것은 기독교 경찰 신학에 있어서 무엇을 의미하는가? 잘못된 구조를 바로잡고 불의를 없애는 일을 감독할 책임은, 바로 그 구조를 창출한 국가에게 있음을 의미한다. 더 나아가, 민주 공화국에서 권력이 정말로 **민중에게** 있다면, 그리스도인의 우선적 책임은 우리의 문화 안에서 칼을 지휘하는 이들이 그 칼을 반드시 우리의 가치와 일치하는 방식으로 지휘하게 만드는 것이다. 우리는 선출된 공무직들이 우리를 대신하는 국가의 대리인으로서 집단적 행동을 책임지게 할 수 있어야 한다. 더 나아가, 자유로운 사회의 참여자로서 우리는 범죄가 무엇이며 범죄자를 어떻게 보아야 하는지에 대한 공적 의견을 형성할 수 있

---

29 _ 여기서 나는 "도시에 거주하는"이라는 말을 의도적으로 사용하고 있다. 대부분은 로마 시민이 아니었다.
30 _ Thomas Hoyt Jr., "Interpreting Biblical Scholarship for the Black Church Tradition", *The Stony Road We Trod: African American Biblical Interpretation,* ed. Cain Hope Felder (Minneapolis, MN: Fortress Press, 1991), pp. 17-39.

는 능력이 있다. 우리는 법을 위반했다는 의심을 받는 이들조차 존중받을 가치가 있는 형상 담지자(image bearers)로서 대우받는 사회를 만들 수 있다. 그렇다면 기독교 경찰 신학은 인격을 다루는 기독교 신학(a Christian theology of persons)에서 자라나야 한다. 이러한 기독교 경찰 신학은 국가가 **오직** 개인들의 청지기 혹은 관리원일 뿐임을 기억해야 한다. 국가는 개인들을 **창조**하지 않았고, 그들을 소유하거나 규정하지도 않는다. 우리의 창조주는 하나님이시며, 그분은 누구에게라도 하나님의 형상을 손상시키려고 하는 자들에게 하실 말씀이 있을 것이다. 국가에게 그 권력의 한계를 일깨워 줄 때, 우리는 하나님이 우리를 부를 때 의도하신 그리스도인으로 존재한다.

두 번째 일련의 해석학적 통찰은 첫 번째 통찰에 따라온다. 바울은 (경찰을 지휘하는) 통치자가 좋은 일을 하는 사람에게는 두려운 존재가 아니라고 말한다. 바울은 이것을 사실로서 진술한다. 그러나 우리가 앞에서 하나님이 나라와 통치자의 부패한 행위를 심판하시는 능력에 대해 말한 것을 고려하면, 바울은 이상적인 경우를 말하고 있는 것이다. 그는 어떤 통치자들은 선한 사람들에게 두려운 존재임을 안다. 바울은 로마서 앞부분에서, 두려운 존재였던 통치자(바로)를 언급하고 그 통치자가 하나님의 심판을 경험했다고 말했다. 그렇다면 로마서 13:1-7에서 바울은 **악한** 통치자의 문제를 직접적으로 다루지 않으면서 하나님의 종으로서 통치자에게 맡겨진 책임을 개관하고 있는 것이다. 나는 로마서 13:1-7에 대한 그러한 설명이 부재한 가운데, 우리가 그 간격을 메꾸기 위해 바울이 이집트에 관해 언급한 내용과 더 넓은 성경의 이야기를 자유롭게 사용할 수 있다고 주장한다.

이제 우리는 그 핵심에 이르렀다. 경찰 활동에 대한 흑인의 소망은 복잡하지 않다. 바울은 로마서 13:4에서 그 소망을 아주 간명하게 진술한다.

우리는 두려움에서 벗어나 살고 싶다. 교통 신호 위반으로 제지를 당할 때 내가 무서웠던 것은, 정확하게 경찰이 나 자신의 삶과 내 민족의 삶에서 두려움의 근원이었기 때문이다. 이 공포는 종종 우리의 피부색을 위험하게 보는 국가 정부로부터 흘러 내려왔다. 고등학교 마지막 학년이 되었을 때, 나는 내가 무언가를 잘못한 대가로 대학에 가는 길이 막히는 것은 두렵지 않았다. 만약 그런 일이 일어난다면 그것은 내가 자초한 일이다. 그런 것은 견딜 수 있었다. 그러나 나는 법이 집행되는 몇 번의 긴박한 순간에 수 세기 동안의 불신을 제대로 반박하지 못하거나 혹은 그것을 그냥 무시해 버리지 못해서 위협으로 인식될까 봐 두려웠다. 나는 내 아들이나 딸이 나와 내 앞에 살았던 조상들의 삶을 규정하던 공포를 똑같이 경험할까 봐 걱정이 되어서 여전히 무섭다.

어떤 이들에게는 이런 두려움이 근거가 없어 보일 수도 있다. 나는 흑인에 관한 통계와 우리가 경찰의 손에 다루어지는 방식에 관한 통계를 나열하고 싶은 유혹이 든다. 그러나 통계가 우리의 명분에 적대적인 이들에게 확신을 줄 수 있을지 의심이 든다. 더 나아가, 이 나라에서 흑인으로 살아가는 경험을 가슴에 담고 있는 이들에게 통계는 불필요하다. 우리는 알고 있고, 이 책은 우리를 위한 것이기 때문이다.

바울은 그리스도인이 경찰 활동을 성경적·신학적 관점으로 생각할 수 있는 방식과 관련해 몇 가지 출발점을 제공한다. 그는 단순히 개인이 아닌, 칼을 지휘하는 이들에게 합당하게 초점을 맞춘다. 이는 기독교 사상가와 옹호자가 정의로운 사회란 사람들을 어떻게 다루어야 하는지에 대해 구조적으로 생각할 수 있는 공간을 준다. 또한 바울은 흑인의 핵심 관심사인 두려움의 부재에 대해서도 말한다. 맞다. 바울은 국가에 대한 그리스도인의 책임에 대해 말한다. 이것은 괜찮다. 우리는 무정부 상태를 원하는 것이 아니다. 우리는 정부의 잠재적 유익을 기쁘게 인정한다. 또한 우리에게 하나님의 심판 시기를 알 수 있는 역사의 주권은 없을지라도, 정부의 행동에서 악을 분별할 수 있는 능력을 교회가 가지고 있음은 안다. 그럼에도 우리는 통치 체제에 복종하라는 바울이 말이, 하나님은 자신의 목적을 이루시기 위해 역사 안에서 일하신다는 것을 보여 주는 성경의 문맥 안에서 나온다는 사실을 언제나 기억해야 한다. 하나님은 높이시고 끌어내리신다. 끌어내려지지 않으려면, 통치 임무를 맡은 이들은 흑인이 자유롭게 살고 움직이고 일할 수 있는 사회를 건설하기 위해 그들의 권력으로 할 수 있는 모든 것을 해야 한다.

세례 요한의 증언과 경찰관의 책임

군인이 현대 경찰관에 가장 가깝다는 우리의 논지가 참이라면, 신약성경에 나오는 군인과의 대면은 기독교 경찰 신학을 위한 중요한 통찰을 제공할 수 있다. 누가복음에 나오는 세례 요한의 사역이 바로 그러한 경우다.[31]

요한이 더 넓은 기독교 서사에서 어떤 역할을 하는지 기억하는 것은 중요하다.[32] 복음서 기자들에 따르면, 하나님은 요한을 메시아의 오심과 메시아의 시대를 선포하는 전령으로 삼으셨다.[33] 그들은 모두 그를 이사야

---

31 _ 누가복음에서 세례 요한의 중요성에 대해서는, Clint Burnett, "Eschatological Prophet of Restoration: Luke's Theological Portrait of John the Baptist in Luke 3:1-6", *Neotestamentica* 47 (2013), pp. 1-24를 보라.
32 _ 세례 요한에 대한 최고의 학문적 연구는 아마도 Joel Marcus가 쓴 *John the Baptist in History and Theology* (Studies on Personalities of the New Testament)일 것이다.
33 _ 눅 1:68-79을 보라.

서에 기술된 인물과 동일시한다. 여기서는 누가의 버전에 초점을 맞출 것이다.

   그것은 이사야의 예언서에 적혀 있는 대로였다.
   "광야에서 외치는 이의 소리가 있다.
   너희는 주님의 길을 예비하고
     그 길을 곧게 하여라.
   모든 골짜기는 메우고,
     모든 산과 언덕은 평평하게 하고,
   굽은 것은 곧게 하고,
     험한 길은 평탄하게 해야 할 것이니,
   모든 사람이 하나님의 구원을 보게 될 것이다." (눅 3:4-6)

이사야서 인용문에서 예언자는 장차 오실 메시아를 위해 길을 준비하지 않는다. 광야의 목소리는 하나님의 강림을 위해 우리를 준비시킨다. 이는 장차 오실 이 왕의 정체성에 문제를 제기한다. 어떤 경우든 세례 요한의 회개 요청은 하나님의 오심을 준비하라는 명령이다. 요한의 판단에 따르면, 변화를 거부하면 예수님이 성취하실 새로운 기업으로 나아가는 새로운 출애굽을 놓치게 된다.

   요한의 준비 요청에 주의를 기울인 이들은 질문을 할 것이다. 장차 올 나라에 참여하기 위해 무엇을 해야 하는가? 요한은 각기 다른 그룹에게 실제적인 제안으로 답변한다. 그중에서 우리의 목적을 위해 중요한 것은 군인/경찰관에게 주는 답변이다. 그는 그들에게 말한다. "아무에게도 협박하여 억지로 빼앗거나 거짓 고소를 하여 빼앗거나 속여서 빼앗지 말고, 너희의 봉급으로 만족하게 여겨라"(눅 3:14). 로마서 13:3-4이 국가의 책임에 초점을 맞춘다면, 누가복음 3:14은 법 집행관 개인의 책임에 대한 그림을 제공한다. 지금부터 나는 (1) 경찰 활동과 권력, (2) 경찰 활동과 하나님의 형상(다시 한번), (3) 경찰 활동과 돈에 초점을 맞춤으로써 요한의 말에 담긴 함축적 의미를 살펴볼 것이다.

첫째, 우리는 이 군인들의 정체성 문제를 다루어야 한다. 그들은 유대인인가, 이방인인가? 그들이 하는 일의 성격은 정확히 무엇인가? 앞 구절에서 세금 징수원에 대한 언급과 요한의 훈계를 고려할 때, 그는 아마도 세금 징수를 돕는 군인들을 염두에 두었을 것이다.[34] 그러나 그의 충고는 그들이 하는 일의 정확한 성격과 상관없이 유효하다. 폭력을 사용할 수 있는 그들의 권한을 고려할 때, 경찰 대원들에게는 충직하게 자신의 일을 수행할 의무가 주어진다.

요한은 비난이 담긴 훈계로 시작한다. 이러한 비판의 무게를 간과하지 말라. 갈취는 단순히 뇌물을 넘어선다. 그것은 약한 사람을 괴롭히는 데 **힘**을 사용하는 행위를 포함한다. 갈취는 갈취당하는 사람이 기댈 곳이 없을 때만 가능하다. 이는 힘을 가진 이들이 그 힘을 가장 위험에 처한 이들을 희생시키면서 자신들의 관심사를 추구하기 위한 수단으로 경찰 활동을 사용하는 것을 요한이 우려했다는 의미다. 이러한 이유로, 거짓 고소에

---

34 _ John Nolland, *Luke 1-9:20*, WBC 35A (Grand Rapids, MI: Zondervan, 1989), p. 150. 『WBC 성경주석시리즈 누가복음 35(상)』(솔로몬). Bovon은 "이 군인들은 갈릴리뿐만 아니라 페레아도 다스렸던 헤롯 안티파스의 용병일 수 있다"고 말한다. François Bovon, *Luke 1: A Commentary on the Gospel of Luke 1:1-9:50*, Hermeneia 63a (Minneapolis, MN: Fortress Press 2002), p. 397. R. Alan Culpepper는 이렇게 말한다. 그들은 "아마도 로마인이 아니라 헤롯을 위해 일하는 지역 용병이거나 로마의 대리인이었을 것이다. 따라서 그들의 역할은 통행료 징수원과 비슷했다." R. Alan Culpepper, "The Gospel of Luke", *The Gospel of Luke-The Gospel of John*, NIB 9 (Nashville: Abingdon Press, 1995), p. 85.

대한 그의 비판은 갈취와 분리되어서는 안 된다. 거짓 고소는 종종 갈취를 뒷받침하기 때문이다. 갈취당하는 사람들이 순응을 거부하면, 그들이 저지르지도 않은 범죄에 대해 '고발당하는' 처지에 놓일 것이다.

또한 요한은 자신의 우월성을 과시하고 싶은 기분을 만족시키거나 정치적 목적을 이루기 위해 어떤 사람을 범죄에 내어 주는 군인을 염두에 두고 있는지도 모른다. 이렇듯 현상 유지를 위한 제물로 사람의 몸을 넘겨 주는 것은 우리 각자 안에 있는 '이마고 데이'(*imago Dei*, 하나님의 형상)를 부정하는 것이다. 예수님의 십자가 이야기는 전형적인 거짓 고소를 담고 있다. 요한복음이 빌라도가 의도치 않게 한 심오한 말 "그 사람을 보라"를 기록할 때, 그것은 우리 모두를 회복시키기 위해 진정한 한 인간으로 오신 예수님을 증언한다. 동시에 요한은 아무리 죽음에 내몰린 무고한 사람일지라도 예수님이 실제 **사람**이라는 사실을 분명히 한다. 바로 이것이 우리 흑인에게 경찰력을 행사하는 이들의 양심에 호소하는 우리의 주장이다. 우리를 어떤 경우에라도 존중받을 가치가 있는 사람으로 봐 달라는 것이다. 군인들이 예수님을 다룬 지독한 방식이 우리에게 충격을 주는 것은 그분이 무고했기 때문이지만(마 27:27-30), 그렇다면 죄가 있는 사람은 구타와 조롱을 받아 마땅한가? 마태복음 27:27-30은 부패한 체제가 어떻게 망가진 체제 안에서 작동하면서 범죄 혐의가 있는 이들의 영혼을 왜곡시킬 수 있는지 증언한다. 요한은 그러한 체제에 있는 사람들을 향해 인간성을 말살하려는 유혹에 굴하지 말고 인격적으로 행동하라고 요청한다.

마지막으로, 요한은 경찰 활동을 담당하는 사람들에게 그들 자신의 임금에 만족하라고 요청한다. 이것은 다시 경찰 활동과 돈의 고리를 지시한다. 군인/경찰관은 그들이 행하는 일에 대한 대가로 받는 돈에 만족해야 한다. 우리 시대로 말하면 이는 가난한 이들에게 부과하여 국가만 배불리는 과도한 벌금과 징수금에 대한 것이다. 세례 요한에게 돈은 결코 정의를 이길 수 없다. 요한은 기독교 경찰 신학에 무엇을 더하는가? 경찰관의 개인적 책임과 충직성이다. 그는 힘을 가진 자들에게 그 힘을 모든 시민의 본질적 존엄을 인정하기 위해 사용하고, 결코 자신의 목적을 위해 사용하지 말라고 요청한다.

결론

우리는 신약성경이 그리는 경찰 활동의 그림을 표면만 다루었지만, 나의 더 큰 요점은 충분히 드러난 것 같다. 현대 경찰에 가장 가깝게 상응하는 인물은 제국의 도시와 마을에서 질서 유지의 임무를 맡았던 군인이다. 특히 로마에서 이 군인들은 그리스도인의 모든 삶에 관여했다. 바울은 국가에 대한 개인의 책임에 초점을 맞추면서도, 논의를 진행하는 가운데 개인에 대한 국가의 책임을 제시한다. 국가는 그 자체로 하나님이 아니며 무오하지도 않음을 기억해야 한다. 국가는 하나님께 속한 것을 관리하는 청지기다. 로마서 9:17은 청지기직도 박탈될 수 있음을 분명히 보여 준다. 그럼에도 불구하고, 그러한 청지기직은 경찰 업무를 포함한다. 따라서 국가를 다스리는 이들은 그들이 만들어 내는 경찰 활동의 문화에 책임이 있다. 사람들의 필요를 관장하는 임무를 맡은 이들에게, 사람들이 두려워하지 않으면서 살 수 있는 분위기를 만들어 주도록 일깨우는 것은 그리스도인으로서 우리가 받은 부르심의 일부다. 두려워하지 않으면서 살 수 있기를 바라는 것은 흑인의 반복되는 탄식이었다. 우리는 두려움 속에서 살아서는 안 된다. 착한 사람은 칭찬을 받고, 악한 사람은 벌을 받아야 한다. 미국은 과거뿐 아니라 지금 현재에도 그렇게 하지 않는다. 대신 흑인 가정과 교회에 대대로 전해 내려온 두려움을 계속 불어넣기 위해 칼을 사용해 왔다. 그러나 그 두려움이 최종 결정권을 가진 적은 한 번도 없었다. 대신 흑인 그리스도인들은 오직 우리의 몸만 죽일 수 있는 자들을 두려워할 필요가 없음을 기억했다. 그리스도인으로서 최고의 순간들마다, 우리는 하나님의 자녀로서 우리에게 주어진 천부권을 주장했다. 그러나 그 권리가 우리의 피나 정신 건강을 희생하여 얻어지는 것이어서는 안 된다. 그런 의미에서 기독교 경찰 신학은 자유의 신학이다.

바울이 국가의 권력과 칼에 대해 말했다면, 요한은 군인 개인에게 눈을 돌렸다. 요한이 그들에게 요청한 것은 신체적 용맹이라는 영웅적 위업이 아닌 영웅다운 미덕이었다. 또한 권력이 있다고 해서 반드시 착취를 일삼는 악당이 되어야 하는 것은 아님을 상기시켰다. 그들은 약한 이들의 수호자가 될 수 있다. 그렇다면 기독교 경찰 신학은 국가를 향해 시선을 돌려, 그 의무를 기억하라고 요청한다. 경찰관을 향해 시선을 돌려, 바로 그 경찰관이 자신들이 행하는 일의 엄청난 책임과 잠재력을 인식하라고 요구한다. 만약 우리가 경찰관과 국가를 향해 하나님이 말씀하신 경찰관과 국가가 되라고 요청하는 우리의 임무를 수행한다면, 이 나라에서 경찰과 관련된 흑인들의 소망은 이루어질 수 있을지도 모른다.

3장

피곤한 발, 편안한 영혼
신약성경과 교회의 정치적 증언

나의 발은 피곤하지만 나의 영혼은 편안하다. _마더 폴러드(Mother Pollard)

내가 여러분에게 진실을 말하기 때문에 여러분의 원수가 되었습니까?
_갈라디아서 4:16

1963년 4월 12일, 여덟 명의 성직자—감리교 감독 두 명, 성공회 주교 두 명, 로마 가톨릭 주교 한 명, 랍비 한 명, 장로교 목사 한 명, 침례교 목사 한 명—가 앨라배마의 시민들에게 전하는 편지를 썼다. 이것은 그들의 두 번째 선언이었다. 약 세 달 전인 1월 16일에 쓴 첫 번째 외침의 제목은 "법과 질서와 상식에 대한 호소"(An Appeal for Law and Order and Common Sense)였다. 그 편지는 앨라배마의 흑인 인권 시위를 둘러싼 폭력을 끝내도록 요청하고 아프리카계 미국인의 시민권과 관련해 분열된 양쪽 모두 사법 제도를 신뢰하라고 호소했다. 그 편지는 "모든 인간은 하나님의 형상으로 창조되었고, 인간에게 속한 모든 기본권, 특권, 책임을 지닌 동료 인간으로서 존중되어야 할 자격을 부여받았다"고 하면서도 분리 정책을 강력하게 반대하는 입장을 취하지는 않았다. 온건함의 전형이었다.

약 세 달 후, 이 여덟 명의 그룹은 또 다른 편지를 작성했다. 이 편지는 마틴 루터 킹(Martin Luther King Jr.)과 남부 기독교 지도자 협회(Southern Christian Leadership Council, SCLC)를 분명하게 비판하면서, 이들을 평화의 대의를 이루는 행동을 하지 않는 "외부 선동가"로 규정했다.[1] 그들은 킹 목사와 다른 이들의 정치적 증언의 효과에 의문을 제기했다. 그들은 이렇게 지적했다. "아무리 그러한 행동 자체가 엄밀히 따져 평화적이라 할지라도, 증오와 폭력을 부추기는 행동은 우리 지역의 문제를 해결하는 데 기여하지 않았다. 우리는 이 새로운 소망의 시대가 버밍햄에서 극단적 조치들이 정당화되는 시대라고 믿지 않는다."[2] 킹 목사의 행동과 그것을 뒷받침하는 흑인 그리스도인의 저항의 전통에 대한 이러한 비판은 남부 백인 에큐메니컬 교회의 보편적 합의에서 나왔다. 침례교, 감리교, 장로교, 가톨릭, 성공회, 유대교 지도자들은 킹 목사를 반대했다.[3]

우리에게 "버밍햄 감옥으로부터의 편지"(Letter from a Birmingham Jail)로 알려진 글은 비단 여덟 명의 성직자에게 보낸 답변일 뿐 아니라, 복음의 요구보다 법과 질서에 더 초점을 맞추는 특정 종교적 (기독교적) 접근에 대한 응답이다. 이 여덟 명의 성직자에 대한 응답으로 킹 목사는 자신이 왜 버밍햄에 있는지 이유를 설명하면서 이렇게 말했다.

---

1 _ C. C. J. Carpenter, et al., "A Call for Unity", April 12, 1963, www3.dbu.edu/mitchell/documents/ACallforUnityTextandBackground.pdf.
2 _ Carpenter, et al., "A Call for Unity."
3 _ 이 여덟 명과 이 편지 전과 후 그들의 이야기에 대한 리뷰는, S. Jonathan Bass, *Blessed Are the Peacemakers: Martin Luther King, Jr., Eight White Religious Leaders, and the "Letter from Birmingham Jail"* (Baton Rouge, LA: LSU Press, 2001)을 보라.

내가 버밍햄에 있는 것은 이곳에 불의가 존재하기 때문입니다. 주전 8세기의 예언자들이 그들의 마을을 떠나 고향의 경계 너머 아주 먼 곳까지 "그렇게 주님이 말씀하셨다"를 전하며 다녔던 것처럼, 그리고 바울이 자신의 지역 다소를 떠나 예수 그리스도의 복음을 그리스 로마 세계의 구석구석에 전했던 것처럼, 나 역시 나 자신의 고향 너머로 자유의 복음을 전하지 않을 수 없습니다. 바울처럼, 나는 마케도니아에 도움을 주라는 부르심에 지속적으로 응답해야 합니다.[4]

이 편지가 출간된 지 거의 60년이 지났지만, 공적 영역에서 교회의 역할을 둘러싼 논쟁은 계속되고 있다. 분리 정책을 끝내고 정의로운 사회를 만들고자 했던 킹 목사의 임무는 바울과 예언자들의 사역과 조금이라도 유사했는가? 아니면 당파 정치 행위에 불과했는가? 그 시대의 정치권력 구조에 대한 지속적이고 공개적인 비판은 그의 목회 사역의 한 요소였는가? 아니면 한눈팔기였는가?

수많은 흑인 그리스도인들에게 이 질문들에 대한 답은 자명하다. 우리는 우리의 신앙을 정치적 행동과 분리하는 사치를 누려 보지 못했다. 태어난 시대 덕분에 흑인 교회는 국가가 시행하는 하나의 정책에 항의할 수 밖에 없음을 발견했다. 바로 노예제다. 프레더릭 더글라스가 "노예에게 7월 4일이란(미국 독립기념일-편집자) 무엇인가?"라는 유명한 질문을 던졌을 때, 그는 단지 **미합중국**에 의문을 제기한 것이 아니었다. 그는 **미국 기독교**에 의문을 제기했다. 그는 이렇게 말했다.

---

4 _ Martin Luther King Jr., "Letter from a Birmingham Jail" in *I Have a Dream: Speeches and Writings That Changed the World*, ed. James M. Washington (New York: HarperCollins, 1992), pp. 83-106. 『나에게는 꿈이 있습니다』(예찬사).

미국의 노예에게, 당신들의 7월 4일이란 무엇인가? 나는 대답한다. 그것은 그가 끊임없는 피해자로서 당하는 추악한 불의와 잔인함이 1년 중 다른 어떤 날보다 그에게 더욱 드러나는 날이다. 그에게 당신들의 경축은 허위다. 당신들이 자랑하는 자유는 거룩함 없는 방종이다. 당신들 국가의 위대함은 부풀어 오른 허영이다. 당신들의 기뻐하는 소리는 공허하며 무정하다. 당신들의 압제에 대한 성토는 철면피 같은 뻔뻔함이다. 당신들이 외치는 자유와 평등은 공허한 조롱이다. 당신들의 기도와 찬송, 설교와 감사 기도는 당신들의 모든 종교적 퍼레이드와 엄숙함과 더불어, 그분께는 단지 허위, 사기, 속임수, 불경함, 위선일 뿐이며, 야만의 국가를 치욕스럽게 할 범죄를 가리는 얇은 베일일 뿐이다.[5]

더글라스는 다른 이들을 노예로 삼으면서 자유를 종교적으로 경축하는 위선을 강조하면서, 미국 그리스도인에게 진정으로 평등하고 자유로운 사회를 세움으로써 그들의 신앙을 삶으로 살아 내라고 요청한다. 그는 이 나라가 흑인과 갈색 인종의 몸에 행한 일과 스스로 대면하기 전까지는 어떤 형태의 위대함도 자랑할 수 없다고 주장했다.

성경은 더글라스와 킹 목사의 확신을 뒷받침하는가? 보다 세부적으로 표현하면, 신약성경은 국가의 압제적 경향에 반응하여 교회가 정치적 증언을 하는 것에 대해 무엇이라 말하는가?

이번 장은 비판으로 시작해서, 그다음 예수님과 바울 그리고 요한의 증언으로 나아간다. 이 첫 번째 부분에서 나의 요점은 충분히 명료하다. 나는 우리의 정치 신학 전체가 디모데전서 2:1-4과 로마서 13:1-7에 대한

---

5 _ Frederick Douglass, "The Meaning of July Fourth for the Negro", July 5, 1852, http://masshumanities.org/files/programs/douglass/speech_complete.pdf, 저자 강조.

잘못된 독해에 토대를 둔다면, 우리는 정치적 비판과 저항에 관한 신약성경의 증거에 해를 끼치고 있음을 보여 주고자 한다. 이러한 해체 작업 뒤, 나는 예수님이 헤롯에 대해 말씀하시는 내용(눅 13:32), 바울이 사회와 정치 질서 전체를 일축하는 내용(갈 1:4), 마지막으로 요한이 로마를 묘사하는 방식(계 18장)을 살펴볼 것이다. 그런 뒤, 예수님을 무대로 다시 청해 우리에게 평화를 이루는 일에 대해 말씀하시도록 함으로써 마무리할 것이다(마 5:9). 우리는 정치적 행동의 임무를 받아들였던 노예들과 그들의 후손이 신약성경의 증언에서 중요한 하나의 요소에 다가가고 있었음을 보게 될 것이다.

기도, 복종 그리고 우리가 중심에 놓는 본문들

신약성경에서 온 대부분의 대중적 정치 신학은 로마서 13:1-7과 디모데전서 2:1-4에서 시작한다. 이 본문들을 중심에 놓을 때, 그리스도인에게는 다음과 같은 의무가 남는다. (1) 국가에 복종하라. (2) 세금을 내라. (3) 지도자들을 위해 기도하라. 이 세 의무 중 그 자체로 잘못된 것은 없다. 단지 그 범위가 제한되어 있을 뿐이다.

미국의 맥락에서, 우리의 공동선과 지혜에 대한 종종 암묵적인 믿음은 정부에 복종하고 기도하라는 요청을 뒷받침한다. 많은 이들은 특정 시간과 공간에서, 우리의 정부는 결국 선과 정의, 진리를 선택할 것이라고 믿는다. 무엇이든 손상된 것을 고치는 동안에는 (역시 기독교 덕목인) 인내가 촉구된다. 우리는 앞에서 언급한 킹 목사에게 쓰인 편지에서 우리가 선하다는 믿음과 인내에 대한 요청을 본다.

인내하라는 말을 듣는 동안 고통당하고 죽어 가는 아프리카계 미국 그리스도인은 우리의 동료 그리스도인들이 왜 이러한 구절들에서 시작하는지 의아해할 수 있다. 또한 우리는 디모데전서 2:1-4과 로마서 13:1-7을 함께 묶어서 읽고 자유를 위한 흑인의 저항을 반대하는 것으로 이해한다면, 이는 신약성경의 메시지를 왜곡하도록 이용되고 있는 것은 아닌지 물을 수 있다. 앞에서도 언급했듯이, 문제는 본문의 권위에 재고의 여지가 있는지가 아니다. 대신, 우리는 교회의 정치적 증언에 대한 논쟁에서 그 본문들이 어떻게 무기로 사용되는지 궁금하다.

지금은 로마서 13장을 두고 다시 논쟁을 벌일 시간이 아니다.[6] 나는 이미 다음과 같이 주장했다. (1) 많은 이들이 로마서 13:1-2과 관련해 던지는 문제는 통치자보다 신정론에 관한 것이다. (2) 로마서 9:16과 더 넓은 구약성경의 증언들은 하나님이 **인간들**을 사용하셔서 부패한 정권을 끌어내리시는 예를 보여 준다. (3) 로마서 13:1-7은 우리가 하나님의 심판이 언제 임할지 분별할 수 없다는 것에 대한 증언으로 이해되어야 한다. 이는 그리스도인이 불의에 저항할 수 없다는 의미가 아니라, 하나님께 폭력적 혁명을 옳다고 인정해 주시기를 요구할 수 없다는 의미다. 복종과 순응 두 가지는 서로 다르다.

그러나 디모데전서 2:1-4은 어떤가? 그 본문은 우리에게 우리의 통치자들을 위해 기도하라고 명령하지 않는가? 다시 여기서 문제는 기도하라는 요청 자체가 아니라, 제한된 흑인의 정치적 표현에만 모든 관심을 두는 문맥 안에서 그것을 해석하는 것이다. 디모데전서 2:1-4에는 이렇게 쓰여 있다.

6_ 이 책 2장을 보라.

그러므로 나는 무엇보다도 먼저, 모든 사람을 위해서 하나님께 간구와 기도와 중보 기도와 감사 기도를 드리라고 그대에게 권합니다. 왕들과 높은 지위에 있는 모든 사람을 위해서도 기도하십시오. 그것은 우리가 경건하고 품위 있게, 조용하고 평화로운 생활을 하기 위해서입니다. 이것은 우리 구주 하나님께서 보시기에 좋은 일이며, 기쁘게 받으실 만한 일입니다. 하나님께서는 모든 사람이 다 구원을 얻고 진리를 알게 되기를 원하십니다.

여기서 두 가지가 분명하다. 바울의 관심사는 우리가 왕과 통치자들만이 아니라 모든 사람을 위해 기도하는 것이다. 우리가 기도해야 하는 이유는 그렇게 함으로써 우리가 괴롭힘을 당하지 않고 계속해서 하나님의 백성으로 살아가도록 하기 위해서다.[7] 통치자와 왕들은 우리 삶의 질에 대한 결정권을 갖고 있기 때문에, 우리는 그들이 우리가 우리의 일을 하는 데 필요한 공간을 주도록 기도하는 것이다.[8] 흑인 그리스도인이 방해받지 않고 교회의 선교를 추구할 자유를 위해 기도하는 것에 아무런 문제가 없다. 우리 앞에 놓인 문제는 정확하게, 권력자들이 우리가 자유로운 그리스도인으로 살아가는 길을 가로막을 때 무엇을 해야 하는가다.

많은 이들이 그리스도인은 동시대의 문제에 대해 분명하게 말하는 대신 기도하도록 부름받았다고 오해한다. 여기에는 디모데전서 1장에 나오는 불의에 대한 바울 자신의 증언이 진지하게 담기지 않았다. 1장을 빠르게 다시 살펴보면, 바울이 로마의 관습과 법에 제법 분명하게 잽을 날리는

---

7 _ James D. G. Dunn, "The Letters to Timothy and the Letter to Titus", in *2 Corinthians-Philemon*, NIB 11 (Nashville: Abingdon Press, 2000), p. 797.
8 _ 구원의 일을 전하기 위한 공간과 평화의 연관성에 대해서는, Clarice J. Martin, "1-2 Timothy, Titus", *True to Our Native Land: An African American Commentary on the New Testament* (Minneapolis, MN: Fortress Press, 2007), p. 420를 보라.

것을 볼 수 있다.

디모데전서 1:8-11에서 바울은 율법이 의로운 사람이 아닌 경건하지 않은 사람을 위해 제정되었다고 주장한다. 그의 요점은 율법이 창조주에게 순종하는 이들이 아닌 악한 자에 대한 처벌을 규정한다는 것이다. 그런 다음 그는 구약성경의 율법이 규탄하는 불경함의 종류를 열거한다. 그가 지목하는 그룹 가운데 하나는 '안드라포디스타이스'(andrapodistais), 즉 노예 거래상(slave traders, 새번역은 "사람을 유괴하는 자", 개역개정은 "인신매매를 하는 자"로 번역한다—옮긴이)이다.[9] 그는 이 노예 거래상을 "건전한 교훈에 배치되는" 이들의 범주에 묶는다(딤전 1:10). 바울이 건전한 교훈 (didaskalia)을 언급할 때, 그는 모든 곳의 그리스도인들이 전해 받은 가르침을 염두에 둔다.

그렇다면 바울에게 노예 거래는 그리스도인들이 피해야 할 **신학적 잘못**이다. 나는 로마의 노예법 전문가가 아니지만, 노예 거래를 금지하는 법이 없었음은 확신할 수 있다. 사실 노예 거래는 돈을 버는 좋은 방법으로 간주되었다.[10] 따라서 지도자들을 위해 기도하라는 요청 바로 앞에 나오는 구절에서, 바울은 제국에서 확실히 자리 잡고 있던 관습을 악하고 불경한 행동에 해당하는 것으로 비판한다. 즉, 지도자들을 위한 기도와 그

---

9 _ George W. Knight III, *The Pastoral Epistles*, The New International Greek Testament Commentary (Grand Rapids, MI: Eerdmans, 1992), p. 86. J. A. Harrill은 바울이 실제 노예 거래상을 염두에 둔 것이 아니라고 주장하지만, 그 저자(바울이 아니다)는 노예 거래상이 일반적으로 부도덕한 사람을 지칭하는 데 사용되던 그리스 로마의 범주에 기댄다. 그러나 나는 십계명과 구약성경의 금지 조항들과의 연관성이 더 강력하다고 생각한다. J. A. Harrill, "The Vice of Slave Dealers in Greco-Roman Society: The Use of a Topos in 1 Timothy 1:10", *Journal of Biblical Literature*, 118, no. 1(1999): pp. 97-122. 딤전 1:8-11과 십계명 사이의 관련성에 대해서는, 앞에서 언급한 Knight의 주석을 보라.

10 _ A. B. Bosworth, "Vespasian and the Slave Trade", *The Classical Quarterly* 52 (2002): pp. 350-357를 보라.

들의 관습에 대한 비판은 상호 배타적인 생각이 아니다. 동일한 편지에서 두 가지 모두에 대한 성경의 보증이 주어진다.

이 부분의 목적은 기도를 비판하는 것이 아니었다. 성공회 사제로서 나도 매주 주일 예전과 매일의 개인 경건 시간에 우리의 지도자들을 위해 기도한다. 나의 목표는 지도자들을 위한 기도를 우리가 감당해야 할 증언의 모든 것으로 간주할 때 일어나는 문제를 강조하는 것이었다. 지금부터 나는 신약성경에 나타나는 공적 참여와 비판의 보다 긍정적인 예로 나아갈 것이다. 첫 번째 예는 바로 예수님이다.

정치적 저항에 대한 예수님의 증언

한 차원에서, 우리는 예수님 사역 전체를 정치적 저항 행동으로 볼 수 있다. 누가복음 1-2장은 예수님의 탄생을 한편으로는 아우구스투스의 통치와 다른 한편으로는 헤롯의 통치라는 문맥 안에 분명히 위치시킨다. 이러한 배치는 이스라엘과 세상의 진정한 왕이 누구인가라는 질문을 제기한다. 복음서들은 겉으로 보이는 모든 것에도 불구하고 모든 권세를 가진 진정한 왕은 예수님이라는 주장을 계속해 간다(마 28:18-20). 나는 예수님의 사역 전체에 초점을 두지 않을 것이다. 나는 단순히 예수님이 바리새인들과 접촉할 때 헤롯을 묘사하신 방식이 함축하는 의미를 살펴보고자 한다.[11]

---

11 _ 비교적 큰 탈 없었던 헤롯의 통치에 대한 간략한 개관은, H. W. Hoehner, "Herod", *International Standard Bible Encyclopedia (Revised)*, ed. Geoffery W. Bromiley, Accordance e-book version 1.2. (Grand Rapids, MI: Eerdmans, 1979), pp. 694-697와

그 장면은 짧지만 매우 의미심장하다. 누가의 서사 전체에서 예수님의 사역에 대해 점점 의심이 자라 가는 바리새인들은 예수님에게 헤롯이 죽이려 한다는 이유를 들어 그 지역을 떠나라고 경고한다. 헤롯은 왜 예수님을 위협으로 보았을까? 예수님이 율법의 음식이나 안식일 규정을 지키지 않는 것에 대해 특별히 신경을 썼기 때문은 분명 아니다. 사람들에게 하나님을 사랑하고 그들의 이웃을 사랑해야 한다고 말씀하셨기 때문도 아니다. 하나님의 은혜를 칭송하고 이방인도 거기에 포함시키는 방향을 지시하셨기 때문도 아니다. 이러한 사안들은 헤롯을 낮잠에서 일어나게 만들지도 못했을 것이다. 그러나 분명 예수님에 대한 어떤 것이 바리새인들로 하여금 예수님에게 이렇게 말하게 한다. "여기에서 떠나가십시오. 헤롯왕이 당신을 죽이고자 합니다"(눅 13:31).

예수님의 삶과 사역에 대한 이야기의 일부는 그분이 국가의 손에 죽임을 당하신 것을 설명할 수 없게 만든다. 헤롯이 예수님을 위험하게 본 것은, 그분이 정의, 회개, 변화를 말하는 긍휼 넘치는 치유자였기 때문이 아니다. 헤롯이 예수님을 위협으로 본 것은 그분의 치유 사역이 **하나님의 통치**가 침투해 오고 있다는 징표였기 때문이다. 회개는 하나님의 종말론적 구원 사역을 위한 영적 준비였다.

유대인의 성경과 친숙한 누구라도, 하나님이 행동하실 때 그분은 이 세상의 통치자들을 가만히 내버려 두지 않으시리라는 것을 알았다. 바로 이것, 즉 예수님을 통해 하나님의 통치가 임하면 자신의 통치를 전복할 수

Morten Hørning Jensen, "Antipas: The Herod Jesus Knew", *Biblical Archaeology Review* 38, no. 5 (2012): pp. 42-46. 보다 자세한 설명은 Morten Hørning Jensen, *Herod Antipas in Galilee: The Literary and Archaeological Sources on the Reign of Herod Antipas and Its Socio-Economic Impact on Galilee*, WUNT 2 215 (Tübingen, Germany: Mohr Siebeck, 2006)를 보라.

있다는 가능성이 헤롯을 두렵게 한 것이다.[12]

하나님이 예수님 안에서 일하고 계신 것을 헤롯이 믿었는지 여부는 요점이 아니다. 헤롯은 하나님에 대한 두려움을 보이지 않는다. 헤롯의 신은 권력이었다. 그가 두려워한 것은 기업이 없는 이들에게 예수님이 줄 수 있는 희망이었다. 하나님이 이제 곧 개입하실 것이라고 믿는 대중은 위험했다. 로마가 유월절마다 보안을 강화한 것도 유월절은 언제나 하나님의 구원하시는 강력한 행동에 대한 기억을 다시 불러일으킬 위험이 있기 때문이었다. 정확하게 예수님이 아버지께 순종하고 이스라엘의 소망과 꿈에 뿌리를 내리는 만큼, 그분은 스스로를 당시 통치자들에게 커다란 위험으로 드러내신 것이었다.

여기에 흑인 그리스도인을 위한 교훈이 있다. 정치적 적실성은 누가 거기에 올라 그것을 가질 수 있을지 물어야 할 정도로 우리보다 높은 곳에 있지 않다. 그것을 되찾기 위해서는 땅속 깊숙한 데까지 내려가야 할 정도로 낮은 곳에 있는 것도 아니다. 복음 메시지의 정치적 적실성은 구약성경의 내용을 구성하는 이스라엘의 이야기와 노래 안에 들어 있다. 그것은 사회에서 잊힌 이들을 향해 그 긍휼 가득한 눈을 돌리시는 하나님의 이야기다. 로마는 이것을 알았고, 헤롯 역시 그랬다.

자신의 임무가 자신을 이스라엘의 현재 왕과 충돌하게 만들리라는 것을 아셨을 때, 예수님은 어떻게 하시는가? 그분은 이렇게 말씀하신다. "가서 그 **여우**에게 전하기를 '보아라, 오늘과 내일은 내가 귀신을 내쫓고 병을 고칠 것이요, 사흘째 되는 날에는 내 일을 끝낸다' 하여라. 그러나 오늘도 내일도 그 다음 날도, 나는 내 길을 가야 하겠다. 예언자가 예루살렘이 아

---

12 _ I. Howard Marshall, *The Gospel of Luke: A Commentary on the Greek Text*, NIGTC (Grand Rapids, MI: Eerdmans, 1978), p. 570. 『누가복음 1,2』(한국신학연구소).

닌 다른 곳에서는 죽을 수 없기 때문이다"(눅 13:32-33, 저자 강조).

예수님은 헤롯의 위치에 내재된 정치적 권위에 대해 어떤 존경심도 보이지 않는다. 그분은 헤롯을 여우라고 부르신다. 이는 칭찬이 아니다. 예수님의 시대에 여우라고 불리는 것은 음해하고 속이는 사람으로 간주된다는 의미였다.[13] 헤롯의 어떤 점 때문에 예수님은 그를 여우라고 불렀을까? 헤롯 안티파스가 갈릴리 통치권을 유지한 것은 사람들이 그를 적법한 통치자로 믿고 지지했기 때문이 아니라, 그가 로마의 지원을 받고 있었기 때문이다.[14] 그의 권력은 진짜가 아니었다. 그의 지위는 가식, 타협, 술수를 통해 보장되었다.[15] 그의 최고의 관심사는 무엇보다 자신의 생존이지 백성의 유익이 아니었던 만큼, 갈릴리의 가난한 이들은 도움을 기대하며 그를 바라볼 수 없었다.[16]

헤롯은 여우이지 왕이 아니었다. 그가 예수님에게 제기한 위협을 실제로 실행할 능력조차 있었는지도 분명하지 않다.[17] 가짜 권세로서 헤롯 안

---

13 _ Robert H. Stein, *Luke*, ed. E. Ray Clendenen and David S. Dockery, NAC 24 (Nashville: Broadman & Holman, 1992), p. 383; R. Alan Culpepper, "The Gospel of Luke", in *The Gospel of Luke–The Gospel of John*, NIB 9 (Nashville: Abingdon Press, 1995), p. 281.
14 _ '꼭두각시 통치자'로서의 헤롯에 대해서는, Joel Marcus, *Mark 1-8: A New Translation with Introduction and Commentary*, Anchor Bible (New York: Doubleday, 2000), p. 392를 보라.
15 _ 헤롯은 유대인의 종교적 감수성에 공감하는 모습을 보여 주지만, 이것이 그 자신의 경건함의 결과였다는 증거는 없다. 오히려 그것은 권력을 유지하는 수단이었다. Joel Marcus, "Herod Antipas", *John the Baptist in History and Theology* (Columbia, SC: University of South Carolina Press, 2018), pp. 98-112를 보라.
16 _ Sakari Häkkinen, "Poverty in the First-Century Galilee", *Hervormde Teologiese Studies* 72, no. 4 (2016): pp. 1-9.
17 _ H. W. Hoehner, "Herod", *The International Standard Bible Encyclopedia (Revised)*, ed. Geoffery W. Bromiley, Accordance e-book version 1.2. (Grand Rapids, MI: Eerdmans, 1979), p. 695. R. Buth는 헤롯의 하찮은 위치가 예수님의 여우 표현의 주된 뜻이라고 주장한다. R. Buth, "That Small-fry Herod Antipas, or When a Fox is Not a Fox", *Jerusalem Perspective* 40 (1993).

티파스는 아버지가 예수님께 하도록 주신 일에 관해서는 아무 말도 하지 않았다. 여기서 요점은 **여우가** 단지 헤롯에게 결핍된 경건함에 대한 분석이 아니라는 것이다. 그것은 **백성의 불가피한 고통으로 연결되는 그의 정치적 행동에 대한 묘사다**. 이것은 바리새인들이 다 보는 데서 말씀하신, 분명히 공적으로 기록될 진술이었다.

예수님의 말씀은 교회의 정치적 증언에 관한 신학에 어떤 영향을 주는가? 예수님은 불의를 고발했던 그리스도인들이 자신의 발자국을 따르고 있음을 보여 주신다. 따라서 프레더릭 더글라스가 노예에게, 7월 4일이 무엇이냐고 물었을 때, 그는 강력한 신학적 정당성을 갖는다. 남부 기독교 지도자 협회가 버밍햄, 셀마, 멤피스의 거리로 나아가 당시 정치 지형의 죄악됨을 공개적으로 말했을 때, 그들은 예수님 자신과 (헤롯을 여우라고 부르신) 그분의 진술에서 멀리 있지 않았다.

예수님의 말씀은 헤롯에 대한 일축을 넘어서, 보다 전반적으로 예언자들이 받는 반응을 다룬다. 예수님은 예언자들이 예루살렘 밖에서 죽는 것이 불가능하다고 말씀하신다(눅 13:33). 그분의 요점은 이스라엘에는 하나님이 자신의 뜻을 전하는 메신저로 보내신 이들을 거부하는 전통이 있다는 것이다. 이러한 예수님의 말씀은 오해하기가 매우 쉽다. 우리는 고대 이스라엘이 오직 예언자들의 '종교적' 메시지만을 거부했지, 우리가 정치적이라고 보는 것들을 거부한 것은 아니라고 추정할 수 있다. 그러나 예수님의 시대에는 예언자 이사야가 예루살렘에서 죽임을 당했다는 전통이 있었다.[18] 이는 이사야의 메시지를 짧게 다루는 것에 대한 명분을 준다.

이사야의 입은 한 분이신 참된 하나님을 따르지 못한 것과 가난한 자

---

18 _ R. Alan Culpepper, "The Gospel of Luke", in *The Gospel of Luke–The Gospel of John*, NIB9 (Nashville: Abingdon Press, 1995), p. 281.

들을 압제하는 것 두 가지 모두에 대해 이스라엘을 비판하는 메시지로 가득 차 있다.

- 너희가 더 차지할 곳이 없을 때까지, / 집에 집을 더하고, / 밭에 밭을 늘려 나가, / 땅 한가운데서 홀로 살려고 하였으니, / 너희에게 재앙이 닥친다! (사 5:8)
- 슬프다! 죄 지은 민족, / 허물이 많은 백성, / 흉악한 종자, / 타락한 자식들! / 너희가 주님을 버렸구나. / 이스라엘의 거룩하신 분을 업신여겨서, / 등을 돌리고 말았구나. (사 1:4)
- 옳은 일을 하는 것을 배워라. / 정의를 찾아라. / 억압받는 사람을 도와주어라. / 고아의 송사를 변호하여 주고 / 과부의 송사를 변론하여 주어라. (사 1:17)

이사야는 단순히 이스라엘에게 야웨를 예배하라고 말했기 때문에 거부당한 것이 아니다. 그가 거부당한 이유는, 야웨께 드리는 참된 예배가 그들의 이웃을 어떻게 대하는지와 관련해 함축적 의미를 갖는다는 것을 깨달았기 때문이다. 이사야에 따르면, 그의 시대에 이스라엘이 가난한 사람들을 압제한 것은 그들도 모르게 실제적 배교를 드러냈다.[19]

이사야가 볼 때, 경건은 정의로 열매를 맺어야 했다. 예수님은 정의에 대한 자신의 메시지가 권력자들의 삶과 충돌하는 만큼 자신이 거부와 죽음을 당하기 쉬워진다는 것을 아셨다. 예수님은 이러한 예언자적 전통을 끌어안으셨을 뿐 아니라, 합당한 주님의 날이(사 61:1-2) 자신 안에서 왔다

19_ John D. W. Watts, *Isaiah 34–66*, WBC 25 (Grand Rapids, MI: Zondervan, 2005), pp. 842-843. 『WBC 성경주석시리즈 이사야 25(하)』(솔로몬).

고 주장함으로써(눅 4:14-21) 자신이 그 전통의 절정이라고 선포하셨다.

헤롯에 대한 예수님의 진술은 자신이 좋아하지 않는 정치적 인물에 대한 순간의 충동적 비난이 아니었다. 예수님은 자신의 사역을, 기업이 없는 이들에 대한 압제가 하나님께 대한 불성실을 분명히 드러낸다는 진실을 말하던 이스라엘의 예언자 전통의 일부로 보았다. 예수님은 권력에 대한 진실을 말씀하실 때 예언자들에게 기대셨다. 따라서 동일한 예언자들에게서 자신들의 공적 사역의 보증을 발견하는 흑인 그리스도인들은 예수님의 지지를 받는다.

간략하게 살펴본 바울

바울은 종종 기득권층의 수호성인으로 간주되지만, 이러한 시각은 오직 그의 저작 가운데 선별된 부분에만 주의를 기울임으로써 유지될 수 있다.[20] 바울을 총체적으로 읽어 보면, 그가 필요한 경우에는 권세들을 기꺼이 열성적으로 비판하는 모습을 볼 수 있다. 나는 관련된 모든 본문을 검토하는 대신 갈라디아서 초입부에 잠깐 나오는 한 어구만 살펴볼 것이다.

바울은 그의 저작 경력의 거의 초반부에 갈라디아 교인들에게 편지를 썼다. 그는 유대인과 이방인 신도가 섞여 있는 회중에게 그리스도를 믿

---

20 _ Richard A. Horsley, ed., *Paul and Politics: Ekklesia, Israel, Imperium, Interpretation* (Harrisburg, PA: Trinity, 2000)을 보라. 최근 몇몇 바울에 대한 정치적 읽기의 개요는 N. T. Wright, *Paul and His Recent Interpreters* (Minneapolis, MN: Fortress Press, 2015), pp. 305-328를 보라. 『바울과 그 해석자들』(IVP).

는 신앙이 아브라함과 그의 궁극적 상속자인 메시아 예수께 주어진 약속에 대한 하나의 공동 상속자를 만들기에 충분함을 설득하기 위해 편지를 썼다.[21] 갈라디아의 교회들에게 보내는 첫 인사말의 일부로, 바울은 다음과 같이 말한다. "우리 아버지 하나님과 주 예수 그리스도께서 내려 주시는 은혜와 평화가 여러분에게 있기를 빕니다. 예수 그리스도께서는 하나님 우리 아버지의 뜻을 따라 우리를 이 악한 세대에서 건져 주시려고, 우리의 죄를 대속하기 위하여 자기 몸을 바치셨습니다. 하나님께 영광이 영원무궁 하도록 있기를 빕니다. 아멘"(갈 1:3-5). 바울이 우리 죄를 대속하기 위해 자기 몸을 내어 주신 예수님을 말할 때, 그는 예수님의 죽음이 우리의 칭의에 영향을 끼친다거나(롬 4:25) 그 죽음이 우리를 그리스도 안에서 모든 것의 상속자로 만든다는 데 그치지 않고(롬 8:32) 더 많은 것을 말한다. 여기서 그의 강조점은 다른 데에 있다. 예수님은 "우리를 이 악한 세대에서 건져 주시려고" 우리 죄를 위해 자신을 주셨다.

바울이 그 세대를 악하다고 하는 것은 무엇을 의미하는가? 신약학자 J. 루이스 마틴(Louis Martyn)은 메시아가 오시기 전에는 세상이 악한 영적 권세의 지배 아래 있다고 바울이 믿었다고 쓴다.[22] 이것이 중요한 이유는, 다른 글에서 바울은 이 동일한 '권세'가 땅의 지도자와 통치자들을 마음대로 휘두른다고 암시하기 때문이다.[23] 구속받지 못한 통치자들의 정치,

---

21 _ Craig S. Keener, *Galatians: A Commentary* (Grand Rapids, MI: Baker Academic, 2019), pp. 13-21.
22 _ J. Louis Martyn, *Galatians: A Translation with Introduction and Commentary* (New Haven, CT: Yale University Press, 1997), p. 97. 『갈라디아서』(기독교문서선교회).
23 _ 엡 1:21에 나오는 영적 권세와 물질적(인간) 권세 사이의 관련성에 대해서는, Stephen E. Fowl, *Ephesians: A Commentary*, New Testament Library (Louisville, KY: Westminster John Knox Press, 2012), pp. 60-61와 Charles H. Talbert, *Ephesians and Colossians*, Paideia Commentaries on the New Testament (Grand Rapids, MI: Baker Academic, 2007), p. 70를 보라.

경제, 사회 정책들은 하나님이 대적하시는 악한 권세의 현현이다. 이 권세들은 (인간의 죄악이라는 문제와 더불어) 하나님의 원수로, 하나님은 이들을 꺾기 위해 그의 아들을 보내셨다. 이런 이유로, 영적인 악과 정치적인 악 사이의 현대적 묘사를 거꾸로 바울의 사고에 대입해 읽는 것은 시대착오적이다.

"이 악한 세대"는 로마 노예제의 악마적인 악과 군중에 대한 경제적 착취를 포함하는 것으로 이해될 수 있으며, 이 두 가지 모두는 영적 세력에 의해 조종되는 로마 지도층의 정책 때문에 존재했다.[24]

대부분의 사람들은 시대의 전환에 대한 바울의 진술이 위대한 구약성경의 예언자 이사야를 읽는 데서 나오는 것을 인식한다. 이사야는 하나님이 포로 생활 중인 이스라엘의 사회적이고 정치적인 삶을 바꾸신 이후의 새 하늘과 새 땅의 창조를 바라본다.

그러므로 주 하나님께서 말씀하신다.
"보아라, 내 종들은 먹겠지만,
    너희는 굶을 것이다.
보아라, 내 종들은 마시겠지만,
    너희는 목이 마를 것이다.
보아라, 내 종들은 기뻐하겠지만,
    너희는 수치를 당할 것이다.…
보아라, 내가 새 하늘과

---

24 _ Braxton은 악의 본질이 무엇이든, 바울의 1차적 요점은 하나님의 구원임을 분명히 한다. Brad Ronnell Braxton, *No Longer Slaves: Galatians and the African American Experience* (Collegeville, MN: Litergical Press, 2002), p. 62.

새 땅을 창조할 것이니,

이전 것들은 기억되거나

마음에 떠오르거나 하지 않을 것이다." (사 65:13, 17)

전에 예고한 일들이 다 이루어졌다.

이제 내가 새로 일어날 일들을 예고한다.

그 일들이 일어나기 전에

내가 너희에게 일러준다. (사 42:9)

바울이 현 시대를 악하다고 부르고 새 시대의 창조를 바라볼 때, 그는 예언자적 전통 가운데 서 있다. 이 전통을 불러내는 데는 두 가지 위험이 따른다. 우리는 그 메시지를 평면화하거나 그 속에 함축된 의미를 축소 해석할 수 있다. 우리는 갈라디아서에서 바울은 단지 '영적인 노예 상태'를 염두에 두는 것이라고 말함으로써 그것을 축소 해석할 수 있다. 그런 식의 읽기에는, 신도의 변화된 삶이 세상에서 그리스도인들이 살아가는 방식을 어떻게 변화시키는지가 고려되지 않는다. 갈라디아서 3:28에서 요청하듯이, 여성을 동등하게 대우하는 것은 여성의 위치가 어떠해야 한다는 특정 견해를 가진 제국에서 하나의 정치적 행동일 것이다.[25] 두 번째 독해는 지금 하나님 나라를 땅 위에 온전히 세우는 것이 교회의 일이라고 추정함으로써 바울의 의미를 과대 해석한다. 우리는 하나님 나라의 증언자로 살아가면서 현재의 악한 세대가 그 한도를 넘어설 때 저항의 목소리를 낸다.

우리는 골로새서에서 도움을 얻을 수 있다. 골로새서에서 바울은 하나

---

25 _ Beverly Roberts Gaventa, "Is Galatians Just a 'Guy Thing'?: A Theological Reflection", *Interpretation* 54, no. 3 (2000): pp. 267-278.

님이 우리를 어둠의 나라에서 불러내서 사랑하는 아들의 나라로 들어가게 하신다고 말한다(1:13). 바울이 어둠의 나라에 대해 말할 때, 그는 일차적으로 하나님의 백성을 괴롭히는 어두운 영적 세력을 염두에 둔다.[26] 앞에서 언급했듯이, 바울은 이 어두운 권세가 땅의 통치자들도 지휘한다고 믿는다. 하나님 백성에 대한 정치적·사회적·경제적 압제는 제국의 심장에 있는 영적 질병의 물리적 현현에 지나지 않는 것이다.

바울에 따르면, 예수님은 우리를 우리 죄에서 구원하시고, 로마가 그 시민을 다루는 것보다 더 훌륭한 방식으로 그 백성을 다루는 나라 안으로 들어가도록 우리를 부르신다. 바울이 이 세대를 **악하다**고 부르고 우리가 거기서 **구출되었다고** 말할 때, 그것은 우리가 더 이상 이 세대의 우선순위, 가치, 목표에 따른 삶의 질서에 묶이지 않는다는 진술이다. 우리는 진정한 왕의 오심을 기다리는 동안 다르게 살 수 있는 자유가 있다. 정치사회 질서를 악하다고 부르는 것은 **신학적** 평가일 뿐 아니라 **정치적** 평가이기도 하다. 그것은 킹 목사가 짐 크로 법[Jim Crow, 1876년부터 1965년까지 미국 남부에서 시행된 인종 분리 정책으로 모든 공공시설에서 백인과 흑인을 철저하게 분리시켰으며, 이를 어기는 흑인은 현행범으로 체포되었다. 인종 분리와 차별의 역사는 영화 〈헬프〉(The Help, 2011)나 〈히든 피겨스〉(Hidden Figures, 2016)를 참고하라—옮긴이]을 비판하며 했던 평가다. 킹 목사는 북부와 남부를 통틀어 현재의 관습들은 어둠의 나라의 발현이며, 사랑받는 아들의 나라는 다른 방식을 요청한다고 말했다.

흑인 그리스도인들이 정치 지도자들과 정부의 행동을 지켜보면서 그

---

26 _ Edward Lohse, *Colossians and Philemon: A Commentary on the Epistles to the Colossians and to Philemon*, ed. Helmut Koester, trans. William R. Poehlmann, Robert J. Karris, Hermeneia 72 (Minneapolis, MN: Fortress Press, 1971), p. 37.

들을 **악하다고** 부를 때, 우리는 바울과 동일한 방식으로 신학적 주장을 하는 것이다. 저항은 비성경적이지 않다. 즉, 저항은 우리가 하나님의 말씀과 미래에 대한 비전에 비추어 인간의 상태를 분석한 한 가지 표현이다. 하나님의 비전은 정해진 시간을 기다려야 하겠지만, 그 시간은 오고 있다 (합 2:1-4).

계시자 요한과 그의 비전

신약성경은 요한의 비전을 들려주는 책으로 끝난다. 이 비전은 예수님에 대한 충실함 때문에 다양한 수준의 박해를 경험하고 있던 일곱 교회에게 보내졌다.[27] 그것이 교회의 정치적 증언과 관련되기 때문에 나는 단순한 질문을 던지고자 한다. 요한은 로마제국을 어떻게 생각했는가?

요한이 제국을 가장 분명하게 묘사하는 부분은 요한계시록 18장에 나오는 제국의 종말론적 몰락에 대한 비전 안에 있다. 로마의 멸망을 이야기하면서 그는 이렇게 말한다.

> 무너졌다. 무너졌다. 큰 도시 바빌론이 무너졌다.
> 　바빌론은 귀신들의 거처가 되고,
> 온갖 더러운 영의 소굴이 되고,
> 　[더럽고 가증한 온갖 새들의 집이 되었구나!] (2절)

---

[27] _ Brian K. Blount, *Can I Get a Witness: Reading Revelation Through African American Culture* (Louisville, KY: Westminster John Knox Press, 2005), pp. 40-41를 보라.

그는 로마를 바빌론으로 부르면서, 이스라엘을 정복하고 압제를 행했던 그 거대한 제국에 비유한다.[28]

바울과 마찬가지로, 요한은 아마도 자신이 로마를 규탄하는 동일한 이유로 고대 바빌론을 규탄했던 이사야에 기댔을 것이다. 이사야는 이렇게 말한다.

> 너희는 바빌론 왕을 조롱하는, 이런 노래를 부를 것이다.
> "웬일이냐, 폭군이 꼬꾸라지다니!
>   그의 분노가 그치다니!
> 주님께서 악한 통치자의 권세를 꺾으셨구나.
>   악한 통치자의 지팡이를 꺾으셨구나.
> 화를 내며 백성들을 억누르고,
>   또 억눌러 억압을 그칠 줄 모르더니,
> 정복한 민족들을 억압해도
>   막을 사람이 없더니." (사 14:4-6)

앞에서 이사야는 바빌론을 폭군으로 부른다(사 13:11). 하나님은 바빌론이 스스로 하나님의 자리에 앉아 있다는 허세에 대해(사 14:13), **또** 그런 태도로 민족과 땅을 제멋대로 압제한 것에 대해 바빌론을 심판하신다. 동일한 방식으로, 요한은 로마의 윤리 생활을 보면서 그것이 멸망할 운명이라고 말한다.[29] 이 멸망은 명백하게 사회적·정치적으로 비윤리적인 그 문화가

---

28 _ David E. Aune, *Revelation 17–22*, WBC 52C (Grand Rapids, MI: Zondervan, 1998), p. 985. 『WBC 성경주석시리즈 요한계시록 52(하)』(솔로몬).
29 _ Robert H. Mounce, *The Book of Revelation*, rev. ed., NICNT (Grand Rapids, MI:

가져온 결과다.

요한은 로마가 그 백성의 번영에 초점을 맞추기보다 오직 그 스스로를 풍요롭게 하는 것에만 관심을 둔다고 주장한다.[30] 이것은 특히 인간을 사고파는 비윤리적 행위에서 드러났다. 그렇기에 요한은 교회들에게 소리 내서 읽힐 편지에서 법에 명시된 경제 정책(노예제)을 비난한다. 그는 그리스도인에 대한 핍박과 더불어 이러한 비윤리적 행동이(계 18:24) 하나님의 종말론적 심판을 불러올 것이라고 말한다.

그리스도인들이 밤잠을 설쳐 가며 고민해야 하는 문제는 흑인 그리스도인들의 정치적 행동이 아니다. 문제는 바로 어떻게 디모데전서 2:1-4이 국가에 대한 그리스도인의 책임에 대한 대화를 지배하게 되었는지가 되어야 한다. 바울은 갈라디아서에서 악한 세대를 주저 없이 언급하고 악한 권세와 정치인 사이의 관련성을 더 넓게 숙고했는데, 우리는 어떻게 이 안에 담긴 정치적 함의를 무시하게 되었는가? 요한계시록에서 요한이 로마를 규탄하는 모습이 어떻게 우리의 시야에서 사라졌는가?[31] 예수님이 공개적으로 헤롯을 꾸짖으신 행동은 왜 역사 속으로 사라졌는가? 아마도 흑인을 침묵시키는 것이 권력을 가진 자들에게 최우선 순위였기 때문일 것이다. 그러나 우리가 침묵을 강요당한다 해도, 성경은 여전히 말한다. 우리는 여기서 멈추지 않고 교회의 정치적 증언에 대한 고찰을 마무리짓기 위해 예수께로 돌아갈 것이다.

Eerdmans, 1997), p. 326. 『NICNT 요한계시록』(부흥과개혁사).
30 _ Christopher C. Rowland는 요한계시록 18장이 "독자들로 하여금 바빌론의 부가 어떻게 수백만의 희생으로 얻어졌는지 엿볼 수 있게 해 준다"고 말한다. Christopher C. Rowland, "The Book of Revelation", *Hebrews-Revelation*, NIB 12 (Nashville: Abingdon Press, 1998), p. 696.
31 _ 요한계시록과 정치학에 대한 더 자세한 논의는, Brian K. Blount, *Can I Get a Witness: Reading Revelation through African American Culture* (Louisville, KY: Westminster John Knox Press, 2005)를 보라.

예수님, 평화를 이루는 사람들, 공적 증언

역사에 산상수훈으로 알려진 예수님의 가장 유명한 설교는 마태복음 5-7장에 기록되어 있다. 산이라는 위치는 율법이 주어진 시내산을 되울림한다. 율법이 약속된 땅에서의 삶을 안내했던 것처럼, 예수님의 말씀은 하나님 나라에서의 삶을 안내한다.[32] 예수님은 모세보다 더 크신데, 단순히 하나님께 들은 것을 반복하시지 않기 때문이다.[33] 그분은 신적 왕권을 지닌 분으로서 스스로 말씀하신다. 그리스도인이 죄로 분열되고 갈라진 세상에서 증언할 수 있는 길을 발견하기 위해 바라볼 곳이 있다면, 바로 이 말씀이다. 나는 예수님이 제자들에게 정의에 대한 갈망과 정의의 사역을 말씀하신 내용에 초점을 맞추고자 한다.

우리는 버밍햄에서 킹 목사의 활동을 살펴봄으로써 교회의 정치적 증언을 고찰하기 시작했다. 킹 목사가 자신이 그곳에 있는 것을 정당화하는 이유로 삼은 것은 단지 "이곳에 불의가 존재하기 때문"이라는 것이었다. 계속해서 그는 도움이 필요한 이들을 돕고자 하는 마음을 품었던 성경의 인물들을 인용한다. 이것은 한 가지 질문으로 이어진다. 바울이나 이사야나 아모스는 왜 정의에 관심을 가졌는가?

예수님은 바울, 이사야, 혹은 킹 목사의 행동을 뒷받침하는 것을 팔복의 두 요소에서 설명하신다. "애통하는 사람은 복이 있나니, 그들이 위로를 받을 것이요.…정의에 주리고 목마른 사람은 복이 있나니, 그들이 채워질

---

32 _ Leon Morris, *The Gospel According to Matthew*, PNTC (Grand Rapids, MI: Eerdmans, 1992), p. 92.
33 _ 나는 마태복음에 모세-예수님 유형론이 존재한다는 것에 대해 Dale C. Allison만큼 동의하지는 않지만, 그의 책은 이 문제에 대한 빈틈없는 연구임을 확실히 인정한다. Dale C. Allison, *The New Moses: A Matthean Typology* (Minneapolis, MN: Fortress Press, 1999).

것이다"(마 5:4, 6, 옮긴이 사역). 애통은 세상의 국가로 인해 슬퍼하게 되는 것을 포함한다. 애통은 관심을 가지는 것이다. 그것은 자신의 죄와 세상의 죄에 반역을 일으키는 행위다.[34]

애통의 신학은 킹 목사로 하여금 버밍햄 사람들의 고통을 보고 돌아서지 않게 했다. 애통은 다른 이들에게 고통을 주는 데 우리도 가담하고 있음을 인식하도록 우리 모두를 일깨운다. 우리가 애통하는 것은 단지 세상의 죄만이 아니다. 우리는 다른 이들의 착취를 허용하는 우리 자신의 탐욕, 탐심, 욕망 역시 애통한다. 죄는 착취 이상이지만, 그 이하는 분명 아니다. 애통의 신학은 결코 무관심의 특권을 허용하지 않는다. 우리는 결코 우리 가족이나 국가의 이익을 세상의 고통 위에 놓아서는 안 된다.

애통은 무엇인가가 잘못되었다는 ― 그리고 더 나은 것이 가능하다는 ― 직관이다. 더 나은 것이 가능하다는 생각은, 우리가 소비를 전부라고 믿기를 원하는 세상에서 하나의 정치적 저항의 행위다. 우리의 정치인들은 여기서 유토피아가 가능하며, 그들만이 그것을 줄 수 있다고 우리를 확신시킴으로써 우리의 욕망을 연료로 삼아 움직인다.

우리의 고찰에서 핵심을 차지하는 두 번째 팔복은 우리의 애통이 제기하는 의심을 넘어선다. 그것은 우리의 소망을 표현한다. "정의에 주리고 목마른 사람은 복이 있나니, 그들이 채워질 것이다."[35] 정의에 주리고 목

---

34 _ Morris, *Gospel According to Matthew*, p. 97.
35 _ Ulrich Luz는 우리가 주린 것이 우리 자신의 의인지 하나님의 의인지에 대해 합당하게 질문한다. 이것은 거짓된 선택이다. 하나님의 의에 주린 것은, 그분의 미쁘심에 근거한 그분의 구원 행위를 갈망하는 것을 포함한다. 구원 행위의 결과는 그들의 윤리적 행위 안에서 하나님의 성품을 반영하는 사람들로 가득 찬 세상이다. Ulrich Luz, *Matthew 1-7: A Commentary on Matthew 1-7*, ed. Helmut Koester, trans. James E. Crouch, Hermeneia 61a (Minneapolis, MN: Fortress Press, 2007), p. 195. M. Eugene Boring, "The Gospel of Matthew", *General Articles on the New Testament: Matthew-Mark*, NIB 8 (Nashville: Abingdon Press, 1995), p. 179를 보라.

마른 것은 하나님이 오셔서 모든 것을 바로잡아 주시기를 지속적으로 갈망하는 것에 다름 아니다. 그것은 정반대의 증거 앞에서도 흔들리지 않는 하나님이 세우시는 의로운 사회에 대한 비전이다. 애통으로는 충분하지 않다. 우리에게는 무엇인가 다른 비전이 있어야 한다. 정의가 바로 그 다른 것이다. 그렇다면 예수님은 상상력을 재구성하라고 일깨우시며, 우리는 그 상상력 안에서 세상이 우리에게 제시하는 선택 사항들이 우리에게 주어진 전부가 아님을 깨닫는다. 여전히 더 나은 길이 남아 있으며, 그 길은 바로 하나님 나라다. 그분은 우리가 하나님 나라가 가능함을, 그 완전한 완성을 기다리는 동안에도 적어도 그것을 맛보는 것이 가능함을 알기 원하신다. 정의에 주리는 것은 우리를 애통하게 만드는 것들이 최종 결정권을 갖지 못하리라 소망하는 것이다.

이 모든 것이 교회의 공적 증언과 무슨 상관이 있는가? 예수님은 우리에게 사회의 망가진 부분을 보고 우리가 어떻게 살 것인지에 대한 대안적 비전을 진술하도록 요청하신다. 그분이 재림하시기 전에 우리가 땅 위에 하나님 나라를 세울 수 있다고 믿기 때문이 아니다. 이는 우리가 사회를 있는 그대로 볼 뿐, 하나님 나라로 인식하지 않는다는 것이다. 우리는 사회의 허울에서 균열을 본다고 세상에게 알려 주는 것이다.

산 위에 앉아 계신 예수님의 문맥에서, 정의에 대한 굶주림을 향한 이러한 요청은 메시아적 말씀으로 이해되어야 한다.

    한 아기가 우리를 위해 태어났다.

        우리가 한 아들을 모셨다.

    그는 우리의 통치자가 될 것이다.

        그의 이름은

'놀라우신 조언자', '전능하신 하나님',
  '영존하시는 아버지', '평화의 왕'이라고 불릴 것이다.
그의 왕권은 점점 더 커지고
  나라의 평화도 끝없이 이어질 것이다.
그가 다윗의 보좌와 왕국 위에 앉아서,
  이제부터 영원히,
공평과 정의로
  그 나라를 굳게 세울 것이다.
만군의 주님의 열심이 이것을 반드시 이루실 것이다. (사 9:6-7)

하나님의 뜻을 행하는 대리자로서 다윗의 메시아적 아들은 땅 위에 정의를 세우는 분으로 알려질 것이다. 메시아적 문맥에서 정의에 주린 것은 하나님이 자신이 택한 왕을 통해 땅 위에 자신의 의로운 통치를 세우시기를 갈망하는 것이다. 그렇다면 공의 혹은 정의는 필연적으로 정치적이다. 정의에 주린 것은 하나님 나라에 주린 것이다.

앞에서 논한 팔복의 두 요소는 정의에 대한 갈망을 진술한다. 마지막으로 살펴볼 팔복에서 예수님은 우리에게 정의의 실천을 제공하신다. 마태복음 5:9은 이렇게 말한다. "평화를 이루는 사람은 복이 있다. 하나님이 그들을 자기의 자녀라고 부르실 것이다." 왜 평화를 이루며, 우리는 어떻게 그것을 이룰 수 있는가? 예수님이 자기 사람들을 **평화를 이루는 사람**으로 부르시는 것은, 메시아의 나라가 평화의 나라이기 때문이다. 다시 우리에게는 이사야의 비전이 있다.

그의 왕권은 점점 더 커지고

나라의 **평화**도 끝없이 이어질 것이다.
그가 다윗의 보좌와 왕국 위에 앉아서,
　이제부터 영원히,
공평과 정의로
　그 나라를 굳게 세울 것이다.
만군의 주님의 열심이 이것을 반드시 이루실 것이다. (사 9:7, 저자 강조)

이리가 어린양과 함께 살며,
　표범이 새끼 염소와 함께 누우며,
송아지와 새끼 사자와 살진 짐승이 함께 풀을 뜯고,
　어린아이가 그것들을 이끌고 다닌다.
암소와 곰이 서로 벗이 되며,
　그것들의 새끼가 함께 눕고,…
"**나의 거룩한 산 모든 곳에서,**
　서로 해치거나 파괴하는 일이 없다."
물이 바다를 채우듯,
　주님을 아는 지식이 땅에 가득하기 때문이다. (사 11:6-9, 저자 강조)

이사야는 민족 간의 적개심과(사 9:7) 창조 질서 안의 적대감이 사라질 나라(사 11:1-9)를 꿈꾼다. 그렇다면 하나님의 백성을 평화를 이루는 일로 부르는 것은, 메시아의 통치를 규정할 적대심을 종결하는 일을 시작하는 것을 의미한다. 예수님이 개인적 적대감의 종말을 기대하신다고 주장하면서 민족적 혹은 국가적 적개심을 무시하는 것은 산상수훈 전체를 떠받치는 하나님 나라 신학을 제대로 다루지 않는 것이다.[36]

그렇다면 평화를 이루는 일이란 무엇을 포함하며, 이것이 교회의 정치적 증언과 어떤 상관이 있는가? 성경적 의미의 평화를 이루는 일은 침투 중인 하나님 나라의 징표로서 나라들 사이와 개인들 사이의 적대심을 멈추는 것이다. 평화를 이루는 일은 대립 중인 그룹의 주장을 들어 보고 누가 옳고 누가 그른지에 대한 판단을 내리는 것을 포함한다.

그렇다면 평화를 이루는 일은 진실을 말하는 것과 분리할 수 없다. 교회의 증언은 단순히 양쪽 모두의 지나침을 꾸짖고 도덕적 등가로 치부하는 것을 포함하지 않는다. 그것은 불의를 제대로 명명하는 것을 포함한다. 미국에서 교회가 평화의 편이 되려면, 이 나라가 흑인과 갈색 인종에게 무슨 일을 했으며 무슨 일을 하고 있는지 정직하게 설명해야 한다. 중재 혹은 중간 지대가 항상 의의 현장은 아니다. 주거의 차별은 거론되어야 한다. 불평등한 형량과 부당한 정책은 거론되어야 한다. 성차별, 학대, 흑인 여성 몸의 상품화는 끝나야 한다. 그렇지 않으면, 어떤 평화도 참일 수 없고 성경적일 수 없다. 거론을 넘어 잘못을 바로잡고 관계를 회복하기 위한 비전이 있어야 한다. 평화를 이루는 사람이 되라는 부르심은 교회가 정치라는 골치 아픈 세계로 들어가 인간으로 살아가는 더 나은 방식을 제시해야 한다는 부르심이다.

평화를 이루는 일은 반목하는 민족 그룹이나 나라를 다루는 집단적인 일일 수도 있고, 개인적인 일일 수도 있다. 집단적인 일일 때, 우리는 예수님의 보편적 통치를 증언한다. 개인 간의 일일 때, 우리는 하나님이 우리의

---

36 _ R. T. France는 강조점이 "개인 윤리"에 있다고 말한다. R. T. France, *The Gospel of Matthew*, NICNT (Grand Rapids, MI: Eerdmans, 2007), p. 169. 『NICNT 마태복음』(부흥과개혁사). 대신 Stott, *The Message of the Sermon on the Mount* (Downers Grove, IL: InterVarsity Press, 1978), p. 51를 보라.

마음 안에서 이루신 일을 증언한다. 이러한 일들은 서로 경쟁 관계에 놓일 필요가 없다.

평화를 이루는 일에서 가장 흥미로운 점은, 서로 반목하는 이들을 신자로 추정하지 않는다는 것이다. 예수님은 그리스도인들 사이에서 평화를 이루라고 말씀하시지 않고, 평화를 이루라고 말씀하신다. 그분은 그들이 그리스도인이 되게 함으로써 평화를 이룩하라고 말씀하시지 않고, 평화를 이루라고 말씀하신다. 왜 그런가? 평화를 이루는 일이 바로 복음을 전하는 일일 수 있기 때문이다. 평화를 가져오기 위한 수고를 통해, 우리는 세상에 우리가 대표하는 왕과 나라의 종류를 드러낸다. 평화를 이루는 우리의 일은 사람들에게 하나님 나라를 소개하는 결과를 가져온다. 따라서 정의의 사역을 하나님 나라에 대한 직접적 증언으로 이해할 때, 그것은 시작부터 끝까지 복음전도적이다. 그것은 만물을 자신과 화해시키시는 하나님 사역의 (전체는 아니지만) 일부다.

결론

이번 장의 중심에는 교회가 우리 시대의 권력과 통치자들을 대하는 태도에 대해 철저하게 생각해 보고자 하는 바람이 있었다. 우리의 책임은 무엇인가? 그리스도인의 의무에 대한 대중적 대화는 대부분 디모데전서 2:1-7에서 발견되는 기도의 요청과 로마서 13:1-7에서 발견되는 복종의 요청에 초점을 맞춘다. 나는 두 본문 모두 제대로만 이해한다면 그리스도인의 정치적 증언을 제한하지 않는다고 주장했다. 그 수단에는 영향을 줄 수 있을지라도 말이다. 디모데전서 2:1-4은 모든 사람을 위해, 특별히 통치자들을 위해 기도하라고 요청한다. 디모데서는 우리의 신념이 제국과 조화를 이루지 않을 때 우리가 무엇을 해야 하는지는 말하지 않는다. 그 동일한 편지는 로마의 고정 정책, 즉 노예 거래에 대한 비판을 담고 있다 (딤전 1:8-11). 로마서 13:1-7은 정의를 위한 어떤 외침도 뚫을 수 없는 요새로 보기보다는, 신정론 및 하나님의 승인을 받았다고 주장하는 폭력에 대한 부정(否定)을 둘러싼 문제들을 제기하는 것으로 보아야 한다.

더 광범위한 신약성경의 증언으로 눈을 돌려, 우리는 예수님의 증언을 살펴보았다. 예수님의 비판은 헤롯의 성품과 그의 정치를 향했다. 예수님이 그 시대의 유대인들에게 그들 나라의 지도자가 부패했다고 말씀하실 수 있었다면, 우리는 왜 그럴 수 없다는 말인가? 바울이 갈라디아서에서 악한 이 세대를 진술한 것 역시 현재의 정치 질서에 대한 분명한 규탄을 담고 있다. 동일한 맥락에서 요한 역시 로마에 대해 강력하게 할 말이 있었다. 우리는 예수님의 말씀으로 돌아가 산상수훈과 그것이 교회의 정치적 증언 사이의 관계를 살펴봄으로써 마무리했다.

그렇다면 더 나은 세상을 소망하고 그런 세상을 위해 일하는 흑인 그리스도인은 이스라엘의 하나님이 자신들의 편임을 알게 된다. 우리는 우리의 바람이나 필요에 공감하는 것 이상을 하는 누군가를 발견한다. 이 하나님은 역사 안으로 직접 들어오셔서 자신을 신뢰하는 이들의 편에서 우주를 재배치하시는 분인 것이다. 그분은 자신이 그 아들의 죽음과 부활로 이미 시작하신 변화를 실현하는 이 일로 우리를 부르신다. 이것은 제자도와 전도 사역, 개인적 거룩함의 추구를 포함한다. 여기에는 압제가 기본적으로 설정된 본능인 세상에서, 우리의 사회를 조직하는 더 나은 다른 방식을 증언하는 일 역시 포함된다. 그 이하의 일은 하나님 나라를 부정하는 것이다.

4장

흑인이 읽을 때

성경과 정의 추구

> 정부는 사람들을 해방시켜 주러 왔다고 나에게 계속 거짓말을 한다.
>
> _커크 프랭클린(Kirk Franklin), "강한 하나님"

> 제왕들을 왕좌에서 끌어내리시고
> 비천한 사람을 높이셨습니다.
> 주린 사람들을 좋은 것으로 배부르게 하시고,
> 부한 사람들을 빈손으로 떠나보내셨습니다.
>
> _예수님의 어머니 마리아, 누가복음 1:52-53

덴절 워싱턴(Denzel Washington)이 나오는 영화 〈말콤 엑스〉(Malcolm X)를 본 것은 7학년 때였다. 그 영화는 우리가 살고 있는 시대와 크게 다르지 않은 미국 역사의 특정 시기에 나왔다. 21년째 계속 되는 마약과의 전쟁은 끝날 기미가 보이지 않았다. 마약 대유행은 여전히 흑인 동네와 가정마다 들끓고 있었다. 텔레비전을 틀기만 하면, 흑인 여성을 "복지 혜택의 여왕"이라 부르고, 가정을 버린 흑인 남성을 비난하는 소리가 들렸다. 그들은 식료품 보조 쿠폰이 게으름을 부추기며, 내가 대학 학위를 받기보다 결국 죽거나 교도소에 가기가 더 쉽다고 말했다. 흑인됨(blackness)에 대한 매스컴의 묘사는 흑인의 꿈을 뿌리째 뽑기 위해 흑인을 깔아뭉갰다. 그러나 또한 당시는 힙합 아티스트들이 자신들의 노래에 반폭력 메시지를 담아내고, 미국에서 흑인으로 산다는 것의 의미를 긍정적으로 이해하기 위해 노력하기 시작한 흑인 의식이 자라난 시대이기도 했다.

말콤 엑스를 연기한 덴절 워싱턴은 우리에게 번개처럼 다가왔다. 그는 흑인이었고 자긍심이 있었으며 우리 민족의 자유를 당당하게 요구했다. 덴절의 연기에서 이슬람국가(Nation of Islam, 미국의 과격 흑인 이슬람 단체—옮긴이)를 처음으로 접한 것은 아니다. 대부분의 주말마다 이슬람국가의 회원이 우리 집 근처 큰 사거리에서 소식지를 팔았고, 그들의 국가가 어떻게 흑인들에게 존경받는다는 느낌을 줄 수 있는지 말했다. 중학생으로서 나는 이슬람국가의 실제 가르침은 거의 알지 못했다. 다만 그들은 우리에게 일어나고 있는 일에 관심이 있어 보였다. 〈말콤 엑스〉가 나왔을 때, 그것은 수많은 흑인 소년소녀들의 가슴을 두드렸다. 이슬람국가에 속한 많은 사람들이나 또 다른 흑인 의식 그룹들은, 우리를 위해 거의 아무것도 하지 않는 종교를 따르는 흑인 그리스도인을 비난했다.

다른 종교를 믿는 흑인 신도나 흑인 세속주의자가 정의에 대한 관심이 부족한 기독교를 비난할 때, 그들은 처음부터 흑인 그리스도인들의 전례를 따르고 있었다. 바로 이것이 내가 1장에서 언급한 내용으로, 흑인 목사들이 다루어야 하는 양날의 비판 중 일부다. 우리는 기독교 신앙에 대한 유럽식의 해체를 밀쳐 내야 할 뿐만 아니라, 흑인 비판자들의 주장 역시 진지하게 받아들여야 한다.

이 나라에서 아프리카계 미국인의 희망찬 미래를 가장 절실히 바라던 때조차, 나는 여러 이유로 이슬람국가에 가입하지 않았다. 왜 그랬을까? 바른 순서로 질문해야 한다고 믿게 되었기 때문이다. 근본적인 질문은 그리스도인의 이야기가 참인가 아닌가였다. 나는 사흘째 무덤이 비어 있었다고 믿었다. 그리스도인이 실천하는 백인우월주의조차 부활의 사실성을 이길 수는 없었다.

흑인 그리스도인이 갈망하는 정의는 어떤가? 교회를 부정하는 이들이 말하는 대로, 성경은 이 시대의 문제에 목소리를 내라는 도전에 관심이 없는 것이 사실인가? 간단히 말해, 성경은 흑인이 정의를 추구하는 일에서 친구인가, 적인가?

성경의 계속되는 그러나 축소된 역할을 주장하는 사람들은, 해방에 대해 **미리 결정된** 정의가 아프리카계 미국인의 성경 해석의 출발점이 되어야 하며, 바로 이 정의가 성경 본문이 우리의 기준을 만족시키는지 판단하기 위한 필터 역할을 한다고 말한다. 이러한 접근의 문제는 우리의 현 정치사회적 합의의 **영감설**과 사실상 **무오설**을 가정하고 성경 본문은 **우리를** 교정할 능력이 없다고 가정한다는 점이다. 달리 말하면, 그것은 하나님 말씀의 지혜보다 우리 자신의 지혜에 더 큰 확신을 드러낸다. 서론에서 말한 것처럼, 성경 해석은 일방적 독백이 아니다. 흑인 그리스도인은 자신의 질문을 본문으로 가져오며, 본문 역시 그 자체의 질문을 우리에게 던진다. 우리는 그 열매가 우리 영혼에 유익하다고 믿으면서 인내심을 가지고 그러한 대화 안으로 들어간다.

다르게 말하면, 신구약 성경에는 구원, 해방, 화해의 메시지가 있고, 그 메시지 자체는 아프리카계 미국 그리스도인의 현재와 미래의 비전을 **형성**한다. 그러나 모든 것이 그렇게 간단하지만은 않다. 흑인의 소망과 성경 사이에는 연결 지점이 있어야만 한다. 우리는 우리 위에 성경이 무엇이든 쓸 수 있는 빈 종이처럼 공백의 상태로 존재하지 않는다. 성경 본문과 마주할 때, 우리는 우리 자신의 경험, 소망, 꿈을 들고 온다. 만일 우리에게 위가 아래라거나, 일하고 가족을 부양할 자유를 갈망하고 우리의 피부색 때문에 괴롭힘당하지 않기를 바라는 것이 잘못이라고 말하는 성경을 대면한다면, 그것은 참으로 비극일 것이다. 그보다 더 끔찍한 것은, 남부 짐 크로 법의 플라타너스 나무에서 자라난 이상한 열매[Strange Fruit, 빌리 할러데이 (Billie Holiday)가 부른 노래의 제목으로, 이상한 열매는 린치를 당하고 나무에 목이 달린 흑인을 의미한다. 인종차별을 정면으로 비판한 곡으로 유명하다ㅡ편집자]에 관심을 갖지 않는 하나님을 대면하는 일일 것이다. 그러나 나는 구약과 신약에 계시된 삼위일체 하나님이 흑인의 생명이나 정의에 관심이 없다고 믿지 않는다.

나의 확신이 옳다는 것을 증명할 증거가 있는가? 정의로운 사회에 대한 성경의 비전을 모두 개관하는 일은 불가능하다. 지면상 나는 누가복음에 제한하여 살펴볼 것이다. 누가복음을 고른 이유는, 설령 그것이 신약성경의 유일한 책이었다고 해도 나의 주장을 입증하는 데는 충분하기 때문이다. 그렇다면 이번 장의 무거운 임무는 누가복음이 흑인 그리스도인의 심장에 들려줄 비전, 즉 하나님의 오심에 의해 변화된 정의로운 사회에 대한 비전을 담아내는 방식을 개관하는 것이다. 이 장은 두 가지 움직임으로 이루어진다. 정의로운 사회에 대한 성경의 비전을 다루기 전에 우리는 성경에 대한 흑인의 냉소주의와 우리 조상들의 증언이 지니는 중요성을 다루어야 한다. 이 첫 번째 움직임에서, 나는 누가와 데오빌로의 정체성, 상황, 메시지가 흑인의 경험과 이어지는 독특한 접촉점을 담고 있다고 주장한다. 그들의 존재와 증언은 이 시대를 사는 우리에게도 중요하다. 그런 다음, 나는 사가랴와 엘리사벳을 통해 오늘날 아프리카계 미국인이 우리 조상들의 증언을 진지하게 여기고자 할 것이라고 주장하고자 한다. 그러한 준비 작업이 끝난 다음, 두 번째 움직임에서는 마리아와 그 아들의 증언을 살펴보면서 흑인 그리스도인의 정의를 향한 소망을 직접적으로 다룰 것이다.

누가: 흑인 그리스도인을 위한 복음서 저자

누가복음의 내용으로 들어가기 전, 누가의 존재가 갖는 중요성을 살펴보자. 누가복음 저작을 둘러싼 상황은 흑인이 기독교를 처음 접한 때와 흥미로운 접점을 담고 있다. 누가는 신약성경을 쓴 저자 중 아마도 유일한 이방인일 것이다.[1] 그는 사도들의 복음 증거를 통해 믿음을 갖게 된 자로, 하나님을 두려워하는 이들 가운데서 회심한 개종자였을 가능성이 높다.[2]

더 넓은 문화에서, 이방인으로서 그의 위치는 그가 당시 유대인들은 가질 수 없었을 특권을 누리게 해 주었을 것이다. 그럼에도 초기 기독교 그룹 안에서 이방인으로서의 그의 위치는 논쟁의 사안이었다.[3] 그의 두 번째 책에서 누가는 교회가 어떻게 유대인과 이방인 신자를 동등한 하나님 백성의 일원으로 이해하게 되었는지 들려준다.

정경 안에 포함된 누가의 위치는 하나님이 모든 민족 그룹을 가치 있게 여기신다는 것을 증언한다. 누가에 따르면, 이방인이 포함된 것은 초기 교회의 시장점유율을 개선하려는 노력의 일환으로 날조한 혁신이 아니었다. 누가복음은 하나님이 늘 그분의 영광을 위해 국제적이고 다민족적인

---

1 _ R. Alan Culpepper, "The Gospel of Luke", *The Gospel of Luke-The Gospel of John*, NIB 9 (Nashville: Abingdon Press, 1995), pp. 9-10; François Bovon, *Luke 1: A Commentary on the Gospel of Luke 1:1-9:50*, ed. Helmut Koester, trans. Christine M. Thomas, Hermeneia 63a (Minneapolis. MN: Fortress Press 2002), p. 8. 어떤 사람들은 누가가 예수님을 추종하는 유대인이었다고 주장한다. Issac W. Oliver, *Torah Praxis after 70 CE: Pleading Matthew and Luke-Acts as Jewish Texts*, WUNT 2, 355 (Tübingen, Germany: Mohr Siebeck, 2013)를 보라. Rick Strelan은 다음의 책에서 보다 대담한 주장을 펼친다. Rick Strelan, *Luke the Priest: The Authority of the Author of the Third Gospel* (Abingdon, UK: Routledge, 2016) 나의 요점은, 설령 누가가 유대인이었을지라도, 그가 하나님의 더 큰 목적 안에 이방인의 자리가 위치하고 있음을 진술하려고 했다는 것이다.

2 _ John Nolland, *Luke 1-9:20*, WBC 35A (Grand Rapids, MI: Zondervan, 1989), xxxii. (『WBC 성경주석시리즈 누가복음 35(상)』(솔로몬).

3 _ 행 15장에 나오는 이 문제의 해결책에 대한 누가 자신의 설명을 보라.

공동체를 창조하기를 의도하셨다고 주장한다.

만물을 예수 안에서 화해시키고자 하는 하나님의 계획에 대한 이야기를 들려주는 이방인 누가는 흑인 교회의 초창기 노예 폐지론자나 복음전도자와 유사하다. 아프리카 감리교 감독교회는, 리처드 앨런(Richard Allen)과 압살롬 존스(Absalom Jones)가 감리교회에서 **동등한 자리**를 요구했으나 거부당했을 때 시작되었다.[4] 이러한 흑인 지도자들은 그들의 설교와 가르침에서 복음서 저자 누가와 똑같이, 만물을 화해시키려는 하나님의 계획은 아프리카 후예들을 포함한 모든 사람을 아우른다고 주장했다.

> 오, 땅 위 모든 민족의 하나님! 사람을 차별하지 않으시고, 모든 민족을 하나의 혈통에서 나오게 하셨음에 주께 감사드립니다. 때가 찼을 때, 이제 주님 앞에서 예배하는 대부분의 사람들이 유래한 한 민족을 위해 주께서 나타나셨음에 주께 감사드립니다. 의의 태양이 마침내 우리 위에 그 아침 햇살을 비춤에 주께 감사드립니다.[5]

압살롬 존스는 복음이 아프리카 후예에게 온 것에 대해 말하기 위해, 누가복음의 초입부와(1:1-4) 바울 서신(갈 4:4-7) 둘 다에서 나오는 성취의 언어를 사용한다.[6] 압살롬에 따르면, 그들의 회심은 하나님의 원래 계획이

---

4 _ Martha Simmons and Frank A. Thomas, *Preaching with Sacred Fire: An Anthology of African American Sermons 1750 to the Present* (New York: Norton and Norton, 2010), p. 105.
5 _ Simmons and Thomas, *Preaching with Sacred Fire*, p. 75.
6 _ 눅 1:1은 이렇게 말한다. "우리 가운데서 **일어난**[fulfilled, 성취된] 일들에 대하여 차례대로 이야기를 엮어 내려고 손을 댄 사람이 많이 있었습니다." 또한 갈 4:4-5에서 다음과 같이 말하는 것을 보라. "그러나 기한이 **찼을 때에**, 하나님께서는 자기 아들을 보내셔서, 여자에게서 나게 하시고, 또한 율법 아래에 놓이게 하셨습니다. 그것은 율법 아래에 있는 사람들을 속량하시고, 우리로 하여금 자녀의 자격을 얻게 하시려는 것이었습니다"(저자 강조).

틀어진 뒤에 나온 생각이 아니다. 그에 따르면, 하나님의 계획은 **아프리카 남자와 여자들의 회심** 안에서 그 모든 영광 가운데 드러났다. 그렇다면 존스는, 하나님의 계획은 언제나 민족들이 메시아를 알고 예배하고 순종하는 것이었음을 보여 주고자 하는 목적으로 누가복음과 사도행전을 쓴 누가에 가깝다.[7]

이방인으로서 다른 이방인에게 그들도 하나님 나라 안에서 차지할 자리가 있다고 말해 주기 위해 글을 쓴 누가는, 자신의 회중을 향해 그들 역시 하나님 나라에서 아들딸로서 차지할 자리가 있다고 선포하는 흑인 설교자와 직접적인 관련성을 갖는다. 하나님 나라의 아들딸로서 누리게 되는 이 자리는, 그보다 열등한 나라들이 우리를 이등 시민으로 만들려는 모든 시도를 능가한다. 우리는 하나님의 자녀다. 미국은 (혹은 다른 어떤 나라도) 우리의 가치를 결정하는 데 있어 발언권을 갖지 못한다.

그렇다면 이방인의 회심을 하나님의 더 큰 목적과 연결시키는 복음서 저자 누가는 아프리카계 미국인 교회의 성경 해석의 수호성인으로 간주될 수 있다. 이 이야기가 신약성경의 약 4분의 1을 차지한다는 데는 모두가 동의한다.[8] 나는 신약성경이, 하나님 나라에는 모든 민족이 차지할 자리가 있다고 그 한복판에 선명하게 빨간 줄을 그어 강조하고 있다고 말하고 싶은 유혹을 받는다.

---

7 _ Stephanie Buckhanon Crowder는 이렇게 말한다. "사건은 그저 일어난 것만이 아니라 성취되었다. …따라서 저자는 일어난 일에 대한 역사적·신학적 토대를 가리킨다." Stephanie Buckhanon Crowder, "Luke", *True to Our Native Land: An African American New Testament Commentary* (Minneapolis, MN: Fortress Press, 2007), p. 158. 다르게 말하면, 역사와 신학은 누가의 이야기에서 바르게 융합된다.

8 _ Luke Timothy Johnson, *The Gospel of Luke,* Sacra Pagina (Collegeville, MN: Liturgical Press, 1991), p. 1. 『루카복음서』(대전 가톨릭대학교 출판부).

누가, 데오빌로, 우리가 배운 것들

누가는 자신의 복음서를 데오빌로라고 불리는 사람에게 쓴다. 대부분은 그가 이방인 그리스도인을 상징하는 허구의 인물이 아닌 실존 인물이라는 데 동의한다.[9] 데오빌로에게 글을 쓴 누가의 동기 역시 흑인 그리스도인들의 관심사에 들려줄 이야기가 있는 것 같다. 누가는 이렇게 말한다.

> 우리 가운데서 일어난 일들에 대하여 차례대로 이야기를 엮어 내려고 손을 댄 사람이 많이 있었습니다. 그들은 이것을 처음부터 말씀의 목격자요 전파자가 된 이들이 우리에게 전하여 준 대로 엮어 냈습니다. 그런데 존귀하신 데오빌로님, 나도 모든 것을 시초부터 정확하게 조사하여 보았으므로, 각하께 그것을 순서대로 써 드리는 것이 좋겠다고 생각하였습니다. 이리하여 각하께서 이미 배우신 일들이 확실한 사실임을 아시게 되기를 바라는 바입니다. (눅 1:1-4)

누가는 데오빌로가 예수님에 관해 배운 바를 확신하기 원한다. 데오빌로는 처음에 글이 아닌 복음전도자나 교사를 통해 복음을 접한 것으로 보인다. 이 지점에서 그는 노예 생활을 하던 아프리카계 미국인들과 가깝다. 이들 가운데 많은 수가 대각성 부흥기 동안 활동한 복음전도자들로부터 복음을 듣고 개종했다.[10] 그럼에도 노예 생활을 하던 이들이 배운 기독교

---

9 _ Johnson, *Gospel of Luke*, p. 1
10 _ 노예가 성경을 귀로 접한 것과 대규모 개종에 대해서는 다음을 보라. Allen Dwight Callahan, *The Talking Book: African Americans and the Bible* (New Haven, CT: Yale University Press, 2006), pp. 4, 12.

가 정말로 성경의 그리스도인가에 대한 의심이 있었다. 앨런 드와이트 캘러핸(Allen Dwight Callahan) 교수는 노예를 가르칠 때 사용되던 초기 교리문답서를 인용한다. 거기에는 이렇게 나온다.

> 누가 당신에게 주인과 여주인을 주었습니까?
> 하나님이 나에게 그들을 주셨습니다.
> 누가 그들에게 순종하라고 말씀합니까?
> 하나님이 그렇게 말씀하십니다.
> 어떤 책이 이런 것들을 당신에게 말합니까?
> 성경입니다.[11]

초기 흑인의 개종은 문화 안에서 권력을 차지하기 위해 경쟁하던 거짓 대안들 가운데서 진짜 예수님을 발견할 때만 가능했다. 물론 데오빌로가 주께 복종하듯 그의 주인에게도 복종하는 것이 예수님이 원하시는 바라는 말을 듣던 노예는 아니었다. 그러나 누가는 유익하지 않을 수도 있는 말, 즉 예수님에 대한 다른 이야기들이 떠돌아다닌다는 사실을 언급한다.

우리는 누가가 어떤 이야기를 염두에 두었는지 알지 못한다. 일각에서는 누가가 정경의 복음서들에서 오류를 발견한 것이라고 추정한다.[12] 그가 자신이 쓴 많은 글에서 마가복음을 토대로 삼는다는 것을 고려할 때 이 주장은 받아들이기 힘들다. 강조점들이 확실히 다르기는 하지만, 마가와 누가가 근본적으로 대립한다고 보는 것은 근거를 넘어서는 일일 것이

---

11 _ Callahan, *Talking Book*, p. 32.
12 _ Johnson, *Gospel of Luke*, p. 30.

다.¹³ 따라서 누가가 바로잡고자 하는 것이 어떤 복음이든, 그것은 공관복음의 증언이나 아직 쓰이지 않은 요한복음이 아니었다. 따라서 잠재적으로 오해의 소지가 있었던 예수님의 그림에 대한 대안으로서, 누가복음은 초기 흑인 그리스도인들이 성경을 읽음으로써 하나님에 대한 진리를 깨달은 경험과 연결된다. 그러나 누가가 흑인 그리스도인을 위한 복음서 저자라면, 질문이 남는다. 과연 그는 무엇을 말했는가?

흑인의 소망을 신원하는 사가랴와 엘리사벳

마태복음과 누가복음은 예수님의 출생을 둘러싼 사건을 들려주는 유일한 복음서들이다. 누가는 그리스도의 나심에서 시작하지 않는다. 예수님과 그 가족은 무대 뒤에 있고, 우리는 나이 든 한 부부와 함께 시작한다. 바로 사가랴와 엘리사벳이다. 누가는 그들에 관해 자세히 말해 주지 않지만, 그들 인생의 중요한 어떤 부분과 그 시대의 이스라엘 그리고 우리 시대의 흑인 그리스도인들이 품었던 소망이나 염원과의 관련성을 그려 보기에는 충분하다. 누가는 우리에게 사가랴가 제사장이고 엘리사벳은 제사장 가문의 후손이라고 말해 준다. 이는 사가랴가 매년 예루살렘을 방문하는 일과 별도로 한 해의 많은 부분을 가르치고, 정결함과 관련된 사안들을 관장하고, 민족을 위해 중보하는 일에 사용한다는 의미였다(레 10:10-11).¹⁴ 엘

---

13 _ Joel Green, *The Gospel of Luke,* NICNT (Grand Rapids, MI: Eerdmans, 1997), p. 37를 보라. 『NICNT 누가복음』(부흥과개혁사).

14 _ C. Fletcher-Louis, "Priests and Priesthood", *Dictionary of Jesus and the Gospels,* ed. Joel B. Green, Jeannine K. Brown, and Nicholas Perrin, 2nd ed. (Downers Grove, IL: InterVarsity Press, 2013), p. 697. 『예수 복음서 사전』(요단출판사).

리사벳은 동일한 일을 하는 가정에서 자랐을 것이다.

그렇다면 사가랴와 엘리사벳은 로마제국의 손에 좌지우지되면서 압제를 당하던 민족으로서의 이스라엘의 처지를 **신학적**으로 이해하는 일과 직접적으로 관련이 있었다. 두 사람은 기업을 상실한 이들의 삶을 규정하던 냉소와 절망을 대면했을 것이다. 또한 이방인의 통치와 그에 따른 일상적인 모멸감이 자신과 조상의 삶을 형성해 온 사람들과 매일 만났다. 그들은 흑인 목사들이 수 세대 동안 씨름해야 했던 동일한 문제에 직면했을 것이다. 하나님은 어디 계시는가? 왜 우리를 구원하지 않으시는가? 그는 우리의 고통에 관심이 있으신가? 사가랴는 분명 토라의 신실함이 그 자신의 맥락에서 무엇을 의미하는지 설명하라는 압박을 받았을 것이다. 내일이 어제와 거의 똑같이 보일 것이라면, 절기는 왜 지키고 기도는 왜 하는가?

하워드 서먼은 기독교와 압제당하는 이들의 관계를 논하면서 다음의 사실을 주지한다.

> 내가 궁지에 몰린 사람에게 종교가 갖는 혹은 기독교가 갖는 의미에 대한 설교를 들은 횟수는 손가락으로 꼽는다. 내가 의미하는 바를 명확하게 하는 일은 아주 시급하다. 수많은 사람들이 끊임없이 궁지에 몰린 채 살아간다. 그들은 가난한 이들이며, 기업을 상실한 이들이며, 가진 것이 없는 이들이다. 우리의 종교는 그들에게 뭐라고 말하는가?[15]

많은 유대인이 궁지에 몰린 채로 살았다고 말하는 것은 그다지 큰 해석적

---

15 _ Howard Thurman, *Jesus and the Disinherited* (Boston: Beacon Press, 1976), p. 3.

비약이 아니다. 사가랴의 아들은 기업을 상실한 이들로 살아가는 삶을 다루는 공동체를 향해 말한다(눅 3:10-14). 요한은 부패한 세금 징수원과 착취를 일삼는 군인에 대해 알았다. 그는 어머니와 아버지의 가르침을 통해 그러한 일들에 대한 성경의 비판을 배웠을까? 사가랴와 엘리사벳이 종교 지도자들에게 제기되었던 질문들, 즉 가난, 억압, 이스라엘의 하나님에 대한 믿음과 소망이라는 어려운 질문들에 관해 듣지 못했을 것이라고 생각하기는 불가능하다.

그럼에도 사가랴와 엘리사벳은 "하나님 앞에서 의로운 사람이어서, 주님의 모든 계명과 규율을 흠잡을 데 없이 잘 지켰다"(눅 1:6, 저자 사역). 많은 친구와 이웃은 하나님이 행동하실 것이라는 소망을 오래전에 완전히 포기해 버렸지만, 두 사람은 삶의 시작부터 끝까지 신실하게 하나님에 대한 믿음을 지켰다. 그들은 아이를 임신하거나 낳을 수 없었음에도 여전히 이 믿음 안에 있었다.

사가랴와 엘리사벳은 국가적인 비극(로마의 통치 아래 있는 이스라엘)과 개인적인 비극(자식이 없는 가정)을 안고 살았다. 누가복음에서 그들은 자신들의 개인적 이야기 안에 더 큰 집단적 서사의 깨어짐을 담고 있던 모든 이스라엘 사람을 대표한다. 이와 유사하게, 흑인들이 불의로 인해 당하는 고통은 단지 집단적인 것만이 아니라 아주 개인적이기도 하다. 그 고통은 흑인 가정들의 집, 침대, 학교, 교회, 분만실을 침범한다.

사가랴와 엘리사벳은 어떤 의미에서 작은 이스라엘이다. 엘리사벳과 사가랴의 세대는 예레미야의 세대와 나란히, "여름철이 다 지났는데도, 곡식을 거둘 때가 지났는데도, 우리는 아직 구출되지 못하였습니다"라고 말할 수도 있을 것이다(렘 8:20). 누가가 바로 이 지점에서 시작하는 것은 중요한데, 그렇게 함으로써 예수님의 이야기를 이스라엘의 고통 한가운데 위치시키기 때문이다. 그 고통은 포로 생활과 기업 상실이라는 더 큰 규모의 비극과 함께 각 개인들이 마주해야 했던 개인적 트라우마를 포함했다. 달리 말하면, 누가는 불의의 문제를 핵심 관심사로 부각시키면서 시작한다.

엘리사벳과 사가랴는 흑인의 소망을 이해하는 데 결정적 역할을 한다. 오랫동안 소망이 이루어지지 않았음에도 나이가 들 때까지 믿음을 지킨 신실한 이들이라는 점에서, 두 사람은 우리를 교회로 끌고 가고 우리가 스스로 기도할 수 있는 믿음이 부족할 때 우리를 위해 기도했던 우리의 흑인 조부모와 같다. 그러나 보다 시급한 관심을 요하는 것은, 사가랴와 엘리사벳이 노예 생활 동안 믿음을 갖게 된 첫 세대 흑인 그리스도인과 같다는 것이다. 노예 주인들이 섬기는 하나님을 왜 믿는가? 거기서 무슨 선한 것이 나올 수 있는가? 그 메시지가 어떤 소용이 있는가? 다음과 같은 프레더릭 더글러스의 질문은 이스라엘의 탄식 시편에서도 발견된다. "의로우신 하나님이 우주를 통치하시는가? 그가 오른손에 잡은 번개는 압제자를 벌하고 망치는 자의 손에서 망가진 자를 건지기 위한 것이 아니라면 도대체 무엇을 위한 것인가?"[16]

냉소주의에 빠질 충분한 이유가 있는 민족이, 약속을 오래 미루는 것처럼 보이는 하나님을 왜 믿어야 하는가? 사가랴와 엘리사벳이 주는 답은 기억이다. 구속이 지체되는 상황과 대면했을 때, 그들은 **기억**했다. 누가는 그들과 같은 세대 가운데서 "이스라엘이 받을 위로"를 기다리던 이들에 대해 이야기한다(눅 2:25). "이스라엘이 받을 위로"라는 표현은 이사야 40장

---

16 _ Frederick Douglass, *The Life of an American Slave* (Boston: Anti-Slavery Office, 1845), pp. 77-82; Milton C. Sernett, ed., *African American Religious History: A Documentary Witness* (Durham, NC: Duke University Press, 1999), p. 105.

에서 나온다. 이사야서의 나머지 부분은 이스라엘이 다시 자유롭게 될 두 번째 출애굽에 대해 말한다. 첫 번째 출애굽은 하나님의 두 번째 구속의 행위에 대한 소망의 기초가 되었다. 그들의 아들 요한은 새로운 출애굽에 대한 동일한 소망을 분명하게 진술할 것이다. 바로 그것이 그의 사역이 요단강 근처에서 이루어진 이유다. 그곳은 하나님이 약속하신 땅으로 가는 길을 열어 주셨던 바로 그 현장이었던 것이다. 그렇다면 출애굽은 그의 가족을 위한 소망의 초점이었다.[17]

사가랴와 엘리사벳은 왜 계속해서 하나님을 신뢰했을까? 그분은 노예 생활에서 해방시켜 주시는 하나님이기 때문이다. **해방자**로서의 그 근본적인 성품은, 그들이 그 해방을 아직 경험하기 전에도 신뢰할 수 있는 분으로 규정했다. 그들의 주인이 제시하는 거짓 복음에 둘러싸여 그리스도께 나아온 흑인 그리스도인들이, 이러한 **출애굽 서사**에서 자신들이 신뢰하기에 합당하신 하나님을 본 것은 올바른 일이었다. 첫 흑인 그리스도인 세대와 사가랴의 세대는 출애굽에서 계시된 하나님에 대한 공통된 믿음을 공유한다. **따라서** 하나님이 사가랴와 엘리사벳을 찾아오시기로 한 것과 누가가 자신의 이야기를 이 지점에서 시작하기로 한 것은 그 자체로 흑인의 신실함을 신원해 준다. 우리 역시 위로를 열망하는 것을 알기 때문이다.

성경의 더 넓은 범위에서 보면, 하나님이 엘리사벳에게 아들을 낳을 수 있게 해 주신 일은 별로 인상적이지 않다. 우리는 전에도 그런 이야기를 읽었다. 약속의 아이 이삭은 출산할 수 있는 나이를 많이 넘긴 여인에게서 태어났다. 그러나 바로 그것이 핵심이다. 하나님은 변하시지 않는다. 누

---

17 _ 우리는 출애굽을 홍해를 건너는 것과 연계시킬 수 있지만, 성경이 환기하는 '출애굽'은 이집트를 출발하는 것에서 약속된 땅에 들어가는 것까지 확장된다. 요한이 주는 세례는 하나님의 약속을 새롭게 받기 전 선행하는 '물을 통과해 지나가는 것'이었다.

가가 글을 시작하는 부분에서, 하나님은 이스라엘에게 그들이 누구를 섬기는지 일깨워 주시기 위해, 말하자면 자신의 최고 인기곡을 연주하고 계신 것이다.

요한의 출생이라는 이 기적은 이스라엘의 핏줄을 타고 흐르며 전염되는 소망의 바이러스를 퍼뜨렸고, 많은 이들이 "이 아기가 대체 어떤 사람이 될 것인가?"를 숙고하게 했다(눅 1:66). 모든 가정이 고통의 시간 뒤에 반드시 아이를 얻는 것은 아니다. 이스라엘의 많은 사람들이 이집트로부터의 해방을 맛보지 못한 채 죽은 것 역시 사실이다. 그들은 노예로 살다가 죽었다. 그러나 출애굽은 노예로 살다가 죽은 이들의 고통에 새로운 빛을 비춘다. 하나님이 기억하시기에 그들의 고통은 헛되지 않음을 보여 주기 때문이다. 또한 하나님의 기억하심은 장대한 역사의 범위 안에서 부활의 가능성을 제기한다.[18] 이스라엘의 하나님이 이집트의 신들을 꺾을 수 있었다면, 죽음 자체도 꺾으셔서 모든 이들이 약속된 기업을 함께 나누게 하실 수 있지 않겠는가?(겔 37:1-14)[19] 하나님의 구속 행위는 앞으로나 뒤로나 모두 힘을 발휘하며, 우리의 모든 이야기에 새로운 빛을 비춘다.

초기 흑인 그리스도인 역시 자신들의 이야기를 이해하기 위해 뒤를 돌아보았다. 초기 아프리카 감리교 감독교회(AME) 감독 대니얼 알렉산더 페인(Daniel Alexander Payne)은 워싱턴 D.C.에서 노예 해방을 이야기하면서 다음과 같이 말했다. "만약 우리가, 이 위대한 구원을 누가 우리에게 보내

---

18 _ 예수님도 반대자들과의 논쟁에서 바로 이런 주장을 하신다. 그분은 이렇게 말씀하신다. "죽은 사람들의 부활을 두고 말하면서, 너희는 아직도 하나님께서 너희에게 하신 말씀을 읽어 보지 못하였느냐? 하나님께서는 '나는 아브라함의 하나님이요, 이삭의 하나님이요, 야곱의 하나님이다' 하고 말씀하셨다. 하나님은 죽은 사람의 하나님이 아니라, 살아 있는 사람의 하나님이시다"(마 22:31-32).
19 _ 마 23:32에서 이러한 논리에 따르는 예수님 자신의 주장을 보라.

셨는지 묻는다면, 그 대답은 '주님…아브라함과 이삭과 야곱의 하나님이 되어야 할 것입니다.…억압받고 노예로 살아가는 모든 사람을 위해, 하나님은 모세와 아론을 일으키셨고 또 계속해서 일으키실 것입니다."[20] 페인에 따르면, 흑인의 자유는 대통령들의 아량에서 나온 것이 아니라 하나님의 주권적인 손에서 나왔다. 사가랴와 엘리사벳의 삶에서 출애굽 이야기가 그랬던 것처럼, D.C.에서 노예로 살아가던 사람들의 해방은 뒤쪽으로도(하나님을 믿은 과거의 믿음을 신원하면서), 앞쪽으로도(모든 노예의 해방을 위한 소망을 제공하면서) 일한다.

사가랴와 엘리사벳, 초기 흑인 신자들의 증언은 우리에게 도전을 준다. 그들의 신앙은 그들을 위로하고 짐 크로 법의 시대와 노예 생활을 규정하던 절망에서 벗어나게 해 주는 더 나은 미래에 대한 단순하고 순박한 믿음에 뿌리를 두고 있었다고 주장하기는 쉽다. 그러나 일들이 어디 그렇게 단순한가? 하나님에 대한 그들의 확신은, 그분의 신실하심을 드러내는 성경의 이야기를 묵상함으로써, **또한** 그들 자신의 삶에서도 동일한 하나님이 행하고 계신 것을 봄으로써 어렵게 얻어냈을 가능성이 있는가? 그들을 해방시키기 위해 하나님이 오심으로써 신원된 것처럼 보이는 그들의 믿음은, 하나님이 충분히 행동하시지 않았다는 우리의 냉소적 주장을 반박하는가? 흑인의 자유와 드문드문 이루어지는 흑인의 진보는 우리에게 사가랴와 엘리사벳 주위로 모여든 이스라엘 사람들처럼, 이 **아이**가 자라서 어떤 사람이 될지 궁금해하도록 부르는가? 사가랴와 엘리사벳에게 기적의 아이는 요한이다. 아프리카계 미국 그리스도인에게 기적은 정말로 기적 같

---

20 _ Daniel Alexander Payne, "Welcome to the Ransomed", *African American Religious History: A Documentary Witness*, ed. Milton C. Sernett (Durham, NC: Duke University Press), p. 236.

은 상황에서 태어난 흑인 교회이며, 이 교회가 예수님을 증언하는 것은 미국이 더 참되고 온전한 복음을 받아들이도록 준비시키는 선구자 같은 역할을 했다.

누가의 서사에서 사가랴와 엘리사벳은, 꿈이 뒤로 미루어지는 것은 거부되는 것이 아님을 일깨워 주는 역할을 한다. 같은 방식으로 흑인 교회의 신앙, 우리 가운데 계신 할머니와 할아버지의 신앙은 우리에게 아주 옛날 신앙의 시대에 대한 향수보다 멀리 나가라고 도전한다. 우리는 감사하다고 말하는 것 이상을 해야 한다. 우리는 하나님의 일들을 다시 생각해 보고 그들의 증언이 우리에게 무엇을 의미하는지 궁금해해야 한다.

마리아의 증언과 모든 흑인 그리스도인의 소망

흑인 할머니와 할아버지의 집단적 신앙이 우리에게 신앙을 재고하라고 도전한다면, 과연 우리는 어떤 신앙을 재고해야 하는가? 누가복음에서 우리는 어떤 종류의 하나님과 대면하는가? 예수님의 오심은 남북전쟁, 짐 크로 법, 흑인 인권 운동, 우리의 첫 흑인 대통령을 지나온 흑인들에게 무엇을 의미하는가?

우리는 마리아의 증언에서 시작한다. 우리가 알 듯이, 그녀는 누가 봐도 그녀를 깊이 사랑한 한 남자(요셉)의 배우자로서 평범하지만 아마도 기쁨이 넘치는 삶을 목전에 둔 젊은 미혼 여성이었다(마 1:18-19). 마리아의 고향인 나사렛은 갈릴리 지역의 이전 수도인 세포리스에서 걸어서 약 한 시간 거리에 있는, 200여 명이 정착해 사는 마을이었다. 또한 그곳은 제국의 주요 무역로 중 하나와 가까웠다. 이집트에서 다마스쿠스로 가는 이들

이 그들의 고향을 지나갔다.[21]

마리아와 요셉이 그 시대의 정치와는 멀리 떨어진 목가적인 농가 마을에서 살았다고 상상하는 것은 틀렸다. 요셉과 마리아는 길을 조금만 나가도 로마의 지배를 일깨워 주는 표지가 있는 제국의 그늘 아래에서 자랐다. 십대의 마리아가 자신의 미래에 대해 마음속에 어떤 꿈을 키웠든, 그것은 천사 가브리엘의 방문으로 영원히 바뀌어 버렸다. 그는 마리아가 하나님이 세상에 하실 일을 증언하는 데 그치지 않을 것임을 알려 주었다. 그녀는 참여자가 될 것이다. 성령이 그녀의 자궁 안에 세상의 소망을 엮어 내실 때(눅 1:35), 마리아는 하나님이 성막에 거하러 오심(tabernacling)의 현장이 될 것이다(요 1:14).

어떤 이들은, 동정녀 탄생에 대한 강력한 확증을 가지고 누가의 이야기를 이런 식으로 읽는 것을 액면 그대로 감상주의의 기미, 혹은 더 나쁘게는 근본주의의 징조로 받아들인다. 그러나 앞에서 말한 것처럼, 흑인의 성경 해석이 그 자체의 길을 자유롭게 그릴 수 있다면, 유럽 지배적 성경 연구의 한 유산으로 존재하는 철저한 회의주의 역시 자유롭게 거부할 수 있다.

동정녀 탄생에 대한 회의주의 뒤에는 하나님이 인간사에 개입하시는 일의 본질에 대한 회의주의 전통 전체가 있다. 일단 유대교와 기독교의 모든 신학적 고찰의 기반인 창조주를 사실로 상정하고 나면, 모든 것이 가능해진다. 바울의 말에 기초하여 묻는다면, "여러분은 어찌하여, 하나님께서 죽은 사람들을 살리신다는 것을 믿을 수 없는 일로 여기십니까?"(행 26:8)

---

21 _ R. Riesner, "Archeology and Geography", in *Dictionary of Jesus and the Gospels*, ed. Joel B. Green, Jeannine K. Brown, and Nicholas Perrin, 2nd ed. (Downers Grove, IL: Inter-Varsity Press, 2013), p. 49.

하나님이 동정녀 탄생을 어째서 가능하게 하실 수 없다는 말인가? 마가의 탄생 이야기가 의견을 좌우하기라도 하는 것처럼, 탄생에 대한 초기 증거의 부족을 언급하는 것으로는 부족하다. 다른 이들은 회의를 품을지라도, 나는 믿음을 품는다. 그리고 양쪽 모두는 실재의 본질에 대한 심오한 신념에서 나온다.

나사렛으로 돌아가서, 우리는 그녀 자신이 상상할 수 없었던 방식으로 세상을 변화시킬 아들을 낳기 위해 자신을 온전히 내어 줄 것을 요청받는 마리아를 만난다. 바로 이런 위험을 감수하는 것 안에서, 즉 하나님께 대한 '예'(yes) 안에서, 마리아는 그들이 볼 수 없는 미래를 위해 그들 자신 전체를 그리고 그들의 육신을 내어 주도록 부름받는 흑인 (그리고 다른 모든) 그리스도인을 대표한다. 마리아는 하나님의 구원 역사에 대한 증인으로서 자신들의 몸을 내어 주는 신실한 활동가들의 수호성인이다.

그러나 마리아는 이런 일들에 대해 어떻게 생각했는가? 하나님이 그 아들을 세상에 오게 할 사람으로 자신을 선택해서 그분의 도래를 알리셨다는 것에 대해 그녀는 어떻게 생각했는가?

노래를 시작하는 라틴어 단어 '마그니피카트'(*Magnificat*)로 역사에 알려진 마리아의 노래(눅 1:46)는 찬양으로 시작한다. "내 영혼이 주님을 찬양하며…." 이러한 고백이 중요한 것은 마리아를 정확하게 이스라엘의 신앙 안에 위치시키기 때문이다. 마리아는 신자였고 예배자였다. 그녀의 노래는 정치적 해방에 관한 진술 이상이다. 그녀의 증언은 한 분이신 참된 하나님을 예배하는 것을 포함한다. (1세기 사람들에게는 낯선 현대의 이분법을 사용하자면) 정치적 해방은 단지 그들 자신의 정치적 비전에 대한 주장이 아니었으며, 그 궁극적 목적은 예배할 자유였다.

그러나 마리아는 왜 한 분이신 이스라엘의 하나님을 예배하는가? 그녀가 하나님을 예배하는 것은 그가 돈이나 권력이나 영향력을 중요하게 생각하지 않으며 그를 두려워하는 모든 이들을 향해 사랑 넘치는 관심을 갖는 자비로운 하나님이기 때문이다(눅 1:50). 마리아는 더 나아가 이렇게 기뻐한다. "그는 그 팔로 권능을 행하시고 / 마음이 교만한 사람들을 흩으셨으니"(눅 1:51). 이는 자신의 쾌락을 채우도록 세상을 만들어 갈 계획을 궁리하는 교만한 자들의 진짜 운명을 알게 된다는 의미다.

> 제왕들을 왕좌에서 끌어내리시고
>   비천한 사람을 높이셨습니다.
> 주린 사람들을 좋은 것으로 배부르게 하시고,
>   부한 사람들을 빈손으로 떠나보내셨습니다.
> 그는 자비를 기억하셔서,
>   자기의 종 이스라엘을 도우셨습니다. (눅 1:52-54)

이것은 모든 흑인 그리스도인의 소망이 아닌가? 하나님이 듣고 구원하신다는 것? 우리가 쥐꼬리만 한 주머니의 가난에서 벗어나지 못하도록 우리에게 주택자금 대출을 거부하거나 과도하게 높은 이자율을 부과하는 이들을 그가 내려다보시고, 그들을 향해 "이제 너희의 압제는 끝났다. 내가 도래할 것이다"라고 말씀하시는 것? 바로 이것이 마리아의 주장이다. 곧, 하나님은 세상이 무가치하다고 보는 이들에게 관심을 기울이시고, 그들을 영예로운 자리로 들어 올리심으로써 자신을 영광 가운데 드러내신다는 것이다.

마리아가 하나님에 대한 묘사에서 사용하는 표현은, 하나님이 자신을 예배하는 민족을 해방시키기를 기뻐하신다는 우리의 주장을 뒷받침한다.

그녀는 하나님이 "그 팔로 권능을" 드러내셨다고 말한다. 이것은 이사야와 그의 두 번째 출애굽 예측에서 끌어왔다.

> 깨어나십시오! 깨어나십시오! 힘으로 무장하십시오,
> **주님의 팔이여!**
> 오래전 옛날처럼
> 깨어나십시오!…
> 바다와
> 깊고 넓은 물을 말리시고,
> 바다의 깊은 곳을 길로 만드셔서,
> 속량받은 사람들을 건너가게 하신
> 바로 그 팔이 아니십니까?
> (사 51:9-10, 저자 강조)

이사야는 하나님께 두 번째 기적을 행하셔서 포로로 잡혀간 그분의 백성을 집으로 돌아오게 하실 출애굽을 요청한다. 조금 뒤에 나오는 구절에서 모든 세상이 볼 수 있도록 하나님의 영광이 드러나는 것을 말하면서도 그는 동일한 생각을 가져온다.

> 주님께서 모든 이방 나라들이 보는 앞에서,
> 당신의 거룩하신 능력[팔]을 드러내시니,
> 땅 끝에 있는 사람들은 모두
> 우리 하나님의 구원을 볼 것이다.
> 너희는 떠나거라. 그곳에서 떠나 나오너라!…

그러나 이제는 주님께서 너희 앞에 가시며,

    이스라엘의 하나님께서 너희 뒤를 지켜 주시니,

너희가 나올 때에 황급히 나오지 않아도 되며,

    도망치듯 달아나지 않아도 된다. (사 52:10-12)

주의력 깊은 이사야서 독자는 이사야가 이 지점부터, 죄를 위한 죽음을 통해 두 번째 출애굽을 이루고 이스라엘의 포로 생활을 초래했던 언약 저주를 끝낼 고난받는 종에 대한 묘사로 넘어가고 있음을 주지할 것이다(사 52:13-53:12). 마리아가 **하나님의 팔**이 나타난 것을 말할 때, 그녀는 **출애굽**과 **노예 생활**의 종결의 이미지를 연상시킨다. 이스라엘은 출애굽 사건에서 하나님에 대한 근본적인 어떤 것을 배웠다. 그는 해방하시는 하나님이다. 그들은 하나님이 미래에 하실 일을 기대할 때마다 고개를 뒤로 돌려 출애굽 사건을 바라보았고, 앞으로 무슨 일이 일어나든 그것은 분명 출애굽에서 드러났던 하나님의 성품과 일치할 것이라고 말했다. 그 이야기에서, 하나님은 백성을 노예 생활에서 해방시키기 위해 행동하셨으며, 그것은 노예 생활 자체의 종결만을 위한 것이 아니라 그럼으로써 새롭게 해방된 백성이 인간으로 살아가는 새로운 방식을 증언할 수 있게 하시기 위함이었다. 하나님은 이스라엘에게 자유와 소명을 주셨다.

마리아는 자신의 아이를 통해 하나님이 다시 한번 자신의 백성을 해방하실 것이라고 주장한다. 그는 자신의 팔을 드러내실 것이다. 그러나 마리아는 얼마나 멀리까지 보는가? 더 멀리 이사야를 읽고 그 종의 운명을 묵상했는가? 시므온이 그녀에게 칼이 그녀의 마음 역시 찌를 것이라고 말할 때, 그녀는 이사야로 돌아갔는가?(눅 2:33-35) 우리는 모른다. 우리가 아는 것은 마리아가 사용한 하나님의 팔 이미지와 그것이 불러일으키는 출애굽이 아프리카계 미국인과 성경의 하나님 사이의 역사적 관련성을 건드린다는 것이다. 출애굽은 토대가 되는 사건이며, 그 안에서 흑인 그리스도인은 우리에게 해방을 가져다주시고 그 앞에서 살아가는 온전한 삶을 허락하시는 하나님을 발견했다.

마리아는 무엇을 증언하는가? 마리아의 증언은 제국의 그늘 아래에도 소망의 공간이 있으며, 때로 그 공간에서 하나님은 우리를 그 그늘에서 불러내어 구원과 해방을 이루는 그분의 위대한 역사에 동참시키신다는 것이다.

이 해방은, 적어도 이사야서가 기술한 대로라면, 고난과 죽음을 통과해야 하는지도 모른다. 마리아는 자신이 안 것보다 더 예언자적이었는지 모른다. 이 자유가 어떻게 오든, 그것은 약한 자를 누르고 자신을 높이면서 하나님이 그러한 자신의 옹호자라고 칭송하던 이들이 그 대가를 치름으로써 올 것이다. 마리아가 역사의 긴 통로를 뒤돌아보면서 자유를 갈망하는 흑인 노예들의 상상력에 들어맞는 하나님을 만들어 내지 않았다는 점은 아주 중요하다. 하나님은 마리아와 우리를 기다리며 이미 거기에 계셨다. 이 하나님과 얼굴과 얼굴을 마주하게 되었을 때, 마리아에게는 예배 외에 할 수 있는 것이 별로 없었다. 우리의 조부모들도 똑같이 했다는 사실은 조금도 놀랍지 않다.

그 아들의 세례와 기업이 없는 이들의 소망(눅 3:21-22)

우리가 예수님을 처음 마주하는 장면은, 그분이 요단강 근처에서 요한에게 막 세례를 받으려 하실 때다. 앞에서도 언급했듯이, 이스라엘의 위대한 이야기를 조금이라도 안다면 누구라도 장소가 지니는 핵심을 놓치지 않을 것이다. 자신의 백성을 이집트에서 해방시키기 위해 일하셨던 바로 그 하나님이 이제 또 다른 위대한 일을 막 하시려는 참이다. 요한과 예수님의 사역은 출애굽의 그림자 안에서 이루어지며, 따라서 출애굽을 강조하는 흑인의 해석학적 실천은 바로 그 지점에서 신원된다. 하나님은 이집트인을 선택하지 않으셨다. 그는 노예들을 선택하셨고, 바로 이것이 예수님이 사역을 시작하실 때 소환되는 이야기다.

하나님은 예수님의 세례에서 우리에게 무엇을 말씀하시는가? 그는 예수님을 "너는 내 사랑하는 아들"이라 부르시면서, "나는 너를 좋아한다"고 말씀하신다(눅 3:22). 예수님을 아들로 인식하는 것은 정의에 대한 흑인의 관심에 들려줄 이야기가 있는데, 바로 아들의 지위는 왕권 및 의로운 통치와 연결되기 때문이다. 일단 예수님이 하나님의 아들이고 이스라엘의 참된 왕이라고 동의하면, 다음 질문은 그가 어떤 종류의 왕이 될 것인가가 된다. 그의 통치에서 핵심은 무엇인가?

성경에서 왕권은 정의와 연결된다. 우리는 이것을 왕을 노래하는 시편에서 본다(72:1-4). 시편 기자에 따르면, (하나님 자신의 정의를 반영하는) 왕은 가난한 이들과 기업이 없는 이들의 편이다. 예수님에게 주어진 왕으로서의 아들의 지위는 하나님의 정의와 분리될 수 없는데, 이스라엘의 왕은 가난한 이들에게 관심을 갖기 때문이다.

누가복음의 나머지는 예수님이 아들인 것은 단지 이스라엘의 다른 모든 왕들과 같은 왕이기 때문이 아님을 드러낼 것이다. 그가 아들인 것은 그가 세상의 창조에 앞서는 아버지의 신적 정체성을 공유하시기 때문이다.[22]

아들의 설교(눅 4:15-20)

예수님은 세례를 받으신 뒤, 사탄에게 시험을 받으시기 위해 성령에 이끌려 광야로 가신다. 우리는 다시 출애굽의 세계에 있다. 이스라엘이 광야에서 시험을 받을 때, 그들은 실패하고 구원자 하나님을 저버린다(출 32:1-17). 반대로, 예수님은 성경에 전념하는 모습을 보여 주심으로써 끝까지 하나님께 진실하시다(눅 4:1-13). 사탄의 유혹에 예수님은 신명기를 세 번 인용함으로써 대응하신다. 약속된 땅으로 들어가기 직전 이스라엘이 받았던 바로 그 말씀이다. 예수님은 신명기를 인용함으로써, 더 위대한 법으로 선포될 나사렛에서의 자신의 첫 번째 설교를 위한 무대를 마련하신다. 그것은 하나님의 약속을 받기 직전, 이전에 노예였던 이들을 위한 말씀인 것이다.

여기서 특별히 흑인 그리스도인의 성경 해석과 관련해 한 가지 사항을 더 짚고 넘어갈 필요가 있다. 1장에서 나는 성경을 생각해 보고자 시도하는 모든 이들은 다양한 성경 본문을 특정 질서로 배치하고 하나를 다른 것들에 비추어 이해해야 한다는 점에서 모든 신학이 정경적이라고 주장했다. 이것은 흑인 그리스도인에게만 고유하지 않으며, 모든 사람이 그렇게 한다.

문제는 언제나, 기독교에 대한 누구의 설명이 성경을 사용하는가가 아니다. 문제는 과연 누구의 설명이 가능한 많은 성경적 증언을 바르게 다루는가다. 어떤 이들은 성경을 사용하여 하나님에 대한 순전히 거짓 증언을 하기도 한다. 바로 그것이 우리가 광야에서 사탄이 성경을 사용하는

---

22 _ C. Kavin Rowe, *Early Narrative Christology: The Lord in the Gospel of Luke* (Berlin: Walter de Gruyter, 2006).

방식이다. 문제는 사탄이 인용한 성경 자체가 참되지 않았던 것이 아니라, 사탄이 원하는 일을 위해 성경을 사용할 때 성경의 증언을 왜곡한다는 점이다. 바로 그것이 전쟁 전 남부에서 노예 주인들이 내놓던 해석에 대해 내가 주장하는 바다. 노예 주인들이 성경의 재료를 배치한 방식은 하나님에 대한 거짓 증언을 담고 있다. 이는 이 시대에 난민과 가난한 사람, 기업이 없는 이들을 위해 헌신하는 일에 이의를 제기하기 위해 성경을 인용할 때도 여전히 마찬가지다.

그러나 우리는 1세기 유대의 광야로부터 너무 먼 곳까지 떠내려 왔다. 누가의 요점은 충분히 명료하다. 예수님은 이스라엘 공동체가 실패한 지점에서 승리하신다. 광야에서 유혹을 이기고 승리하신 후 예수님은 나사렛에 도착해 첫 번째 설교를 하신다. 예수님은 회당에서 성경 낭독을 위해 일어서서 예언자 이사야의 두루마리를 받아 드신다. 이 책이 본문으로 지정된 것은 섭리였겠지만, 거기서 어떤 부분을 읽을지는 예수님의 결정이었다.[23] 누가는 이사야 61:1과 58:6을 합친 내용을 기록한다. 이사야 61:1은 이사야 40-66장 내내 반복해서 나타나는 야웨의 종에 대해 이야기한다(42:1-9; 49:1-7; 52:13-53:12). 이 본문에서 그 종은 하나님께 받은 자신의 임무를 진술한다.

주님께서 나에게 기름을 부으시니,
　주 하나님의 영이 나에게 임하셨다.
주님께서 나를 보내셔서, 가난한 사람들에게 기쁜 소식을 전하고,
　상한 마음을 싸매어 주고,

---

23 _ R. Alan Culpepper, "The Gospel of Luke", in *The Gospel of Luke-The Gospel of John*, NIB 9 (Nashville: Abingdon Press, 1995), p. 105.

> 포로에게 자유를 선포하고,
>
> > 갇힌 사람에게 석방을 선언하고, (사 61:1)

예수님의 설교는 이사야 58:6 역시 암시하는데, 이 구절은 하나님이 이스라엘의 거짓 종교성을 비판하시는 문맥에서 나온다.

> 주님께서 보시지도 않는데, 우리가 무엇 때문에 금식을 합니까?
> > 주님께서 알아주시지도 않는데, 우리가 무엇 때문에 고행을 하겠습니까?
> 너희들이 금식하는 날, 너희 자신의 향락만을 찾고,
> > 일꾼들에게는 무리하게 일을 시킨다.…
> "이것이 어찌 내가 기뻐하는 금식이겠느냐?
> > 이것이 어찌 사람이 통회하며 괴로워하는 날이 되겠느냐?"
> 머리를 갈대처럼 숙이고
> > 굵은 베와 재를 깔고 앉는다고 해서
> 어찌 이것을 금식이라고 하겠으며,
> > 주님께서 너희를 기쁘게 반기실 날이라고 할 수 있겠느냐?
> 내가 기뻐하는 금식은
> > 부당한 결박을 풀어 주는 것,
> > 멍에의 줄을 끌러 주는 것,
> 압제받는 사람을 놓아주는 것,
> > **모든 멍에를 꺾어 버리는 것**, 바로 이런 것들이 아니냐?
>
> (사 58:3, 5-6, 저자 강조)

예수님의 사역에서 중심 기둥이 되는 이 두 본문은 흑인 그리스도인에게

어떤 의미가 있는가? 첫째, **가난한 사람**에게 예수님이 복음을 전하시고, 마음이 상한 자가 치유되며, 속박당한 자는 풀려난다. 이는 사회가 부차적 존재로 선언한 이들이 하나님 나라에서는 우선권을 차지한다는 것을 보여 준다. 사회는 흑인의 삶을 역사적으로 과소평가했지만, 그리스도의 인격 안에서 우리는 대변자를 발견한다.

예수님이 강조하신 주제, 곧 하나님은 과소평가된 이들을 가치 있게 여기신다는 것은 신약성경 전체를 타고 흐른다. "하나님께서는 세상에서 비천한 것들과 멸시받는 것들을 택하셨으니, 곧 잘났다고 하는 것들을 없애시려고 아무것도 아닌 것들을 택하셨습니다"(고전 1:28)라고 말할 때, 바울은 바로 이 주제에 관해 이야기하고 있다.[24] 야고보가 그의 편지에서 "사랑하는 형제자매 여러분, 들으십시오. 하나님께서는 세상의 가난한 사람을 택하셔서 믿음에 부요한 사람이 되게 하시고, 하나님을 사랑하는 이들에게 약속하신 그 나라의 상속자가 되게 하시지 않았습니까?"(약 2:5)라고 말할 때도, 거의 똑같은 주장을 하고 있다.

예수님이 이스라엘의 예언자 전통을 읽는 방식은 교회를 위한 표준이 된다. 예수님의 사역 철학의 핵심 기둥으로서 이사야 61:1은, 흑인 그리스도인에게 노예제나 짐 크로 법이나 주거 차별이나 대출 차별이나 다른 어떤 무기도 그들을 향한 하나님의 사랑에 영향을 주지 않는다고 말한다. 사실은 정반대다. 하나님은 정확하게 세상의 구조가 부여하는 가치를 거부하심으로써 자신의 영광을 드러내신다. 세상의 평가를 거부하는 것은 흑인 그리스도인에게 생기를 북돋는 일인데, 이 나라는 흑인이 존재론적으로 열등하다고 반복해서 주장해 왔기 때문이다.

---

24 _ 이 사람들은 실제로 하나님께 비천한 대우를 받거나 멸시를 당하는 것이 아니라, 다만 사회가 그들을 가치 있게 여기지 않는 것임을 주지해야 한다.

'복음'이 이곳저곳으로 전해지면 복음은 가난한 사람의 가치를 확증해 주는 일 이상을 한다. 이 점을 지적하는 것은 중요하다. 예수님은 그들을 회개할 능력이 있는 **윤리적 행위 주체**로 보신다. 다른 식으로 표현하면, 가난한 이들을 위한 '좋은 소식'이란 빵이나 일자리나 정치적 자유라는 말을 종종 한다. 이는 어느 정도 사실이다. 그러나 예수님은 가난한 이들의 **영적인 삶**에도 관심을 갖으셨다. 그분은 그들을 몸과 영혼으로 보셨다. 회개하라는 그분의 요청은, 그들의 가난이 그들의 행위 능력을 제거하지 않는다는 사실을 인정한다. 가난한 이들 역시 죄를 지을 수도, 회개할 수도 있다. 회개는, 설령 그들이 계속 가난할지라도 다른 사람으로 존재할 수 있음을 의미한다. 노예 생활을 하던 이들은 이것을 인식했다. 우리는 이것을 그들의 증언 곳곳에서 본다. 맞다. 그들은 실제 자유를 갈망했다. (여기에 지나친 영적 해석을 위한 자리는 없다.) 그러나 그들은 하나님의 도래로 인해 그들의 삶에 일어난 변화 역시 즐거워했다.

예수님의 첫 설교에 포함된 두 번째 이사야서의 암시는, 가난한 자들의 윤리적 행위자로서의 역할에 지나치게 초점을 맞춘 나머지 그들이 실제로 가난하다는 사실을 간과하지 못하도록 해 준다. 이사야 58:1-6은 가난한 이들이 살아가는 실제 상황을 변화시키는 것보다 종교 의식에 더 관심을 두는 거짓 종교성을 맹비난한다. 이사야에 따르면, 종교의 참된 실천은 구체적 변화, 즉 멍에를 꺾는 것을 결과로 내놓아야 한다. 그가 의미하는 바는, 경우에 따른 사적인 해방의 행위가 아닌 '불의의 멍에를 꺾는 것'이다. 이는 사람들을 절망에 가둬 놓는 사회의 구조를 변혁하는 것 외에 무엇을 의미하겠는가? 예수님은 다른 종류의 세상을 창조하는 것을 염두에 두신다.

예수님의 사역과 그가 구현하는 나라는 다름 아닌 소외된 자들이 영적·경제적·신체적으로 치유되는 새로운 세상의 창조를 포함한다. 사람을 비인간화하는 사회의 가치에 동참하고 그러한 가치를 따르는 만큼, 부자들은 하나님의 통치 반대편에 있는 자신을 볼 것이다. 이러한 비인간화는 두 형태를 띨 수 있다. 첫째, 가난한 사람을 하나님의 변혁하는 사랑이 아닌 단지 먹을 것을 필요로 하는 몸으로만 다룰 수 있다. 둘째, 가난한 사람을 영혼으로 보면서, 그들이 지금 여기서 겪는 경험에는 관심을 갖지 않을 수도 있다.[25] 이것은 예수님과 별 상관없는 거짓 종교다.

결론

흑인 그리스도인은 자주 좌우 진영 모두에게 포위당한다. 우파는 종종 성경은 우리의 영혼에 들려주는 이야기이지 우리 몸의 해방에 대해서는 말하지 않는다고 주장한다. 좌파도 우파가 맞다고 주장한다. 성경은 흑인과 갈색 인종의 필요를 분명하게 다루지 않으며, 따라서 보충하거나 대체해야 한다는 것이다. 나는 성경이 민주공화국의 올바른 작동을 위해 필요한 정책들을 개관한다고 주장하고 있지 않다. 나는 성경이 개관하는 기본 원칙과 권력에 대한 비판이, 미국에서 흑인 그리스도인으로 살아가는 이들을 그들의 삶과 일을 위해 준비시켜 준다고 말하고 있다.

---

25 _ Ibram X. Kendi, *Stamped from the Beginning: The Definitive History of Racist Ideas in America* (New York: Nation Books, 2016), pp. 47-57를 보라.

5장

흑인과 자긍심
성경과 흑인의 정체성

예루살렘의 아가씨들아, 내가 검어서 예쁘단다. _아가 1:5[1]

크게 외치세요! 나는 흑인이어서 자랑스럽다! _제임스 브라운(James Brown)

흑인 기독교에 대한 근본적 비판은 기독교가 남의 것, 즉 채찍과 사슬의 설득력을 통해 강요된 백인의 것이라는 주장이다. 그들은 예수님과 우리의 첫 대면이, 우리가 장차 올 세상에서 맞이할 구조를 기다리는 한편 이 세상에서는 고분고분하고 현재의 위치를 받아들이기를 원하는 이들로부터 기인했다고 말한다. 어떤 이들에게 흑인 기독교란 모순 어법인데, 기독교 이야기는 우리의 것이 아니기 때문이다. 우리는 다른 이들이 쓴 드라마의 후발 주자다. 이러한 질문에 대답하는 방법이 두 가지

---

1 _ 검어서 예쁘다는 번역에 대한 자세한 변론은, Renita J. Weems, "The Song of Songs," *Introduction to Wisdom Literature: Poverbs-Sirach*, NIB 5 (Nashville: Abingdon Press, 1997), pp. 382-384를 보라.

있는데, 하나는 성경적으로 답하는 것이고, 다른 하나는 역사적으로 답하는 것이다. 우리는 이번 장의 대부분을 차지할 성경과 민족적 정체성에 대한 훨씬 더 중요한 논의로 넘어가기 전, 역사적 사안들을 먼저 살펴볼 것이다.

역사적으로, 기독교가 유럽의 것이라는 주장은 근본적으로 틀렸다. 이는 역사책과 지도를 접할 수 있는 누구라도 쉽게 증명할 수 있다. 초기 기독교의 가장 중요한 세 구심점이 로마, 안디옥, 알렉산드리아의 총대주교(patriarchs, 사도들의 권위를 이어받아 초기 교회를 대표하던 지도자들로, 동방정교회 등에는 아직까지 공식적인 권위를 갖는 직책으로 남아 있으며, 로마의 총대주교가 곧 오늘날의 교황이다—옮긴이)였음은 너무 명백해서 오히려 잘 보이지 않는 사실이다.[2] 이 세 지역 중에 오직 로마만이 우리가 서구 유럽이라고 부르는 곳에 있다. 알렉산드리아는 아프리카 문화의 초기 주요 중심지였던 이집트에 위치한다. 기독교가 어떻게 북아프리카에 가게 되었는지는 확실한 정보가 남아 있지 않지만, 전통에 따르면 그곳은 성 마가에 의해 복음화되었다.[3] 바로 이 북아프리카 교회에서 아우구스티누스(Augustine)와 테르툴리아누스(Tertullian) 같은 기독교가 배출한 위대한 지성이 나왔다.

초기 기독교의 검은 빛깔을 의심하는 이들은 결정해야 할 것이다. 일부 서구인들이 이집트 역사의 많은 인물을 유럽인으로 바꾸어 버림으로써 그 역사를 백인화했든가 하지 않았든가 둘 중 하나다. 만약 그들이 이집트 역사를 백인화했다면, 그러한 백인화는 초기 교회 시대까지 거슬러 올라간다. 이는 초기 기독교를 이끌던 빛들이 흑인과 갈색 인종이었거나 아

---

2 _ Elizabeth Isichei, *A History of Christianity in Africa: From Antiquity to the Present* (London: SPCK, 1995), p. 17.
3 _ Isichei, *A History of Christianity in Africa*, p. 17.

니면 이집트는 우리가 말하는 아프리카가 아니라는 의미다.

우리가 세속 역사에서 모든 흑인과 갈색 인종의 사람들을 아프리카인으로 간주하는 범아프리카 식의 설명을 할 수 없지만, 기독교 역사에서는 그렇지 않다. 다르게 표현하면, 일부 세속주의자들이 현재 흑인 정체성의 기초로 과거 우리 아프리카인의 위대함을 돌아볼 수 있다면, 흑인 그리스도인 역시 그들의 정체성의 기초로 초기 아프리카 기독교를 바라볼 수 있다. 따라서 **아프리카인**이 노예 생활을 통해 기독교를 처음 들었다고 말하는 것은 역사적으로 정확하지 않다. 기독교의 이야기는 우리의 이야기이기도 하다. 그것은 새롭게 등장하던 보편적 교회의 세 명의 총대주교보다 더 먼 초기 기독교 시대까지 거슬러 올라간다. 성경 본문이 들려주듯이, 아프리카인은 유대인 이야기와 이후 기독교 이야기가 시작되는 출발점에서부터 등장한다.

우리의 주장을 더 멀리 밀고 나가기 위해, 우리는 이집트에서 더 남쪽으로 눈을 돌려 우리가 현재 수단이라고 부르는 지역에 있는 누비아 왕국을 향한다. 우리는 그곳이 6세기 콘스탄티노플에서 파송된 선교사 줄리아누스(Julian)에 의해 가장 성공적으로 복음화되었음을 알고 있다.[4] 어떤 이들은 그곳에서 기독교가 국교가 된 속도를 볼 때, 줄리아누스의 활동 이전에도 기독교 선교가 이루어졌을 것이라고 생각한다.[5] 어느 경우든, 누비아는 식민화 과정 없이 기독교가 아프리카에 들어온 예다.

누비아가 서구 식민주의에서 자유로운 기독교의 역사를 주장할 수 있는 유일한 나라는 아니다. 에티오피아도 비슷하다. 이 나라는 4세기에 프루멘티우스(Frumentius)에 의해 복음화되었다. 그는 원래 레바논에서 왔지

---

4 _ Isichei, *A History of Christianity in Africa*, pp. 30-31.
5 _ Isichei, *A History of Christianity in Africa*, pp. 30-31.

만 알렉산드리아의 아타나시우스(Athanasius of Alexandria)에게 에티오피아에 복음을 전하도록 승인을 받았다.[6] 이 선교는 오늘날에도 여전히 존재하는 에티오피아 정교회의 시작이었다.

이러한 예들은 일부 그리스도인들이 행한 아프리카 식민지화의 피해를 축소하려는 의도가 아니다. 그러한 죄는 분명 우리 역사의 일부다. 그럼에도 우리는 아프리카 후예들이 식민화와 상관없이 그 자체로 기독교 메시지의 아름다움에 설득당했음을 볼 수 있다. 자유로운 흑인들은 구약과 신약 본문에서 그들을 사랑하고 가족으로 부르신 하나님의 이야기를 읽을 수 있었다. 현대 흑인 그리스도인이 그들의 유산에 거부감을 느낀다는 주장은 거짓이다. 오늘날 흑인 공동체가 우리의 이야기에서 잃어버린 부분을 되찾고자 한다면, 온전한 전체 이야기를 회복하기로 하자. 뿌리를 찾기 위해 아프리카로 돌아가는 미국의 흑인들은, 그곳에서 그리스도가 살아나셨다고 선포하는 수많은 흑인과 갈색 인종의 조상들이 자신들의 얼굴을 들여다보고 있는 모습을 발견하고 놀랄 것이다.

이번 장에서는 성경에서 선별한 몇몇 아프리카인들의 중요성과 그들이 오늘날 흑인의 신앙에 갖는 함의를 고찰할 것이다.

모든 민족을 위한 복: 에브라임, 므낫세, 다민족 이스라엘

창세기를 연구하는 대부분의 학자는 첫 열한 장과 12-50장을 구분한다. 첫 열한 장은 창조, 타락, 인간 문화의 성장과 죄의 확산을 이야기한다. 이

---

6 _ Isichei, *A History of Christianity in Africa*, p. 32.

죄의 확산은 엄청난 반창조의 행동, 곧 홍수로 이어진다. 하나님의 홍수 심판은 인간 죄악의 문제를 해결하지 못한다. 창세기 이야기에서, 방주에서 나온 사람들은 그들 조상과 똑같은 깨어짐을 가지고 온다. 구속 역사의 이 부분은 바벨탑, 곧 형상 담지자로서 땅을 가득 채우라는 하나님의 명령에 반항하는 인간의 시도에서 절정에 이른다. 어쨌든 창세기 11장은 인류가 흩어지고 하나님의 목적은 외견상 위험에 처한 채로 끝난다.

인간 반역에 대한 하나님의 반응은 아브람을 부르시는 것이었다. 그의 이야기는 역사의 전환점이 된다. 그것이 이스라엘 대서사시의 시작이다.

> 주님께서 아브람에게 말씀하셨다. "너는, 네가 살고 있는 땅과, 네가 난 곳과, 너의 아버지의 집을 떠나서, 내가 보여 주는 땅으로 가거라. 내가 너로 큰 민족이 되게 하고, 너에게 복을 주어서, 네가 크게 이름을 떨치게 하겠다. 너는 복의 근원이 될 것이다. 너를 축복하는 사람에게는 내가 복을 베풀고, 너를 저주하는 사람에게는 내가 저주를 내릴 것이다. 땅에 사는 모든 민족이 너로 말미암아 복을 받을 것이다." (창 12:1-3)

땅의 모든 민족에게 복을 주시겠다는 이 약속의 조금 앞에는 창세기 10:1-32에 요약된 이른바 민족의 목록이 나온다. 따라서 아브라함을 통해 복을 받게 될 민족은 다름 아닌 바로 그 목록에 나오는 사람들이다.[7] 민족의 목록과 아브라함의 복 사이의 연관성은 중요한데, 그 목록의 구성원들은 역사의 우여곡절을 지나는 동안 정기적으로 이스라엘의 원수가 될 것이기 때문이다. 그럼에도 창세기 13, 17, 22, 28, 35, 48장에서 반복되는

---

7 _ Victor P. Hamilton, *The Book of Genesis: Chapters 1-17*, NICOT (Grand Rapids, MI: Eerdmans, 1990), p. 374. 『NICOT 창세기 1』(부흥과개혁사).

아브라함 언약은 이 원수 중 누구도 영원히 원수가 되도록 의도되지 않았음을 보여 준다. 하나님의 종말론적 비전은 화해의 비전이다. 우주적 축복에 관한 아브라함 언약은 마지막 때에 하나님이 우주적 평화를 수립하실 것이라는 선언을 위한 신학적 토대가 된다(사 2:1-5).

아브라함의 축복에 대한 이 논의는 흑인의 정체성과 관련이 있다. 아브라함의 축복은 자신의 백성을 위한 하나님의 비전이 하나의 민족 그룹, 문화, 혹은 나라에 결코 제한되지 않음을 보여 주기 때문이다. 그분의 계획은 아브라함의 후손을 **통해** 세상에 복을 주시는 것이었다. 따라서 처음부터 하나님의 비전은 흑인과 갈색 인종을 포함했다. 기독교가 구약성경에서 그 기원을 찾는 만큼, 아브라함의 비전이 담아내는 전 지구적 성격은 아브라함의 궁극적 계승자인 메시아 예수님이(마 1:1; 갈 3:16) 오직 유럽에 속한다는 어떤 주장도 거짓임을 증명한다. 하나님은 아브라함을 많은 "민족들"의 조상이 되게 하겠다고 약속하셨고, 여기에는 세상의 다양한 민족 그룹이 포함된다.

많은 이들은 창세기 서사에서 다민족 백성을 향한 하나님의 비전에 관한 이야기를 발견하기보다는, 그것을 단순히 저주받은 흑인을 각인시키는 본문으로 보았다.[8] 북아메리카(와 그 너머)에서 노예제를 찬성하는 이들은 흑인의 피부와 노예화가 창세기 9:20-27에 기록된 함의 저주의 결과라고 주장했다. 창세기를 논리적으로 읽는 누구도 (1) 가나안이 모든 아프리카인의 조상이며, (2) 저주가 검은 피부였고, (3) 창세기의 요점이 아프리카 사람에 대한 유럽인의 지배를 뒷받침하는 것이었다고 주장할 수 없을 것

---

8 _ David M. Goldenberg, "The Curse of Ham", in *The Curse of Ham: Race and Slavery in Early Judaism, Christianity, and Islam* (Princeton, NJ: Princeton University Press, 2003), pp. 168-177.

이다. 그럼에도 자신들의 죄를 정당화할 구실을 찾던 노예꾼들의 사회적 위치는 본문의 분명한 의미를 왜곡시켰다. 반면, 이 이야기 안에 우리를 위한 자리가 있는지 질문하면서 본문을 읽은 아프리카인들의 사회적 위치는 그들에게 창세기의 참된 의미를 볼 수 있는 눈을 주었다.

아브라함 언약의 성취에서 아프리카인이 갖는 중요성은 이제껏 등한시되어 온 야곱, 에브라임, 므낫세의 이야기에서 볼 수 있다. 흑인 기독교는 자신의 형제들에 의해 이집트로 노예로 팔려 간 요셉의 이야기와 친숙할 것이다. 결국 요셉은 권력을 잡았고 바로의 바로 다음 자리까지 올랐다(창 41:40). 또한 바로는 요셉에게 이집트인 아내 아스낫을 주었고, 요셉은 그녀로부터 두 아들 에브라임과 므낫세를 얻는다.

요셉과 그 형제들이 극적으로 화해한 후, 가족은 재결합하여 이집트에서 살게 된다. 야곱이 인생을 마칠 무렵, 요셉은 자신의 두 아들을 아버지께 데려가 복을 빌어 달라고 한다. 반은 이집트인이고 반은 유대인인 이 두 소년을 만나자 야곱은 오래전 하나님이 그에게 주셨던 약속을 떠올린다.

> 야곱이 요셉에게 말하였다. "전능하신 하나님이 가나안 땅 루스에서 나에게 나타나셔서, 거기에서 나에게 복을 허락하시면서, 나에게 이르시기를 '내가 너에게 수많은 자손을 주고 그 수가 불어나게 하겠다. 내가 너에게서 여러 백성이 나오게 하고, 이 땅을 너의 자손에게 주어서, 영원한 소유가 되게 하겠다' 하셨다. 내가 너를 보려고 여기 이집트로 오기 전에 네가 이집트 땅에서 낳은 두 아이는, 내가 낳은 아들로 삼고 싶다. 르우벤과 시므온이 나의 아들이듯이, 에브라임과 므낫세도 나의 아들이다." (창 48:3-5)

야곱은 **이 아이들의 갈색 피부와 아프리카 기원을**, 야곱 자신을 다양한 나라와 민족들의 공동체로 만드시겠다는 하나님의 약속이 성취되기 시작하는 출발점으로 본다. **바로 그런 이유로 이 두 아이를 자신의 자식으로 삼는다.** 이 두 소년은 이스라엘 열두 지파 중 두 지파가 된다. 이집트와 아프리카는 하나님의 백성 **바깥**에 있지 않다. 아프리카 혈통은 아브라함, 이삭, 야곱이 받은 약속의 성취로서 처음부터 이스라엘 **안으로** 흘러 들어온다.

그렇다면 열두 지파와 관련해, 생물학적으로 '순수한' 이스라엘이란 없었다. 이스라엘은 항상 다민족, 다국적이었다. 흑인의 한 사람으로서 성경 이야기를 들여다볼 때, 나는 상상력을 발휘해야만 나의 자리를 찾을 수 있는 다른 누군가의 이야기를 보지 않는다. 대신, 하나님의 목적은 나의 아프리카인 조상과 더불어 나를 그 목적의 대체 불가한 한 부분으로 포함한다. 우리는 지상의 나머지 민족들에 앞서 아브라함의 가족에 들어간 첫 사람들이다.

흑인과 성경에 관한 우리의 주장에서 조금 더 멀리 나가 보자. 이스라엘의 삶에서 표준이 된 사건들 중 하나는 출애굽이었다. 여기서 하나님은 아브라함, 이삭, 야곱의 자손을 노예 생활에서 해방시키신다. 우리가 이미 살펴본 대로, 이 이스라엘 사람들은 아프리카 혈통을 포함하는 것으로 그려지고 있다.

기나긴 노예 생활 후 이집트를 떠난 사람들은 어떤가? 출애굽기 12:38은 "뒤섞인 무리"(a mixed crowd, 새번역은 "다른 여러 민족들", 개역개정은 "수많은 잡족"이라고 번역한다—옮긴이)가 그들을 따라나섰다고 말한다. 이 뒤섞인 무리는 누구일까? "뒤섞인 무리"라고 번역된 표현은 보통 이스라엘이 아닌 이들을 지칭한다. 구약성경에서 이 표현이 나오는 다른 부분에서는 다른 많은 민족 그룹을 지칭한다. 모세가 수많은 민족 그룹을 염두에 두고 있음은 그가 '여러'라는 단어를 사용하는 것에서 분명해진다. 출애굽기 12:38의 더 나은 번역은, 수많은 다른 민족 그룹이 이집트에서 나왔다는 것이다. 우리는 구스(Cush, 누비아)가 이집트와 관련이 있다는 것을 알기에, 이집트에서 떠난 이들 중 일부가 흑인이었고, 이스라엘 사람들과 함께 떠난 이들 중에는 다른 중동인들도 있었다고 믿는 것은 그다지 어렵지 않다.[9] 노예 생활에서 새롭게 해방된, 흑인과 갈색 인종을 포함하는 이 다양한 군집은 하나님이 아브라함을 많은 민족의 아버지로 만드시겠다는 약속과 직접적으로 연결된다.

우리는 이에 대해 가능한 분명히 할 필요가 있다. 성경에서 흑인의 존재와 관련된 문제에 관한 한, 그것은 다른 누군가의 이야기에서 우리의 자리를 찾는 문제가 아니다. 성경은 다른 무엇보다 한 백성을 창조하시고자 하는 하나님의 갈망에 관한 이야기다. 그 갈망은 우리 모두를 아우른다.

다윗의 아들: 이상적인 왕과 세상의 민족들

아브라함과 민족 다양성 사이에는 강력한 연관성이 있는데, 하나님은 아브라함을 세상의 민족과 백성에게 복을 주기 위해 사용하겠다고 약속하셨기 때문이다. 아브라함의 이야기와 민족 다양성 간의 강력한 연관성을 고려할 때, 아브라함 언약과 다윗 언약 간의 연관성 역시 특별한 중요성을 갖는다.[10] 시편 72편은 그 자체로 다윗이 쓴 마지막 기도 중 하나로 제시

---

9 _ Douglas K. Stuart, *Exodus*, NAC (Nashville: Broadman & Holman, 2006), pp. 303-304.
10 _ 삼하 7:14의 하나님이 다윗에게 하신 약속과 창 12:1-3 사이의 연관성에 대해서는, Craig E. Morrison, *2 Samuel*, Berit Olam (Collegeville, MN: Liturgical Press, 2013), p. 100를 보라.

된다. 그 시는 "이새의 아들 다윗의 기도가 여기에서 끝난다"는 말로 끝맺는다(20절, 저자 사역). 이 본문에는 다윗의 소망과 관련해 본질적인 어떤 것을 포착하는, 절정에 달한 무엇인가가 있다. 본문에서 기도는 솔로몬과 이제 곧 시작될 그의 통치에 초점이 맞추어져 있다. 다윗이 그의 아들을 위해 품는 소망은 무엇이며, 이 소망은 이 본문에서 위로를 찾는 흑인과 갈색 인종의 육신과 영혼의 소망에 어떤 식으로 연결되는가?

다윗은 다음과 같이 요청한다.

> 하나님, 왕에게 주님의 판단력을 주시고
>   왕의 아들에게 주님의 의를 내려 주셔서,
> 왕이 주님의 백성을 정의로 판결할 수 있게 하시고,
>   주님의 불쌍한 백성을 공의로 판결할 수 있게 해 주십시오.
> 왕이 의를 이루면 산들이 백성에게 평화를 안겨 주며,
>   언덕들이 백성에게 정의를 가져다 줄 것입니다.
> 왕이 불쌍한 백성을 공정하게 판결하도록 해 주시며,
>   가난한 백성을 구하게 해 주시며
>   억압하는 자들을 꺾게 해 주십시오. (시 72:1-4)

이 기도는 단지 한 자녀에 대해 말하는 것이 아니라 미래의 왕에 대한 말씀으로 주어졌으며, 이스라엘의 미래 **통치 체제**에 대한 비전을 제시한다. 그는 그 **통치 체제**가 정의가 번성하는 곳이기를, 또한 고통당하는 이들이 구제를 받고자 할 때 그 나라에서 가장 힘 있는 자에게로 고개를 돌릴 수 있는 곳이기를 기도하고 있다.

이것은 단지 이스라엘만을 위한 좋은 소식이 아니다. 온 세상을 위해

좋은 소식이다. 시편 72:8은 계속해서 "왕이 이 바다에서 저 바다에 이르기까지, / 이 강에서 저 땅 맨 끝에 이르기까지 모두 다스리게 해 주십시오"라고 말한다. 이는 창세기 15:17-18에 나오는 하나님이 아브라함에게 주신 약속의 확장이다.

> 해가 지고, 어둠이 짙게 깔리니, 연기 나는 화덕과 타오르는 횃불이 갑자기 나타나서, 쪼개 놓은 희생제물 사이로 지나갔다. 바로 그날, 주님께서 아브람과 언약을 세우시고 말씀하셨다. "내가 이 땅을, 이집트 강에서 큰 강 유프라테스에 이르기까지를 너의 자손에게 준다."

시편 기자에 따르면, 아브라함의 약속된 자손은 단지 이스라엘 땅만이 아니라 지구 전체에 대한 권한을 부여받는다. 그렇다면 아브라함에게 주어진 약속은 다윗의 약속된 아들이 전 세계를 통치함으로써 성취된다. 이것은 단지 영토 확장의 문제만이 아니다. 그것은 아브라함 언약의 성취로서, 고통당하는 이들을 위한 정의와 관심이 확장되는 문제인 것이다(시 72:1-4).[11]

우리는 아브라함 언약이 다윗이 자신의 아들에 대해 품는 비전에 영향을 주는 것을 안다. 시편의 뒷부분에서 "뭇 민족이 그를 통해 복을 받고, 모든 민족이 그를 일컬어서, 복 받은 사람이라 칭송할 것이다"라고 말할 때(시 72:17) 바로 그 언약을 환기하기 때문이다. 이는 창세기 12:3을 다윗의 아들을 중심으로 초점을 다시 맞추어 거의 직접 인용한 것이나 다름

---

11 _ 바울에게서 나타나는 시 72편의 중요성과, 아브라함 언약과 다윗 언약 사이의 연관성에 대해서는, Esau McCaulley, *Sharing in the Son's Inheritance* (London: T&T Clark, 2019), pp. 146-159를 보라.

없다.[12]

아브라함과 다윗이 전 세계에 퍼져 있는 흑인과 갈색 인종에게 주는 의미는 무엇인가? 히브리어 성경의 비전은 하나이며, 그 비전은 곧 다윗 혈통의 왕이 전 세계를 통치하는 것이 모든 민족 그룹에게 그들이 간절히 기다리던 정의와 의를 가져오는 것임을 의미한다.

미래의 다윗의 나라가 정의롭고 다민족적인 나라로 묘사된다는 사실을 고려하면, 신약성경 전체에 예수님이 다윗과 아브라함 혈통의 아들임이 강조되고 있음을 기억하는 것은 중요하다.

아브라함의 자손이요 **다윗의 자손**인 예수 그리스도의 계보는 이러하다. (마 1:1)

나사렛 사람 예수가 지나가신다는 말을 듣고 "**다윗의 자손** 예수님, 나를 불쌍히 여겨 주십시오!" 하고 외치며 말하기 시작하였다. (막 10:47)

너희의 조상 **아브라함**은 나의 날을 보리라고 기대하며 즐거워하였고, 마침내 보고 기뻐하였다. (요 8:56)

내가 말하는 것은 이러합니다. 그리스도께서는 하나님의 진실하심을 드러내시려고 할례를 받은 사람의 종이 되셨으니, 그것은 하나님께서 조상에게 주신 약속들을 확증하시고,…

---

12 _ McCaulley, *Inheritance*, p. 114.

그리고 이사야가 말하기를

"**이새의 뿌리**에서 싹이 나서

이방 사람을 다스릴 이가 일어날 것이니,

이방 사람은 그에게 소망을 둘 것이다" 하였습니다. (롬 15:8, 12)

그런데 장로들 가운데서 하나가 나에게 "울지 마십시오. 유다 지파에서 난 사자, 곧 **다윗의 뿌리**가 승리하였으니, 그가 이 일곱 봉인을 떼고, 이 두루마리를 펼 수 있습니다" 하고 말하였습니다. (계 5:5, 이상 저자 강조)

이 본문들은 모두, 오랫동안 중단되어 있던 언약이 이제 예수님 안에서 성취되어 간다고 주장한다. 학자들은 이에 반응하여, 모든 곳에서 모든 유대인이 성취되리라 기대하던 다윗의 아들에 대한 분명한 기대는 존재하지 않았다고 말할지도 모른다.[13] 그것도 충분히 타당하지만, 초기 그리스도인은 구약성경이 다윗과 아브라함에게 주어진 약속 안에서 온 민족의 개종에 대한 비전을 담고 있다는 데 동의한 것으로 보인다. 그들은 예수님 안에서 그리고 그분이 자신을 따르는 이들에게 주신 임무 안에서 그 약속들의 성취를 보았다. 이 그리스도인들에 따르면, 예수님은 온 민족을 향한 하나님의 사랑을 드러낸다. 시편 72편 같은 본문은 다윗의 아들이 보좌에 앉을 때, 그의 통치는 그가 다스리는 모든 민족을 위한 정의로 규정될 것이라고 주장한다. 신약성경의 저자들은 그 통치가 예수님이 죽은 자들로부터 살아난 부활에서 시작되었다고 확신했다. 또한 하나님은 자신들을 이 예수님의 왕권이라는 좋은 소식을 세상에 선포하도록 부르셨다고 확신

---

13 _ 신약성경을 관통하는 메시아 대망에 대한 부정을 시사하는, 바울과 메시아주의에 대한 문제 제기를 정리한 자료는 Esau McCaulley, *Inheritance*, pp. 1-2, 28-46를 보라.

했다. 신약성경 저자들의 시각에서 보면, 그 이야기가 제대로 끝나기 위해서는 세상의 모든 민족 그룹이 필요하다.

요한은 자신의 회중에게 이렇게 쓴다. "우리가 보고 들은 바를 여러분에게도 선포합니다. 우리는 여러분도 우리와 서로 사귐을 가지기를 바라는 것입니다. 우리의 사귐은 아버지와 또 그의 아들 예수 그리스도와 함께 하는 사귐입니다. 우리가 이 글을 쓰는 것은 우리 서로의 기쁨이 차고 넘치게 하려는 것입니다"(요일 1:3-4). 요한의 이 말은 이렇게도 다시 쓸 수 있을 것이다. 곧, 하나님 백성의 기쁨 넘치는 사귐은 하나님이 자신의 가족 안에 포함시키겠다고 약속하신 민족 그룹들 없이는 완전할 수 없다고 말이다. 자신의 백성을 위한 하나님의 비전은, 성화된 단조로움과 색깔을 무시하는 균질성을 형성하기 위해 민족성을 말소하기를 지향하지 않는다. 대신, 하나님은 서로 다른 문화들이 그 아들을 믿는 믿음으로 하나가 되는 공동체의 창조가 은혜의 포괄적 성격을 드러낸다고 보신다. 이 포괄성은 차이를 인정하고 경축하지 않는다면 성취될 수 없다. 차이 자체를 목적으로 인정하고 경축한다는 것이 아니다. 차이는 하나님의 영광을 위해 상이한 민족과 문화 가운데서 동일한 거룩함을 일구어 내시는 성령의 능력의 특정한 발현으로서 인정되고 경축되어야 한다.

두 아프리카인, 하나의 십자가: 기독교의 시작점에 있던 흑인

히브리어 성경은 하나님 백성 내의 다민족 친교에 주의를 기울인다. 신약성경에서 이 비전이 실현되고 흑인과 갈색 인종이 포함된 적이 있는가? 예수님의 첫 예배자들이 마침내 그분의 이름을 찬양하며 모였을 때, 족장들에게 주어졌던 약속과 하나님 나라의 비전은 상실되었는가? 이 질문에 답하기 위해 부활이 있기 전 그리스도의 생애 마지막 순간에서 시작해 보자.

마리아가 하나님께 "예"라고 답한 것이 그리스도의 출생으로 이어졌기 때문에(눅 1:38), 그녀가 첫 제자라는 말을 종종 한다. 바울은 자신의 사역을 해산의 고통에 비유했지만(갈 4:19), 마리아는 메시아가 세상에 오게 하기 위해 진짜 육체적 통증을 경험했다. 그렇기 때문에 그녀는 영구히 존중을 받고, 복된 이로 영원히 알려질 것이다.

그럼에도 초기 기독교를 규정하는 제자도의 그림은 자신의 십자가를 지는 사람의 이미지다(마 10:38; 16:24). 로마서에서 바울이 다음과 같이 말할 때, 그 역시 비슷한 생각을 표현한다. "자녀이면 상속자이기도 합니다. 우리가 그리스도와 함께 **영광을 받으려고** 그와 함께 **고난을 받으면**, 우리는 하나님이 정하신 상속자요, 그리스도와 더불어 공동 상속자입니다" (8:17). 하나님 나라의 기이한 체제에서는, 십자가가 영광이다. 그러나 그렇다면 우리 주님 외에 십자가를 처음으로 진 사람은 누구인가?

마가는 그리스도의 수난 이야기에 흥미로운 세부 사항을 덧붙인다. 그는 구레네의 시몬에게 억지로 십자가를 끌게 했다고 말한다.[14] 구레네는 오늘날 우리가 리비아라고 부르는 북아프리카의 도시다. 마리아의 출산이 그리스도인의 신실함의 이미지로 간주되는 것과 마찬가지로, 시몬이 십자가를 진 것은 기독교 제자도가 고통을 수용하는 것을 포함한다는 영적 실재의 물리적 구현이다.

---

14 _ 이를 제자도의 행동이라고 보아야 하는지에 대해서는 논쟁이 있다. Luke Powery, "Gospel of Mark˝, *True to Our Native Land: An African American New Testament Commentary* (Minneapolis, MN: Fortress Press, 2007), p. 150를 보라.

마가는 시몬이 루포와 알렉산더의 아버지라고 말한다. 왜 이 사람들을 언급하는가? 가장 논리적인 대답은 루포와 알렉산더가 마가의 독자들이 아는 인물이라는 것이다.[15] 만약 누구라도 마가의 십자가 이야기의 진실성에 의문을 품고자 하는 유혹이 든다면, 그들은 기독교 공동체의 살아 있는 일원인 루포와 알렉산더에게 물을 수 있었을 것이다. 시간이나 과정에 대해서는 확실히 말할 수 없으나, 어느 시점에 이 아프리카인 아버지는 복음 진리를 확신하게 되었고 그러한 믿음을 자신의 아들들과 아마도 그의 아내에게 전해 주었다(롬 16:13).[16] 그리스도가 십자가 위에서 세상을 자신과 화해시키고 있는 순간, 한 아프리카인 가족은 하나님 나라를 향한 첫 걸음을 떼고 있었다.

구레네 시몬의 가족은 초기 교회의 유일한 아프리카인 신자들이 아니다. 사도행전은 스데반 순교의 여파로 기독교 박해가 일어나자 일부 신자들이 예루살렘을 떠나게 되었다고 말한다. 피난을 떠난 이들은 거룩한 도시 밖에서 복음을 전하기 시작했다(행 8:4). 이러한 전도 사역은 믿는 자들이 예루살렘으로부터 세상 끝까지 예수님을 전할 것이라는 약속을 성취했다(행 1:8).

빌립도 예루살렘을 떠나 복음을 전한 이들 중 한 명이었다. 사도행전 8:26은 그가 천사의 지시를 따라 예루살렘에서 가사로 가는 길로 갔다고 말해 준다. 천사는 그에게 다시 지시하여, 에티오피아 왕대비의 재정을 관리하는 에티오피아 내시를 대면하게 한다.[17] 사도행전 서사의 세계 안에

---

15 _ Powery, "Gospel of Mark", p. 150. 또한 Richard Bauckham, *Jesus and the Eyewitnesses: The Gospels as Eyewitness Testimony* (Grand Rapids, MI: Eerdmans, 2006), p. 51를 보라. 『예수와 그 목격자들』(새물결플러스).
16 _ Bauckham, *Jesus and the Eyewitnesses*, p. 52n49.
17 _ J. F. Prewitt, "Candace", *International Standard Bible Encyclopedia (Revised)*, ed.

서, 이 에티오피아인의 회심은 온 민족에 대한 하나님의 관심을 증명한다.

빌립은 그에게 다가가고, 그가 이사야서 말씀을 읽고 있는 모습을 본다. 이 에티오피아인이 이사야와 친숙하다는 것은, 그가 이스라엘의 하나님에 대해 이미 무엇인가를 알고 있었음을 말해 준다. 아프리카인이 성경의 하나님과 깊이 연결되어 있는 것이다. 그가 이사야서에서 읽고 있던 본문은 다음과 같다.

> 양이 도살장으로 끌려가는 것과 같이,
> 　새끼 양이 털 깎는 사람 앞에서 잠잠한 것과 같이,
> 　그는 입을 열지 않았다.
> 그는 굴욕을 당하면서, 공평한 재판을 박탈당하였다.
> 　그의 생명이 땅에서 빼앗겼으니,
> 　누가 그의 세대를 이야기하랴? (행 8:32-33; 사 53:7-8, 70인역)

이 본문은 에디오피아인에게 수수께끼였다. 그래서 그는 빌립에게 그것을 설명해 달라고 부탁한다. 우리는 빌립이 무슨 말을 했는지 모른다. 우리가 아는 바는 이사야 52:13-53:12이 고난받는 종의 운명을 말하며, 이는 예수님의 죽음에 대한 초기 기독교 해석의 중심 본문이었다는 것이다(갈 1:4; 2:20; 롬 4:25; 8:32). 구약성경의 문맥에서 이사야 53장의 종의 서사 앞에는 새 출애굽 선포가 나온다.

> 너희는 떠나거라, 그 곳에서 떠나 나오너라!

Geoffery W. Bromiley, Accordance e-book version 1.2. (Grand Rapids, MI: Eerdmans, 1979), p. 591.

> 부정한 것을 만지지 말아라.
>
> 그 가운데서 나오너라.
>
> 주님의 그릇을 운반하는 사람들아, 너희는 스스로 정결하게 하여라.
>
> 그러나 이제는 주님께서 너희 앞에 가시며,
>
> 이스라엘의 하나님께서 너희 뒤를 지켜 주시니,
>
> 너희가 나올 때에 황급히 나오지 않아도 되며,
>
> 도망치듯 달아나지 않아도 된다. (사 52:11-12)

그러나 이사야가 예견한 이 해방이 어떻게 일어날 수 있는지의 문제가 남는다. 그 답은 이사야 53장에 나오는 종이다. 그는 "멸시를 받고 버림을 받[지만]," 그것은 "우리가 받아야 할 고통을 대신 받고" "우리의 허물 때문"에 찔림을 당하는 것이다. 초기 기독교는 이사야 53장을, 죄를 위해 죽으심으로써 이스라엘과 세상을 하나님과 화해시킨 예수님을 지칭하는 것으로 해석했다. 이것이 빌립이 에티오피아인에게 설명한 내용이었을 수 있다. 이 본문에서 묘사하는 인물, 우리를 화해시키기 위해 고통당하는 분은 다름 아닌 살아 계시고 높은 곳에서 하나님과 함께 다스리고 계시는 메시아 예수다. 달리 말하면, 빌립은 그에게 십자가에서 죽은 메시아의 영광스러운 모순에 대해 말했고, 복음은 그 일을 했다.

시몬의 이야기를 에티오피아 내시 이야기와 결합할 때, 우리는 **두 아프리카인**이 십자가와의 강력한 만남을 통해 기독교 신앙을 갖게 되는 것을 발견한다. 십자가에서 죽으시고 다시 사신 예수님의 이 이야기에 그 에티오피아인은 이끌렸고 세례를 받았다. 다시, 이는 아프리카인들 역시 다른 모든 이들과 똑같은 방식으로 기독교에 이끌린다는 것을 분명히 보여 준다. 그리스도는 우리를 하나님과 화해시키기 위해 우리 죄를 위해 죽으셨다.

나는 종의 서사가 나오는 특정 부분, 말하자면 그에게 정의가 거부된 것을 말하는 부분을 에티오피아 내시가 읽고 있었다는 사실에서 중요성을 발견한다.[18] 내시는 물질적으로 가난하지는 않았지만, 거세를 당한 사람으로서 사회적 위치가 모호했다. 내시들은 종종 멸시를 당했기 때문이다.[19] 성 역할을 엄격하게 규정하는 문화에서 그는 변종으로 여겨졌을 것이다. 그가 자신이 당한 일이 중대한 불의라고 생각했을 가능성이 있을까? 안전을 위해, 묵묵히 고난당한 그리스도처럼 침묵을 강요받는 것을 불의라고 생각했을까? 그 종이 경험한 거부와 내시가 경험한 거부 사이에 어떤 연결점이 있었을까? 만약 내시가 불의를 경험한 사람으로서 예수님과 연결된다면, 그는 예수님이 부활을 통해 받으신 존엄과 권세를 통해 그들 자신의 존엄과 자부심을 발견하는 끝없이 이어지는 흑인 신자들의 출발점일 것이다. 어쩌면 내시의 회심은 바울이 말한 역전의 예일 수 있다.

형제자매 여러분, 여러분이 부르심을 받을 때에, 그 처지가 어떠하였는지 생각하여 보십시오. 육신의 기준으로 보아서, 지혜 있는 사람이 많지 않고, 권력 있는 사람이 많지 않고, 가문이 훌륭한 사람이 많지 않았습니다. 그런데 하나님께서는, 지혜 있는 자들을 부끄럽게 하시려고 세상의 어리석은 것들을 택하셨으며, 강한 것들을 부끄럽게 하시려고 세상의 약한 것들을 택하셨습니다. 하나님께서는 세상에서 비천한 것들과 멸시받는 것들을 택하셨으니, 곧 잘났다고 하는 것들을 없애시려고 아무것도 아닌 것들을 택하셨습니

---

18 _ J. Alec Motyer는 그 본문이 바른 법적 절차를 따르지 않은 바로 그 불이행을 강조한다고 생각한다. 그것은 가짜 재판이었다. J. Alec Motyer, *The Prophecy of Isaiah: An Introduction and Commentary* (Downers Grove, IL : InterVarsity Press, 1993), p. 435. 『이사야 주석』(솔로몬).

19 _ Mikeal C. Parson, *Acts*, Paideia (Grand Rapids, MI: Baker, 2008), p. 120.

다. 이리하여 아무도 하나님 앞에서는 자랑하지 못하게 하시려는 것입니다.

(고전 1:26-29)

"멸시받는 것"으로서 이 내시는, 부활을 통해 굴욕을 강요당한 이들을 명예의 자리로 끌어 올리시는 예수, 즉 수치를 당한 메시아 안에서 소망을 발견했다. 이 굴욕은 존재론적인 것이 아니었다. 내시는 여전히 형상 담지자다. 그리스도는 내시에게 그가 정말로 누구인지를 보여 주셨다. 이와 비슷하게 그리스도는 흑인에게 존재론적으로 열등한 가치를 부여하지 않으신다. 아프리카 후예는 다른 모두와 똑같이 형상을 담고 있는 자들이다. 그리스도는 우리를 해방시켜서 우리가 정말로 의도되었던 존재가 되도록, 즉 하나님 나라의 구속받고 변화된 시민이 되게 하신다.

이렇게 고난받는 불의와 굴욕을 연결점으로 삼아 고찰하는 것은, 십자가에서 이루신 그리스도의 대속 사역과 경쟁하는 위치에 있지 않다. 이는 다음 장에서 보다 자세히 살펴볼 내용인, 흑인의 신학적 고찰의 특정 측면을 부각시킨다. 말하자면, 흑인 그리스도인은 십자가를 통해 자아에 대한 인식을 회복한다는 것이다. 우리는 하나님의 아들이 불의로 고통받았지만, 그럼에도 하나님은 그를 신원해 주셨다는 사실에서 위안을 얻는다. 이는 우리 자신의 신원에 대한 소망을 준다.

시몬과 에티오피아 내시의 이야기는 흑인 기독교에게 어떤 의미를 갖는가? 그 이야기는 초기 기독교의 이야기가 부분적으로 우리의 이야기임을 보여 준다. 우리는 십자가 당시에 그곳에 있었다. 우리는 새롭게 떠오르던 기독교 공동체가 시작될 때 그곳에 있었다.[20] 시몬이나 에티오피아인

---

20 _ 또한 행 13:1-3에 기록된 아프리카인 지도자들을 보라.

이 아프리카인이면서 그리스도인이 될 수는 없다고 느꼈다는 증거는 어디에도 없다. 또한 그들의 이야기는 십자가가 그들의 회심에서 강력한 역할을 했으며, 예수님이 당하신 부당한 고통과의 연계가 초기 아프리카인 신앙의 결정적 측면일 수 있음을 입증하기도 한다. 마지막으로, 우리는 시몬의 이야기에서, 십자가와의 만남에서 시작된 신앙이 마가복음의 첫 독자들 가운데 잘 알려져 있었던 그 가족 구성원에게 유기적으로 전해져 내려갔을 가능성을 본다.

이야기가 끝나는 방식: 요한의 환상

나는 아프리카 혈통이 처음부터 하나님 백성의 일부였다고 주장했다. 이스라엘 민족 안에 아프리카인이 포함되어 있던 것과 기독교가 시작될 때 아프리카인들이 회심한 사건들을 그 근거로 보았다. 우리는 기독교의 이야기가 궁극적으로, 세상의 민족들을 자신의 가족으로 부르심으로써 영광을 받으시는 삼위일체 하나님께 속한다는 사실을 시야에서 놓치면 안 된다. 그렇지만 아프리카 혈통에 속한 이들의 회심은, 한 백성을 불러 모으시고자 하는 하나님의 의지의 발현이다. 성경과 흑인 정체성에 대한 이 고찰을 마무리 짓기 위해, 나는 요한계시록을 통해 회심과 우리의 민족적 정체성 사이의 관계를 살펴보려고 한다.

민족적 정체성에 대한 강력한 확증은 그리스도인에게 부적절하다고 주장하는 것이 일반적인 추세가 되었다. 일부 백인 그리스도인들은 심지어, 자신들은 색을 따지지 않는다고 주장하기 시작했다. 이는 마틴 루터 킹의 "나에게는 꿈이 있습니다" 연설의 이상한 차용에 근거한다. 그 메시지에서 킹 목사는 흑인 아이들과 백인 아이들이 함께 뛰어놀고, 사람들을 "그들의 피부색"이 아닌 "성품의 내용"으로 판단하는 자신의 비전을 이야기한다.[21] 킹 목사의 요점은 절대로 민족과 문화가 부적절하다는 것이 아니라, 그것이 차별의 원인이 되어서는 안 된다는 것이다. 킹 목사는 자주 아프리카계 미국인들에게 그들의 문화와 유산을 자랑스럽게 여기라고 요청했다.

> 니그로는 오직 그 자신의 깊은 내면으로 내려가 확신에 찬 성인의 펜과 잉크로 그 자신의 해방 선언문에 사인을 할 때에만 자유롭게 될 것입니다.…니그로는 자기 거부의 수갑을 과감히 벗어 버리고, 그 자신과 세상을 향해 이렇게 말해야 합니다. "나는 중요한 사람이다. 나는 인간이다. 나는 존엄과 명예를 지닌 사람이다. 나에게는 풍성하고 고귀한 역사가 있다. 설령 그 역사가 아무리 고통스럽고 착취의 연속이었을지라도 말이다. 그렇다. 나는 내 조상을 통해 노예였고, 나는 그것을 수치스럽게 여기지 않는다. 내가 수치스럽게 여기는 것은 나를 노예로 만든 너무도 죄악된 그 사람들이다." 맞습니다. 우리는 일어서서 말해야 합니다. "나는 흑인이다. 그러나 나는 흑인이어서 아름답다." 바로 이것, 이 자기 긍정이야말로, 흑인에 대한 백인의 범죄로 인해 흑인에게 꼭 필요하게 된 것입니다.[22]

색깔에 대한 무시와는 정반대로, 킹 목사는 자신의 민족을 향해 그들 자

---

21 _ Martin Luther King Jr., "I Have a Dream", *I Have a Dream: Speeches and Writings that Changed the World*, ed. James M. Washington (New York: HarperCollins, 1992), pp. 101-106.

22 _ Martin Luther King Jr., "Where Do We Go from Here?", *I Have a Dream: Speeches and Writings that Changed the World*, ed. James M. Washington (New York: HarperCollins, 1992), pp. 169-179.

신을 흑인으로 보고 그들의 검은 피부를 아름답게 보라고 요청했다. 그러한 요청에서 킹 목사는 각 민족이 하나님께 그 고유의 영광을 들고 오는 요한계시록의 환상을 되울림한다.

다른 이들은 바울이 "유대 사람이나 그리스 사람도 없고, 남자나 여자도 없으며, 노예나 자유인도 없으니, 여러분 모두가 그리스도 예수 안에서 하나이기 때문입니다"(옮긴이 사역)라고 말하는 갈라디아서 3:28에 대한 오해에 근거하여 이러한 색깔을 무시하는 비전을 주장한다. 어떤 이들은 바울이 그리스도 안에서 우리의 정체성은 우리의 민족적 정체성을 소멸한다고 주장하는 것이 이 구절의 의미라고 받아들인다. 그러나 그렇게 이해하는 것은 여러 이유로 이상하다. 그리스도 안에 있는 우리의 정체성 때문에 성별의 차이를 보지 않는다고 주장하는 사람은 거의 없을 것이다. 덧붙여, 바울이 자신의 선교 사역에서 매우 중요시한 두 측면은 그가 인종의식을 (더 적절하게 말하면 민족의식을) 결핍했다는 생각에 의문을 제기한다. (1) 그는 자신을 이방인에게로 보냄받은 사도라고 부른다(롬 11:13). (2) 효과적 전도를 위한 유대인 문화, 이방인 문화와 관련될 때, 그는 선교적 유연성에 대해 말한다(고전 9:20-23).[23] 만약 민족성에 관심을 갖지 않았다면, 어떻게 바울이 이방인을 전도한다고 주장할 수 있는가? 유대인과 이방인 간의 차이를 인식하지 않고서, 어떻게 서로 다른 선교 전략에 대해 말할 수 있는가? 색깔을 무시하는 바울 해석은 그 사역 전체의 결과에 어긋난다.

갈라디아서 3:28을 해석할 때 색깔을 무시하는 것은 갈라디아서의 문

---

23 _ Anthony C. Thiselton, *The First Epistle to the Corinthians: A Commentary on the Greek Text*, NIGTC (Grand Rapids, MI: Eerdmans, 2000), p. 702. 『NIGTC 고린도전서』(새물결플러스).

맥을 충분히 진지하게 고려하지 않는다는 점에서 가장 큰 결함이다. 갈라디아서 끝에서 끝까지 흐르는 질문은 아브라함에게 주어진 약속의 적법한 상속자는 누구인가 하는 것이다. 바울은 믿음이 우리를 기업의 상속자로 만든다고 주장한 반면, 바울의 반대자들은 상속자가 되기 위해서는 그리스도를 믿고 율법의 일들을 행해야 한다고 주장한다. 바울이 계급, 성별, 민족을 부정한 것은 이러한 근본적 질문에 비추어 읽어야 한다. 바울의 요점은 이방인이 아닌 유대인이라는 것이 우리를 그리스도의 약속에 대한 상속자로 더 만들지 않는다는 것이다. 한마디로 그것은 기업 상속과 관련된 위치에 관한 문제이지, 민족적 정체성에 관한 문제가 아니다.[24]

기독교에서 민족적 정체성을 부정하는 데 바울을 끌어들일 수 없을지라도, 어떤 이들은 우리에게 그리스도 안에서 아프리카인, 라틴계 남녀, 아시아인으로 살아간다는 것이 무엇을 의미하는지에 대한 **긍정적 설명**이 부족하다고 말할지도 모른다. 요한계시록에 나오는 요한의 말은 우리 그리스도인의 삶에서 민족적 정체성이 하는 역할을 이해하는 열쇠를 제공한다.

요한의 묵시는 다시 살아나서 통치하시는 주님에 대한 환상으로 시작하고, 이는 요한을 죽은 사람과 같이 되게 한다(계 1:1-20). 그런 뒤 그의 서신은 일곱 교회에게 보내는 일련의 편지와(계 2:1-3:22) 하늘의 찬송의 이미지로 넘어간다(계 4:1-11). 이후 요한은 심판과 구원 모두를 포함하는 미래의 비전을 드러낼 것이다(계 6-8장). 그런데 문제가 있다.

요한에 따르면, 하늘에도 땅에도 미래를 위한 하나님의 뜻을 담은 두루마리를 열기에 합당한 이가 아무도 없었다(계 5:1-4). 요한은 인간의 역사에서 가장 중요한 질문을 정확하게 진술한다. 우리의 미래는 어떠하며,

---

24 _ 갈 3:28에 대한 보다 자세한 논의는, McCaulley, *Sharing in the Son's Inheritance*, pp. 159-169를 보라.

누가 그것을 통제하는가? 우리는 어떻게 될 것인가? 어떤 인간 행위 주체도 합당치 않다. 권세에 대한 그들의 허세와 상관없이, 예수님 시대의 정치인들도, 우리 시대의 정치인들도 통제권을 갖지 못한다.

인간의 역사를 펼쳐 놓으며 하나님의 목적을 이루기에 충분한 것은 단한 사람, 연약함 가운데서 우리의 구원을 위해 자신을 내어 주셨고 이제 권세 가운데서 다스리고 계신 그 한 분밖에 없다. 요한계시록 5:5은 이렇게 말한다. "그런데 장로들 가운데서 하나가 나에게 '울지 마십시오. 유다 지파에서 난 사자, 곧 다윗의 뿌리가 승리하였으니, 그가 이 일곱 봉인을 떼고, 이 두루마리를 펼 수 있습니다' 하고 말하였습니다." 다시 살아나서 통치하시는 왕으로서 예수님은 역사를 명령할 수 있는 능력을 얻으셨다. 이것은 **민족적 정체성**의 문제와 관련되는데, 인간 역사의 절정에 대한 예수님의 비전은 민족성의 중요성을 추켜세우기 때문이다.

요한계시록 7:9-10은 마지막 때를 내다보는데, 거기서 우리는 민족적 다양성을 마주한다.

그 뒤에 내가 보니, 아무도 그 수를 셀 수 없을 만큼 큰 무리가 있었습니다. 그들은 모든 민족과 종족과 백성과 언어에서 나온 사람들인데, 흰 두루마기를 입고, 종려나무 가지를 손에 들고, 보좌 앞과 어린양 앞에 서 있었습니다. 그들은 큰 소리로, "구원은 보좌에 앉아 계신 우리 하나님과 어린양의 것입니다" 하고 외쳤습니다.

큰 무리에 대한 언급은 아브라함이 많은 민족의 아버지가 될 것이라는 약속을 상기시킨다. 또한 다윗의 아들이 세상의 민족을 모으고 은혜로운 통치로 그들에게 복을 줄 것이라는 약속을 환기시킨다. 요한은 이 큰 무리의 네 측면을 언급한다. 이 무리는 모든 민족, 종족, 백성, 언어에서 나온 사람들을 포함한다. 각각은 그 자체의 방식으로 다양성을 강조한다. 뚜렷이 구별되는 민족, 문화, 언어는 **종말론적**이며 **영원히 지속되는** 것이다. 마지막에, 차이는 소멸되지 않는다. 대신 문화의 다양성이 하나님의 영광을 드러낸다.

그 아들 안에서 만물이 화해를 이루기 위한 하나님의 종말론적 비전은, 나의 흑인됨과 내 이웃이 갖는 라틴계 사람으로서의 정체성을 영원히 지속시킨다. 색깔을 무시하는 것은 하위 성경적이며, 하나님의 영광에 미치지 못한다.[25] 무엇이 이 다양성을 통일시키는가? 문화적 동질화가 아니라 우리가 그 양을 예배한다는 사실이다. 이것은 우리 문화의 선물들이 그 자체로 목적이 아니라는 의미다. 우리의 고유한 문화들은 우리가 하나님께 영광을 돌리는 수단을 대표한다. 그분은 동일한 노래를 부르는 언어의 다양성을 통해 영광을 받으신다. 따라서 나의 흑인됨을 변조하거나 나의 문화를 소홀히 하는 만큼, 나는 하나님이 그분의 교회와 나라에 기여하도록 나에게 주신 선물을 제한하는 것이다. 한 왕의 통치 아래 있는 한 나라의 일부로서 백인과 더불어 흑인과 갈색 인종 없이는, 하나님 나라의 비전은 완전할 수 없다.

결론

이 장에서는 흑인의 정체성과 성경의 관계를 살펴보았다. 우리를 기독교 이

---

25 _ 이는 하나님이 여러 문화의 모든 측면을 무조건적으로 승인하신다는 의미는 아니다. 개인적으로나 집단적으로, 모든 것은 하나님의 목적을 온전히 구현하도록 변혁되어야 한다.

야기에서 분리시키고 싶어 하는 두 종류의 그룹이 있다. 한 그룹은 기독교가 근본적으로 백인의 종교라고 주장한다. 이것은 간단히 역사적으로 틀렸다. 초기 기독교의 중심지는 중동과 북아프리카였다. 그러나 역사적 문제보다 더 깊은 차원이 성경적 문제다. 정경을 이루는 책들에 기록된 기독교의 이야기는 누구의 것인가? 나는 기독교가 궁극적으로 하나님과 그분의 목적에 관한 이야기라고 주장했다. 바로 그것이 좋은 소식이다. 하나님은 언제나 자신을 예배하는 다양한 그룹으로 이루어진 백성을 모으고자 하셨다. 타락 이후 성경 이야기의 동력은 아브라함에게 주어진 약속, 즉 그가 많은 민족의 아버지가 될 것이라는 약속에서 그 기반을 찾는다. 에브라임과 므낫세의 이야기에서 우리는 두 아프리카 소년이 하나님의 백성 안으로 들어옴으로써 이 약속이 처음으로 성취되는 모습을 본다. 우리는 다민족 그룹으로 이루어진 백성이 이집트를 떠날 때 아프리카인 역시 포함되는 것을 되풀이해서 본다. 아브라함에게 주어진 이 약속은, 민족들을 다스리고 그들에게 복을 가져올 다윗 혈통의 왕에 대한 소망을 통해 하나님 나라의 비전으로 확장되었다. 신약성경에서 반복되는 주장은 바로 예수님이 이 약속을 성취한 바로 그 왕이시라는 것이다. 그 왕은 민족들을 그분 아래로 모으신다. 우리는 이 비전이 아프리카인의 회심을 통해 분명히 드러나는 모습을 본다. 시몬과 그의 가족, 그와 더불어 에티오피아 내시가 그들이다. 이스라엘이 시작될 때처럼, 교회가 시작될 때도 우리는 흑인과 갈색 인종 신자들을 발견한다. 마지막으로, 우리는 마침내 우리의 구세주를 만나게 될 마지막 때에, 우리가 얼굴 없는 한 무리가 아닌 모든 종족, 언어, 민족으로부터 온 변화된 신도들로서 그분께 나아올 것이라고 주장했다. 신앙 공동체로 들어가는 흑인 그리스도인은 낯선 땅으로 들어가고 있지 않다. 그(녀)는 고향에 가는 길을 발견하는 중이다.

6장

이 울분은 어떻게 할 것인가?
성경과 흑인의 분노

이 나라에서 니그로로 산다는 것 그리고 상대적으로 의식이 있다는 것은, 거의 언제나 울분에 차 있다는 것이다. _**제임스 볼드윈**(James Baldwin)

십자가의 말씀이 멸망할 자들에게는 어리석은 것이지만, 구원을 받는 사람인 우리에게는 하나님의 능력입니다. _**고린도전서 1:18**

누군가 나를 처음으로 "니그로"라 부른 것은 여덟 살 때였다. 모든 일은 내가 롤링힐스 초등학교에서 아침나절 속이 안 좋아지면서 시작되었다. 나는 쉽사리 교실을 빠져 나가는 아이가 아니었다. 어머니는 낮에 일을 하셨기 때문에, 내가 아프더라도 돌봐 줄 사람이 없었다. 그렇지만 특별히 이 날은 크라이슬러 공장에서 일하는 엄마에게 전화를 할 정도로 상태가 좋지 않았다. 나는 충실하게 행정실로 갔고, 직원은 비상연락처에 적혀 있던 번호로 전화를 건 뒤 나를 바꿔 주었다. 나는 로리 매컬리를 바꿔 달라고 했지만, 전화를 받은 사람은 내가 잘못 걸었다고 하면서 불쑥 전화를 끊어 버렸다. 행정실 직원이 혹시 번호를 잘못 눌렀나 싶어서 나는 한 번 더 걸어 달라고 부탁했다. 그녀는 다시 전화를 걸었고 나를 바꿔 주었다. 한 번 더 나는 초조하게 로리 매컬리를 바꿔 달라고 했다. 전화를 받은 남자는 화를 내며 "잘못 걸었다고 했잖아.…너희 니그로들은 전화 사용할 줄도 모르냐?" 대략 이런 식의 말을 하고 다시 전화를 끊어버렸다.

그 전화 통화 전에도 나는 나의 흑인됨을 인식하고 있었다. 그러나 그 대화 이전에, 나의 흑인됨은 마음을 정상 상태로 안정시켜 주는 온기에 잘 싸여 있었다. 나의 교회는 검었다. 내 학교도 검었다. 내 스포츠팀도 검었다. 집을 청소할 때, "나는 흑인이어서 자랑스럽다"고 외치는 흑인 소울 음악이 배경으로 흘렀다. 그때는 제임스 브라운이 흑인 인격의 비인간화에 항의하는 어조로 노래하고 있는 것을 몰랐다. 나에게 그의 저항은 들리지 않았다. 그러나 그날 아침 전화 통화에서, 나는 나의 흑인됨이 조롱거리가 되는 일을 경험했다. 나는 그가 어떻게 나를 보지 않고도 흑인이라는 것을 알았는지 의아해하던 기억이 난다. 내 발음이나 음색 때문이었나? 내 흑인됨이 전화선을 타고 스며들어 그의 감정을 불쾌하게 했을까? 나는 나 자신의 무력함을 인식하는 한편으로, 울분이 치밀어 오르던 것을 기억한다. 나는 감정적 폭행을 당했지만, 거기에 대응할 수 있는 길이 없었다. 나는 나를 모르는 이 백인 남자 앞에서 무력했다. 그날 나를 행정실로 가게 만들었던 메스꺼움이 두려움으로 바뀌었다. 그것이 내 굴욕의 끝이 아닌 시작임을 알았나 보다.[1]

---

[1] W. E. B. Du Bois는 자신의 흑인됨을 위험으로 마주하게 되었던 때를 이렇게 말한다. "까불거리는 꼬맹이 소년의 어린 시절, 계시가 처음으로 엄습했다. 말하자면 모든 것이 하루 만에 일어났다. 그 **림자가 나를 완전히 뒤덮어 버린** 그때를 또렷이 기억한다." W. E. B. Du Bois, *The Souls of Black Folk* (New York: Dover Publication, 1903, 1994), pp. 1-2, 저자 강조.

흑인의 긴 고난 목록

어린 흑인 소년소녀들은 미국의 도시와 마을, 주요 도로와 뒷길을 오가며 이런 식의 크고 작은 경멸을 경험한다. 어린 소년들은 자신의 흑인됨이 귀여움에서 위험으로 바뀌는 것을 본다. 여성들은 자신을 쾌락의 대상으로 제시하는 성적 고정관념 안으로 떠밀려 들어가는 것을 발견한다. 신체가 성숙할수록 그들의 안전에 대한 위협 역시 자라 간다. 흑인 아이들은 종종 그들의 유년기나 기본적 인간성을 대가로 치르고 생존 전략을 배운다. 어린 흑인들의 마음에서는 무엇인가 옳지 않다는 인식이 자라 간다.

우리는 백인 또래의 태평함과 대조되는 우리의 한계를 조금씩 알아 간다. 분노가 자라지만, 그것을 풀 곳이 마땅치 않은 우리는 손에 닿는 가장 가까운 것으로 고개를 돌린다. 서로에게 해를 입히고, 말도 안 되는 존경심의 기준을 세우는 것이다. 흑인 친구와 이웃을 향해 폭력적으로 존경심을 요구하는 것은, 백인의 공간에서 멸시에 계속 쫓겨 다니기 때문이다. 나는 '동네 규칙'을 어김으로써 억눌린 흑인의 좌절감의 분출 대상이 되는지 모른다는 두려움 안에서 살았다. 나는 흑인 여성을 때리는 흑인 남자들 사이에서 자랐고, 그것을 막을 수 있는 힘이 없었다. 울분이 자라 갔다. 나는 백인들에게 화가 났다. 내 민족에게도 화가 났다. 나 자신의 무력감에 분노했다. 이 울분은 제임스 볼드윈이 말한 대로 "상대적으로 의식이 있는" 수많은 아프리카계 미국인들이 경험하는 삶의 일부다.

많은 아프리카계 미국인들이 기독교를 떠나는 동기는 부분적으로 이 울분이다. 기독교가 백인의 종교가 아니라는 것을 인정하더라도, 백인 그리스도인들이 우리에게 상처를 주었고 여전히 상처를 주고 있는 것은 어쨌든 사실 아닌가. 나는 성경 이야기에서 가능한 멀리까지 거슬러 올라가 보면, 아프리카인 형제자매들이 하나님의 위대한 구속 역사에 참여하고 있음을 발견하게 될 것이라고 주장했다. 그러나 또한 역사가 우리에게 보여 주는 것은, 미국의 이야기를 원하는 만큼 거슬러 올라가 보면 흑인 남녀의 등을 짓밟고 있는 백인 우월주의의 육중한 발을 보게 된다는 사실이다.

이 나라의 법률에서 흑인의 몸은 인격체가 아닌 백인 남성 투표권을 결정하는 셈법의 수단(3/5 타협, Three-Fifths Compromise, 1787년 미국 헌법 제정 과정에서, 과세와 선거권을 위한 인구수 계산에서 노예 미국인은 5분의 3명으로 간주하기로 한 남북 대표단의 타협안—옮긴이)이었다. 그에 앞서, 흑인은 고향에서 무자비하게 끌려 나와 세상의 정반대편에 내던져졌고, 매 맞고 사육되고 강간당하고 폄훼되었다. 가족들은 갈가리 찢겼고 모든 기회의 문은 닫혔다. 우리는 사람들에게 멸시받고 버림당했으며, 하나님께 저주받고 버려졌다고 간주되었다. 사람들은 우리에게서 얼굴을 돌렸다.[2]

1865년은(미국 남북전쟁이 끝난 해—옮긴이) 자유를 알리는 신호가 아닌 또 다른 형태의 분투의 시작을 알리는 신호였다. 재건 시대에는 흑인의 기회가 일부 확장되기도 했다. 그러나 1877년 공화당이 대권 유지의 대가로 남부에서 연방군을 철수시키는 데 동의했고, 이 타협의 제단 위에서 흑인의 몸은 다시 한번 제물이 되었다. 그 뒤에 따라온 것은 흑인의 존엄과 기회를 강탈한 더 많은 일련의 짐 크로 법들이었다.

무엇을 더 말해야 할까? 린칭 나무(lynching tree, 재건 시대 이후 남부에서는 법적 절차 없이 백인이 집단적으로 흑인을 단죄하는 것이 성행했으며, 이때 흑인을

2_노예 홍정과 십자가 수난의 유사성에 대해서는 William James Jennings, *The Christian Imagination: Theology and the Origins of Race* (New Haven, CT: Yale University Press, 2010), pp. 19-24를 보라.

매달아 죽이던 나무를 말한다—이하 옮긴이), 레드 서머(Red summer, 1919년 여름부터 초가을 사이 미국 전역에서 인종차별에 기초하여 흑인에 대한 폭력과 테러, 폭동이 무차별적으로 일어났던 시기), 경찰견과 급수 호스(1963년 버밍햄의 흑인 인권 운동 시위 진압에서 경찰견과 고압 소방 호스가 동원된 사건으로, 특히 어린 학생들을 대상으로 과격한 진압이 이루어지는 사진이 전국에 보도가 되면서 큰 충격을 던져 주었다), 연좌농성(sit-ins, 1960년 노스캐롤라이나주의 백인 전용 식당에서 주문을 거부당한 네 명의 흑인 대학생들이 협박과 조롱을 무시하고 끝까지 자리를 지키고 앉아 있었던 것이 시초가 되어 남부 전역으로 확산된 비폭력 시위의 한 방법으로, 흑백 분리 정책이 사라지는 계기가 되었다), 에밋 틸(Emmett Till, 1955년 미시시피에서 14세 소년 에밋 틸이 백인 여성에게 말을 걸었다는 이유로 잔인하게 살해당한 뒤 강에 버려진 사건으로, 가해자들은 백인 배심원으로만 구성된 재판에서 무죄 판결을 받았다), 메드가 에버스(Medgar Evers, 2차 세계대전 참전 용사이자 흑인 인권 운동가로, 1963년 미시시피에서 백인 우월주의자에 의해 살해당했다), 마틴 루터 킹, 주지사와 대통령에게 도전한 사람들, 용감한 폭도, 승리의 노래, 이 세상이 갖기에는 과분한 사람들에 대해 모두 말하려면 시간이 부족할 것이다. 이 나라에서 흑인의 역사는 고난의 끝없는 목록이다. 그러나 우리의 존재는 단호하게 이러한 고난 이상의 의미를 갖는다. 절망의 이야기에 엮여 들어가 있는 승리의 날실들이 있다. 우리는 여전히 여기 있다! 그리고 여전히, 옷이 피로 물들 때면 그 날실을 보는 것이 때로 힘들기도 하다.

우리가 당해 온 고통의 역사를 모두 배운 흑인이, 땅을 뒤흔들 듯 노예제가 붕괴된 이후에도 여전히 지속되는 억압 안에서 그 여파를 계속 경험할 때 울분의 감정 혹은 허무주의가 돋아나기 시작한다. 우리가 당한 고통은 그 외에는 대체로 공정한 제도의 의도치 않은 결과가 아니다. 제도 자체가 그렇게 만들어졌다. 우리는 이 분노, 이 고통을 어떻게 해야 할까?

기독교는 그것에 관해 어떻게 말하는가? 단순히 인간의 고통에 대해서만이 아니라 아프리카계 미국인이 당한 특정한 고통에 대해 십자가는 무엇이라 말하는가?

나는 흑인의 분노와 고통의 사안에 대한 네 가지 기독교적 고찰을 제시하고자 한다. 첫째, 나는 예언서와 시편에 기록된 이스라엘의 고통과 분노가 흑인의 비통함을 다루는 수단을 제공한다고 주장한다. 둘째, 나는 예언자들이 점점 거세지는 폭력의 고리는 막다른 길에 이를 것이라고 경고한다고 주장한다. 신약성경으로 고개를 돌려, 나는 십자가가 **복수심과 죽음의 순환 고리의 종결**로 기능하며, 십자가는 하나님이 우리의 고통 안으로 들어오시는 장소라고 주장한다. 마지막으로, 나는 부활, 승천, 최후 심판이라는 성경의 핵심 주제가 흑인의 분노와 고통에 대한 모든 이야기에서 반드시 다루어져야 한다고 제안한다.

바빌론 강가에서: 이스라엘의 개인적이고 집단적인 울분

아프리카계 미국인은 우리의 역사 안에 개인적이고 집단적인 원수와 불의의 긴 목록을 가진다는 점에서 이스라엘과 멀리 있지 않다. 이 고난 이야기는 이스라엘의 탄식 시편, 특히 저주 시편에서 발견될 수 있다.[3] 일각에서는 저주 시편에 나오는 복수를 향한 거친 외침 때문에 이를 "기독교 예

---

3 _ 탄식과 저주 시편에 대해서는, Bernhard W. Anderson, *Out of the Depths: The Psalms Speak for Us Today* (Louisville, KY: Westminster John Knox Press, 2000), pp. 49-76를 보라. 『시편의 깊은 세계』(대한기독교서회).

배에서 사용하는 것이 불가능"하다고 주장한다.[4] 이러한 시편을 사용할 수 없다고 보는 이유는, 저자들이 그들의 원수를 말하면서 하나님께 이렇게 구하기 때문이다. "그들의 눈이 어두워져서, 못 보게 해 주시며 / 그들의 등이 영원히 굽게 해 주십시오. / 주님의 분노를 그들에게 쏟으시고, / 주님의 불붙는 진노를 그들에게 쏟아부어 주십시오"(시 69:23-24).

시편에는 단지 눈이 어두워지고 등이 굽게 해 달라는 요청 이상이 나온다. 시편은 그들의 원수가 경제적·사회적으로 완전히 몰락하고 결국 죽음에 이르기를 구한다. 시편 109편은 이렇게 말한다.

> 그가 재판을 받을 때에, 유죄 판결을 받게 하십시오.
> 그가 하는 기도는 죄가 되게 하십시오.
> 그가 살 날을 짧게 하시고
> 그가 하던 일도 다른 사람이 하게 하십시오.
> 그 자식들은 아버지 없는 자식이 되게 하고,
> 그 아내는 과부가 되게 하십시오.
> 그 자식들은 떠돌아다니면서 구걸하는 신세가 되고,
> 폐허가 된 집에서마저 쫓겨나서 밥을 빌어먹게 하십시오.
>
> (7-10절)

이것은 **울분**을 아는 민족, 적절한 보응을 바라며 힘 있는 이들을 향해 고개를 돌려 보아도 더 진창으로 내몰리기만 하는 것이 무엇인지 아는 민족의 말이다. 이것은 호화롭게 사는 집과 가정들 옆을 걸어가면서, 그들이

---

4 _ Anderson, *Out of the Depths*, p. 70.

누리는 그 부가 바로 자신들이 당하는 고통을 대가로 주어진 것임을 아는 이들의 말이다. 압제당하는 이들의 자녀가 굶주릴 때, 압제하는 자의 자녀들은 안락하게 살아간다. 압제당하는 사람의 아내가 여전히 누더기를 걸치고 있을 때, 부유한 사람의 아내는 최신 유행 옷을 입는다. 이 시편에 대한 하나님의 반응은 곧 다루겠지만, 먼저 우리는 그러한 분노를 일으키는 불의에 귀 기울여야 한다. 그것은 무력함에서 나오는 분노다. 그것은 이러한 잘못을 바로잡으실 수 있는 마지막 남은 한 분, 곧 하나님을 향한 울부짖음이다. 두들겨 맞고 멍든 이스라엘이 하나님 외에 누구를 바라볼 수 있겠는가?

아마도 이러한 복수의 시편 중 가장 어려운 시는 시편 137편일 것이다. 이 시편을 시작하는 가슴 저리게 아름다운 그리움은 오직 충격적일 만큼 폭력적인 끝맺음과만 짝을 이룰 수 있다. 시편 137편은 성전이 파괴되고 예루살렘이 불타는 모습을 목격하고, 고대나 현대나 그 도시가 정복될 때 늘 따라온 강간과 살인의 정신적 외상을 경험한 이스라엘 사람들의 시각에서 쓰였다.[5] 이것은 한때 과거 이스라엘의 소유가 파멸된 모습을 보며 통곡할 수밖에 없는 생존자들의 말이다. 킹 제임스 성경이 이것을 가장 잘 포착해 낸다. "바빌론 강변에 앉아 시온을 기억할 때, 그래, 우리는 흐느껴 울었다. 우리는 그곳 한복판의 버드나무에 우리 수금을 매달았다"(1-2절, 옮긴이 사역).

중간 항로에서 살아남은 뒤 강제로 이별을 당한 흑인 가족들에 대해 읽어 본 사람은 누구든, 우리가 공유하는 트라우마의 이야기 안에서 이

---

[5] _ Frank-Lothar Hossfeld, Erich Zenger, *Psalms 3: A Commentary on Psalms 101-150*, ed. Klaus Baltzer, trans. Linda M. Maloney Hermeneia 19c (Minneapolis, MN: Fortress Press, 2011), p. 513.

스라엘과의 깊은 동질감을 보지 않을 수 없을 것이다. 고메즈 아주라라 (Gomez Azurara)는 1844년 아프리카 노예들이 포르투갈 라구스에 도착하는 장면을 들려준다.

> 그러나 그들의 고통은 더욱 늘어나, 포로 분리의 책임을 맡은 이들이 그곳에 도착했고…아버지를 아들에게서, 남편을 아내에게서, 형제를 형제에게서 떼어 놓아야 했다.…그리고 그들은 크게 힘들이지 않고 분리를 끝마칠 수 있었다. 그들이 아들들을 한쪽으로 몰아넣을 때마다, 자신들의 아버지가 반대편에 있는 것을 보고 힘을 다해 일어나 그들 쪽으로 가려고 했기 때문이다. 어머니들은 그들의 남은 자식들을 팔로 꽉 움켜잡았고 그들과 함께 바닥에 납작 엎드렸다. 자식들과 떨어지지 않을 수만 있다면, 인정사정없이 날아오는 주먹질도 기꺼이 몸으로 받아 냈다.[6]

우리에게 이러한 흑인 어머니와 아버지, 아들과 딸이 쓴 시편의 기록은 없지만, 이스라엘 생존자들의 시편은 있다.

그들의 인생을 영원히 뒤바꿔 놓은 사건으로 인해 여전히 휘청이던 이 생존자들은 자신들을 억류한 이들에게 한 가지 요구를 받는다. 바빌론 사람들은 예루살렘의 노래가 듣고 싶었다(시 137:3-5). 그들은 이스라엘이 분노를 잊고 자신들의 억류자들에게 흥취를 제공해 주기를 원했다. 여기서 우리는 물리적 전쟁에 자연스럽게 딸려 오는 심리적 전쟁과 마주한다. 그

---

[6] Gomes Eanes de Azurara, *The Chronicle of the Discovery and Conquest of Guinea*, 2 vols. (London: Hakluyt Society, 1896-1899), pp. 80-81. Willie James Jennings, *The Christian Imagination: Theology and the Origins of Race* (New Haven, CT: Yale, 2010), p. 27에서 재인용.

들의 억류자들은 그들의 땅, 재산, 몸 자체를 빼앗았을 뿐만 아니라, 이제 그들의 감정까지 요구했다. 그들은 이스라엘 사람들의 얼굴에서 자신들이 저지른 범죄의 영향력을 보고 싶지 않았다. 그들은 이스라엘 사람들이 그들에게 주어진 위치를 기쁘게 받아들이기 원했다.

여기서 우리는 다시 한번 흑인의 몸과 감정이 통제되던 크고 작은 모든 방식을 상기하게 된다. 폴 로런스 던바(Paul Laurence Dunbar)의 "우리는 가면을 쓴다"(We wear the Mask)가 이를 가장 강력하게 포착해 낸다.

우리는 히죽거리고 거짓말하는 가면을 쓴다.
그것이 우리의 볼과 우리 눈의 그늘을 가린다.
인간의 간교함에 우리가 치르는 이 빚
찢기고 피 흘리는 마음으로 우리는 웃는다.[7]

하인의 자리에 만족하는 흥 많고 쾌활한 니그로는 소설, 광고, 영화에서 과거에나 지금이나 클리셰다.

이 경우, 이스라엘은 가면을 거부했다. 즉, 그들은 복종의 한계점에 도달했다. 그들은 패배 가운데서도 그들 자신의 어떤 부분은 절대 내주지 않았다. 이러한 거부는 이스라엘의 전통 안에 깊이 뿌리 내려 있어 흑인에게 저항을 위한 공간을 선사한다. 우리는 노래하기를 거부할 수 있다. 시편 137편은 우리 주인들을 위해 노래하고 춤추지 않겠다고 말하는 것이 우리 자신의 생존을 위해 가능하며 심지어 꼭 필요하다는 것을 우리에게 상기시켜 준다. 대신 우리는 우리가 당한 일을 기억할 것이다. 기억하는 일

---

[7] _ Paul Laurence Dunbar, "We Wear the Mask", *Lyrics of Lowly Life* (New York: Dodd, Mead, and Company, 1896), p. 167.

은 살아남은 자들의 의무다.

시편 137편은 억압받는 민족의 개인적 기억보다 더 많은 것을 담고 있다. 그것은 하나님께 기억해 달라는 요청과 보응에 대해 말한다.

> 주님, 예루살렘이 무너지던 그 날에, 에돔 사람이 하던 말,
> "헐어 버려라, 헐어 버려라. 그 기초가 드러나도록 헐어 버려라" 하던 그 말을 기억하여 주십시오.
> 멸망할 바빌론 도성아, 네가 우리에게 입힌 해를 그대로 너에게 되갚는 사람에게, 복이 있을 것이다.
> 네 어린아이들을 바위에다가 메어치는 사람에게 복이 있을 것이다.
> (7-9절)

여기서 기억되는 두 그룹이 있다. 이스라엘을 압제했던 이들(바빌론 사람)과 이스라엘의 몰락을 즐거워했던 이들(에돔 사람)이다. 그러나 도대체 어떤 신앙의 사람이 아기의 머리를 바위에 메치기를 바랄 수 있으며, 우리가 어떤 면에서 이 본문을 의미 있는 기독교적 인식으로 받아들일 수 있겠는가? 그에 대한 답으로 나는 묻는다. 자신의 자식들이 살해당하고 가족이 파괴되는 모습을 본 뒤, 이스라엘이 어떤 기도를 하리라 기대하는가? 자신을 노예로 만든 이들의 욕정이 자신들의 운명을 좌우한다는 사실을 알게 되었을 때, 흑인 노예 남녀의 마음에는 어떤 종류의 복수의 말이 맴돌았을까?

시편 137편은 단지 반항의 외침이 아니다. 그것은 하나님을 향한 기도다. 트라우마를 겪는 공동체는 그들이 느끼는 감정을 하나님께 진실하게 말할 수 있어야 한다. 우리는 하나님이 그러한 감정을 다루실 수 있음을

신뢰해야 한다. 하나님은 복수를 향한 우리의 울부짖음을 들으실 수 있다. 역사의 주관자로서 그분은 어떻게 반응할 것인지 선택하실 것이다. 시편 137편은 하나님에게서 권세를 빼앗아 우리에게 주지 않는다. 깊은 고통과 소외감 한가운데서 하나님의 권세를 확증한다.

시편 137편이 정경의 일부가 되었다는 사실은 트라우마를 겪는 이들의 고통이 영구적 기록의 일부임을 의미한다. 하나님은 인간의 죄악이 힘없는 이들에게 어떤 일을 행했는지 이스라엘과 우리에게 알리고자 하셨다. 하나님은 이것을 이스라엘의 거룩한 책에 기록하심으로써, 그들의 문제를 우리의 문제로 만드셨다. 시편 137편은 회중 공동체에게 이런 형태의 트라우마가 절대로 다시는 반복되지 않게 하라고 요청한다.

시편 137편은 흑인의 울분과 고통에 어떤 신학적 자원을 제공하는가? 그것은 우리가 기억하고 느낄 수 있게 해 준다. 우리 경험의 심연을 하나님 앞으로 가져올 수 있게 해 준다. 시편 137편은 트라우마를 겪는 이들의 고통을, 역사를 통해 우리와 함께 움직이는 집단적 현실로 만든다.[8]

시편 137편의 예에 근거하여, 나는 치유 과정의 일부로서 흑인 그리스도인들이 우리에게 일어난 일을 하나님과 다른 이들에게 분명히 진술할 수 있고 진술해야 한다고 주장한다. 우리는 진실을 말해야 한다. 시편 137편을 읽었던 이후의 이스라엘 사람들처럼 말이다. 과거 흑인의 고통은 계속 남겨져야 하고, 죄가 힘없는 이들에게 무엇을 할 수 있고 무슨 일을 하는지에 대한 증언으로서 기억되어야 한다. 흑인의 분노에 대한 응답은 하나님이 우리의 고통을 듣고 보신다는 것을 아는 데에서 시작된다. 이는

---

[8] _ 흑인의 고통과 시 137편을 내가 처음으로 연관 지은 것은 아니다. Frederick Douglass, "What to a Slave Is the Fourth of July", 1852년 7월 5일 New York, Rochester에서 한 연설, http://masshumanities.org/files/programs/douglass/speech_complete.pdf를 보라.

인종적 트라우마를 처음 접한 초등학교 아이가 적어도 자신의 고통을 토로할 곳을 가진다는 의미다. 그들은 기도 안에서 천국을 향해 몸을 기울이게 된다. 더 나아가, 그들의 고통은 그들 혼자서 감내해야 할 그들만의 것이 아니다. 그 고통은 정의를 향한 더 넓은 공동체의 소망 안에 둘러싸여 있다. 우리는 그 이상도 말할 수 있는가?

더 큰 비전: 이스라엘의 울분에 대한 해결책을 향하여

이스라엘과 흑인의 울분에 대한 논의를 단순히 하나님이 행동하시기를 요청하는 것에서 끝낸다면, 성경의 온전한 증언에 대해 우리는 바르게 반응하지 않는 것이다. 때로 우리는 불의를 탄식하고 하나님께 잘못된 것을 바로잡아 달라고 요청해야 한다. 이 일은 선하고 정당하지만, 우리에게 주어진 하나님의 말씀은 "원수 갚는 것은 내가 할 일이니, 내가 갚겠다'고 주님께서 말씀하신다"는 것 이상이다. 이스라엘의 성경에서 기적은, 그 안에 우리의 원수들에게 온전히 다 갚아 달라는 요청이 들어 있다는 것이 아니다. 그것은 인간 실존과 연결된다. 이스라엘의 증언에서 기적은, 구약성경이 **피의 복수를 넘어서는** 무엇인가를 상상할 수 있다는 사실이다.

 내가 염두에 두고 있는 것은 포로로 잡혀간 이들을 위해 글을 쓴 성경의 예언자들이다. 그들은 자신들의 집에서 고통스럽게 쫓겨나고 자신들이 사랑한 많은 것이 파괴되는 일을 경험한 이들의 후손이었다. 이 예언자들은 그들을 향해 원수의 멸망과 이스라엘의 구원 이상의 것을 소망하라고 요청했다. 놀랍게도 그들은 전에 자신들의 원수였던 이들의 구원을 바라본다.

> 네가 내 종이 되어서, 야곱의 지파들을 일으키고
>> 이스라엘 가운데 살아남은 자들을 돌아오게 하는 것은,
>> 네게 오히려 가벼운 일이다.
> 땅 끝까지 나의 구원이 미치게 하려고
>> 내가 너를 뭇 민족의 빛으로 삼았다. (사 49:6)[9]

이 구절은 너무 진부해진 나머지, 우리의 귓전을 울리는 시편 137편과 함께 읽지 않는다면 그것이 이스라엘에게 제안하는 심오한 도전이 우리에게 전해지지 않을 수도 있다. 시편 137편 같은 본문은 우리에게 가해진 잘못 때문에 우리가 합당하게 느끼는 분노에 말을 건다. 그러나 이 예언서의 본문은 우리의 원성을 넘어서는 세상을 상상하는 일, 고통스럽고 대가를 요구하는 일로 우리를 부른다. 이는 정의를 배제하는 것이 아니다. 그 후에 일어나는 일에 관해 말하는 것이다. 그리고 그 후에 일어나는 일은 중요하다. 만약 아프리카계 미국인의 미래에, 우리가 우리의 압제자들의 자리를 대신 차지한 뒤 그들이 우리에게 한 일을 그들에게도 똑같이 하는 것 이상이 있다고 한다면 말이다.

이사야 2:2-5과 같은 본문이 그려내는 심오한 용서는, 동시에 바빌론의 멸망을 고대하는 이사야서의 서사 세계 안에서 쉽게 상상되지 않는다. 이사야서의 안에는 긴장이 존재한다. 하나님은 분명 의로우시며, 따라서 죄악을 심판하셔야 한다. 그러나 그 이상의 것 역시 필요하다. 이사야서의 서사 안에서 가장 소망이 넘치는 지점들은 장차 올 다윗의 아들을 묘사하는 동안 나온다.

---

9 _ 또한 슥 8:20-23과 사 2:2-5을 보라.

이사야가 왕에 대한 묘사로 관심을 돌릴 때, 모든 것이 하나로 모인다 (사 11:1-10). 우리는 하나님의 지혜, 정의의 확립, 심지어 짐승과 사람 간의 적대심이 사라지는 것까지 본다. 전쟁과 죽음은 더 강력한 적을 만난다. 바로 그 왕이다. 가장 중요한 점은, 세상의 민족들이 이 왕을 집결 지점으로 보기 시작했다는 것이다. 세상에서 서로 전쟁을 벌이는 이들을 하나로 모으는 것은 통치 체제에 관한 새로운 철학의 출현이 아니다. 즉, 시장 자본주의도, 공산주의도, 사회주의도, 민주주의도 아니다. 그것은 한 사람, 바로 이새의 뿌리다. 그렇다면 이사야는 고통 가운데 있는 흑인을 향해 우리의 분노로 규정되지 않는 세상을 꿈꾸기 시작하라고 요청한다. 성경은 우리에게 적대감의 집합체가 아닌 하나의 공동체로서의 세상을 볼 수 있는 신학적 상상력을 발전시키라고 요청한다. 우리의 상처를 치유하고 우리의 적대감을 무너뜨릴 수 있는 한 사람에 대한 비전을 줌으로써 말이다.

십자가, 바퀴를 부수다

구약성경을 읽을 때, 이사야 11:1-10보다 시편 137편 같은 구절들을 더 우위에 놓을 수도 있다. 신약성경의 중간 부분은 건너뛰고 하나님 백성의 원수들이 맹렬한 심판을 경험하는 요한의 묵시로 곧바로 시선을 돌릴 수도 있다. 악을 심판하시는 하나님에 대한 그림은 구약성경에만 해당하는 생각은 아니다. 대중적 상상력 안에 존재하는 온유하고 부드러운 예수님은 안락한 중산층의 창조물이다. 억압당하는 이들은 예수님을 그 옷이 원수의 피로 물든, 흰 말을 탄 사람으로 안다(계 19:11-14). 그러나 흑인 기독교의 기적이 있다면(이는 종종 비판받는다), 그것은 우리가 신약성경의 장절들을 채우는 용서와 다민족 공동체의 주제에 심오하게 영향을 받았다는 사실이다. 우리는 십자가를 힘입어 거기서 우리의 길을 찾았다.

여기서 명확히 해 둘 것이 있다. 예수 그리스도의 십자가는, 흑인 기독교가 우리는 이제 하나님의 더 넓은 범위의 목적 안에서 채찍과 사슬을 이해한다고 말할 수 있게 해 주는 지적 변증이 아니다. 우리는 우리의 노예 생활이 아메리카의 구원을 위해 의도되었다고 믿지 않는다. 우리는 요셉 이야기의 망가지고 왜곡된 적용을 고수하지 않는다(창 50:19-21). 그렇지 않다. 이 나라에서 노예로 살았던 이들과 그 후손에게 일어났던 일은 과거에도 현재에도 순전한 악이다. 그러나 하나님은 우리의 울부짖음에 어떻게 응답하시는가?

그분은 자유의지 혹은 하나님의 존엄한 주권에 근거한 일련의 추론법으로 응답하시지 않는다. 달리 말하면, 하나님은, 자유의지가 있기 때문에 어떤 사람들은 그 자유의지를 남용하여 노예제 같은 악한 일을 할 것이라는 식으로 말씀하시지 않는다. 그것은 기독교 전통에서 악에 대한 한 가지 지적 변호일 수 있지만, 역사적으로 흑인 그리스도인들이 우리가 당한 압제를 이해하고 다루는 방법은 아니었다. 또한 하나님은 단순히 자신의 주권적 영광을 드러내고 우리의 질문을 침묵시키시는 방식, 즉 욥에게 응답한 방식으로 응답하지 않으실 때도 많다. 하나님은 자비 안에서 우리가 계속 불평의 목소리를 낼 수 있게 허락하셨다.

십자가 수난과 부활 이후, 흑인의 분노와 고통에 대한 응답은 진정한 인간이신 한 분에 의해, 개인적으로 주어진다. 우리는 하나님이 흑인의 고통과 동일시하는 심오한 행위로 우리의 고통에 응답하신다는 사실에서 위로를 발견한다. 나는 예수님에 대해, 즉 우리를 사로잡는 인간의 조건과의 동일시에 대해 말하는 것이다.

그는 하나님의 모습을 지니셨으나, 하나님과 동등함을 당연하게 생각하지 않으시고, 오히려 자기를 비워서 종의 모습을 취하시고, 사람과 같이 되셨습니다. 그는 사람의 모양으로 나타나셔서, 자기를 낮추시고, 죽기까지 순종하셨으니, 곧 십자가에 죽기까지 하셨습니다. (빌 2:6-8)

흑인의 고통에 대한 (그리고 더 광범위한 인간의 고통과 그에 따라오는 울분에 대한) 하나님의 첫 번째 응답은 무엇인가? 친구이자 구속자로서 우리와 함께 그 고통 안으로 들어가는 것이다. 흑인의 울분에 대한 응답은, 말씀이 육신이 되었다는 말씀으로, 마음을 잠잠하게 해 준다. 그 먼 거리를, 심지어 죽음에까지 내려오신 성육신은 우리로 "예, 하나님, 우리는 당신을 신뢰합니다"라고 말하게 하기에 충분했다.

우리가 하나님을 신뢰하기로 선택한 이유는, 인간의 권리를 알지 못하는 부패한 국가의 처분에 따라 운명이 좌우되는 것이 무엇을 의미하는지 그분은 아시기 때문이다. 로마와 남북전쟁 이전의 미국 남부는, 쌍둥이까지는 아니더라도, 가까운 친척이거나 심지어 같은 아버지에게서 나온 형제임이 분명하다. 십자가에서 우리는 육신 안에서 불의를 경험하신 하나님을 만난다. 한 각도에서 볼 때, 십자가는 그리스도 안에 계신 하나님이 세상에서 무고하게 고통당하는 자들의 곤경을 알고 이해하신다는 것을 보여 준다.

그러나 흑인 그리스도인의 마음을 향해 손을 내밀고 그 마음을 사로잡는 것은 단순히 예수님이 그분께 씌인 죄명에 대해서만 무고하셨다는 뜻이 아니다. 만약 그것이 십자가 메시지의 전부였다면, 예수님은 단순히 많은 순교자 가운데 한 명에 불과할 것이다. 예수님은 잘못한 것이 전혀 없는 참으로 무고하게 고통당한 사람으로서 두드러지신다.

우리는 노예 주인들이 아니다. 그럼에도 우리는 다른 이들에게 해를 끼치는 일에 크고 작은 방식으로 동참했다. 또한 우리 자신을 손상시키고 우리의 창조주께 반역했다. 그 결과는 인간의 상태에 대한 분석으로 되돌아오며, 데이터는 자명하다. 우리는 모두 죄인이다. 예수님은 아니다. 기독교 전통은 죄 없는 분이 우리를 하나님께로 데려오기 위해 개인적으로 또한 집단적으로 우리를 위해 고통당하셨다고 말한다(갈 2:20; 롬 4:25). 자비의 심오한 행위는 우리에게 용서를 위한 신학적 자원을 준다. 우리가 용서하는 것은 우리가 용서받았기 때문이다. 우리는 오직 십자가의 렌즈를 통해 원수를 봄으로써 공동체에 꼭 필요한 용서를 상상할 수 있다. 우리가 정당하게 느끼는 울분에 대해 흑인 그리스도인은 무엇을 할 수 있는가? 우리는 그 울분을 그리스도의 십자가로 보낸다.

후스토 곤잘레스(Justo L. González)는 그의 주요 작품인 『내일』(Mañana)에서, 미국은 자신들이 멕시코에 한 일을 대면해야 한다는 설득력 있는 주장을 펼친다. 이러한 주장을 하면서도, 그는 멕시코를 완전히 무고하게만 제시하지는 않는다. 대신 그는 "도둑의 물건을 훔치는 도둑은 100년 동안 사면받는다"(*Ladrón que roba a ladrón ha cien años de perdón*)라는 속담을 인용한다.[10] 곤잘레스는 모든 악한 행위를 도덕적 등가로 만들고 있지도 않았고, 잘못된 것을 바로잡기 위해 노력하는 것이 적절하지 않다고 주장하고 있지도 않았다. 그는 어떤 민족이라도 집단이나 개인의 과거를 충분히 깊게만 파 본다면 잘못을 발견할 것이라고 말하고 있었다. 기독교 신학에서 이것은 바울의 말을 다시 들려준다. "모든 사람이 죄를 범하였으매 하나님의 영광에 이르지 못하더니"(롬 3:23, 개역개정). 이는 하나님이 용

---

10 _ Justo L. González, *Mañana: Christian Theology from a Hispanic Perspective* (Nashville: Abingdon Press, 1990), p. 32.

서를 위해 치르신 대가는, 나 역시 복수 대신 용서의 대가를 치를 수 있는 능력을 하나님께 받았음을 발견하게 한다는 것을 기억함으로써만 가능하다. 칼은 칼을 낳지만, 십자가는 바퀴를 부순다.

십자가가 바퀴를 부순다는 주장, 값비싼 대가를 치르더라도 용서할 수 있다는 주장은 아프리카계 미국인의 문맥에만 고유한 것이 아니다. 그것은 1세기 이스라엘의 이야기이기도 하다. 울분을 멈추고 용서하라고 호소하시는 예수님은, 로마가 점령한 유대 지역의 특정성으로부터 추상화될 수 없다. 예수님은 자신의 동족 유대인들이 로마에 대해 분노할 이유가 충분한 세상 안에 들어오셨다. 그들의 나라는 점령당했고, 과도한 세금이 부과되고 착취당하고 식민 통치의 모든 굴욕을 겪어야 했다. 여전히 메시아를 기다리던 이스라엘 사람들은 종종 그들의 원수를 패배시킬 사람을 기다렸다.[11] 누가복음을 시작하는 사가랴의 노래는 메시아의 수난이 아닌 그분의 승리를 예고했다(눅 1:71-79). 세례 요한은 예수님의 사역에 어리둥절해하며, 예수님이 그분인지 아니면 또 다른 분을 기다려야 하는지 헷갈려 했다(눅 7:19). 그러나 그럼에도 자신들의 이방인 압제자의 몰락을 구하기 위해 필요한 모든 역사적 증거 자료를 가졌던 이 초기 유대인 그리스도인들은, 자신들에게 대체로 적대적이던 로마의 세계를 회심시키는 일을 자신들의 임무로 삼았다.

울분을 사랑과 용서로 바꾸라는 부르심은 잘못 해석될 수 있다. 계속되는 학대를 정당화하고 묵인하는 수단으로 받아들일 수 있는 것이다. 그

---

11 _ 메시아 대망의 다양성에 대해서는 Esau McCaulley, *Sharing in the Son's Inheritance* (London: T&T Clark, 2019), pp. 1-46, Matthew V. Novenson, *The Grammar of Messianism: An Ancient Jewish Political Idiom and Its Users* (Oxford, UK: Oxford University Press, 2017), pp. 1-33를 보라.

리스도인이 학대를 기꺼이 받아들이는 것이 부적절한 이유가 두 가지 있다. 첫째, 성경의 신학적 에너지는 **해방**을 향한다. 출애굽은 노예 생활에서의 해방을 말하며, 신약성경의 많은 부분이 죄로부터의 해방을 말한다. 하나님은 자신의 백성이 영원히 속박된 채로 남기를 원하시지 않는다. 따라서 부당하게 고통당하는 이들은, 필요한 경우 그들의 원수와 멀리 떨어진 채로 그들을 용서하는 것이 합당하다. 그 자리에 계속 머무를 필요는 없다. 둘째, 또한 신약성경은 믿는 자들에게 고통당하는 이들을 도우라고 요청한다. 야고보는 이렇게 말한다. "하나님 아버지께서 보시기에 깨끗하고 흠이 없는 경건은, 고난을 겪고 있는 고아들과 과부들을 돌보아 주며, 자기를 지켜서 세속에 물들지 않게 하는 것입니다"(약 1:27). 우리에게 그렇게 할 수 있는 힘이 있을 때, 어떻게 학대당하고 있는 이들에게 그들의 고통이 끝나게 해 주지 않을 수 있는가? 야고보는 "고아와 과부에게 고통을 견디라고 말하라"고 말하지 않는다. 그는 그리스도인을 향해 "그들을 도우라!"고 말한다. 따라서 용서의 자리를 찾는 것은 우리에게 그 고통에 대해 무엇인가 할 수 있는 자원이 있을 때, 그 고통이 무한정 계속되는 것을 허락해야 함을 의미하지 않는다.

필수 추가 사항으로서 부활과 마지막 심판

앞의 이야기가 감정적으로 항상 만족스럽다고 말하는 것은 정직하지 못한 일일 것이다. 내 민족의 현재와 역사적 고통을 보면서, 누가복음 23:34("아버지, 저 사람들을 용서하여 주십시오")보다는 시편 137편이 더 가깝게 느껴질 때가 많다. 하지만 괜찮다. 나는 아직 그리스도와 같은 모습으로 완전히 변화되지 못했고, 시편 137편은 합당한 이유를 가지고 정경의 일부로 포함되었기 때문이다. 재림 전에는 계속해서 바빌론들이 있을 것이다. 바빌론이 존재하는 한, 억압당하는 이들은 버드나무 옆에서 탄식할 것이다.

그럼에도 불구하고, 어렵더라도 나 자신에게 가장 중요한 질문을 던져야 하는 순간은 정확하게 십자가의 구애가 가장 약하게 느껴질 때다. 기독교는 세상에 접근하는 하나의 가설이나 방법론인가? 메시아는 소크라테스나 나스(Nas, 미국의 유명 래퍼—옮긴이)처럼 우리에게 철학을 제공했는가? 기독교가 단순히 방법론, 실재에 접근하는 방식에 불과하다면, 그것으로는 부족하다. 그러나 만약 그리스도가 죽음으로 죽음을 밟고 다시 살아나셨다면, 세상은 완전히 다른 곳이다. 설령 내가 세상을 그런 식으로 경험하지 못한다고 해도 말이다. 바울은 이것을 완벽하게 진술한다.

그리스도께서 죽은 사람 가운데서 살아나셨다고 우리가 전파하는데, 어찌하여 여러분 가운데 더러는 죽은 사람의 부활이 없다고 말합니까? 죽은 사람의 부활이 없다면, 그리스도께서도 살아나지 못하셨을 것입니다. 그리스도께서 살아나지 않으셨다면, 우리의 선포도 헛되고, 여러분의 믿음도 헛될 것입니다. 우리는 또한 하나님을 거짓되이 증언하는 자로 판명될 것입니다. 그것은 죽은 사람이 살아나는 일이 정말로 없다면, 하나님께서 그리스도를 살리지 아니하셨을 터인데도, 하나님께서 그리스도를 살리셨다고 하나님에 대하여 우리가 증언했기 때문입니다. 죽은 사람들이 살아나는 일이 없다면, 그리스도께서 살아나신 일도 없었을 것입니다. 그리스도께서 살아나지 않으셨다면, 여러분의 믿음은 헛된 것이 되고, 여러분은 아직도 죄 가운데 있을 것입니다. 그리고 그리스도 안에서 잠든 사람들도 멸망했을 것입니다. 그리스도 안에서 우리가 바라는 것이 이 세상에만 해당되는 것이라면, 우리는

모든 사람 가운데서 가장 불쌍한 사람일 것입니다. (고전 15:12-19)

부활이 없다면, 십자가에 새겨진 용서는 경건한 한 바보의 애석한 꿈이다. 그러나 나는 메시아가 죽음을 이기셨다고 확신한다. 나는 부활이 일어났다고 믿기에 내 원수를 용서할 수 있다. 나는 나를 심판할 권세를 가진 하나님이 나를 심판하지 않으셨다고 확신한다. 대신 그분은 나를 그 아들과의 연합(communion)으로 초대하셨고, 바로 그러한 메시아와의 하나됨을 통해 나는 전에 나에게 없었던 사랑의 자원을 발견한다. 분노가 나 자신의 마음 안에서 위세를 떨칠 때도, 결코 하나님을 이기지는 못한다.

부활에 대한 믿음은 우리로 불가능한 것은 없다고 믿도록 요구한다. 죽음이 하나님의 권세에 복종한다면, 나의 증오 역시 그렇다. 그러나 그보다 더, 부활은 모든 흑인의 소망과 꿈의 최종적 신원이다. 흑인의 분노가 흑인의 몸에 대한 무시와 흑인을 인간으로 보지 않는 시각에서 기인한다면, 부활한 흑인과 갈색 인종의 몸은 우리의 가치에 대한 하나님의 최종 확증이다. 하나님이 죽은 자들을 생명으로 부르실 때, 그들의 민족적 정체성은 그대로 유지된다(계 7:9).

그러나 기독교는 모든 사람이 그들 자신의 행위에 책임져야 할 것이라고 가르친다. 마지막 심판은 두려움을 주는 위안의 근원이다. 요한의 묵시는 순교당한 성인들이 "거룩하시고 참되신 지배자님, 우리가 얼마나 더 오래 기다려야 지배자님께서 땅 위에 사는 자들을 심판하시어 우리가 흘린 피의 원한을 풀어 주시겠습니까?"(계 6:10)라고 질문하는 장면을 들려준다. 요한은 "보응은 없을 것이다"라고 반응하지 않는다. 대신, 그는 때가 아직 오지 않았다고 말한다. 후에 요한은 바빌론이 그 악행에 대해 심판받는 마지막 때를 이야기한다(계 18:21-24). 하나님은 악을 심판하실 것이다. 우리에게 저질러진 죄악은 문제가 될 것이다. 이것은 두렵기도 하고(심지어 내 원수에게조차 그러한 결과를 바라기 힘들 정도로 그렇다는 것을 발견한다) 위안을 주기도 한다(죄가 심판받기 때문이다). 하나님의 가공할 만한 심판 능력을 생각할수록 나는 모두가 하나님이 제안하시는 용서를 받아들이기를 열망하게 된다. 기독교 종말론은 자비를 낳는다. 그리스도인으로서 오래 살았어도 나는 여전히 분노를 느끼지만, 십자가와 하나님의 권세의 실재는 나를 변화시켰다. 나는 억압하는 자들이 회개하고 치유를 찾기를 원한다. 나는 그들 역시 자유롭게 되기를 원한다. 그렇다면 나의 울분은 내가 가장 격해진 순간 뒷자리에 맴도는 동정의 흔적을 지닌다.

결론

아프리카계 미국인 신자가 기독교 역사를 깊숙이 들여다보고도 극심하게 동요되지 않기란 힘들다. 세속 흑인들이 종교에 항변한 것도 역사적으로 아프리카계 미국인을 부당하게 대우한 교회에 대한 반응에서 기인한 만큼, 가장 이해할 만한 서구 역사의 전개 가운데 하나로 볼 수 있다. 만약 그들이 틀렸다면(그리고 그들은 틀렸다), 그 오류는 엄청난 고통에서 나온 것이다. 나 역시 흑인의 몸과 영혼에 대한 계속되는 공격을 정당화하는 데 성경이 사용되는 방식에 좌절한다. 그렇지만 우리가 이 문제의 해결책에 대해 그들과 다른 결론에 이른다면, 그것은 흑인 그리스도인들이 과거를 부정하기 때문이 아니다. 그것은 단순히 우리가 성경의 증언 안에서 흑인의 고통과 분노에 대한 다른 해결책을 발견하기 때문이다. 우리는 위대한 기독교 전통의 폭넓은 핵심에서 잘못을 발견하지 않는다. 우리는 다른 이들이 저지른 왜곡에 대해, 그리고 우리 스스로 우리가 소중하게 견지하는 진리에 합당하게 살아 내지 못한 방식들에 대해 애통한다. 그럼에도 우리는 그리스도의 십자가 안에서, 그리스도의 십자가를 통해 소망과 용서를 발견하는 것을 부끄러워하지 않는다. 결국 우리는 그 피 안에서 탄원하며 확신을 얻는다.

7장

노예의 자유
페닝턴의 승리

사람을 파는 것에 대해 말하는가? 그렇다면 불멸성이나 햇살을 파는 것에 대해 말하는 편이 나을 것이다. _레너드 블랙(Leonard Black)

주님께서 다시 말씀하셨다. "나는 이집트에 있는 나의 백성이 고통받는 것을 똑똑히 보았고, 또 억압 때문에 괴로워서 부르짖는 소리를 들었다. 그러므로 나는 그들의 고난을 분명히 안다. 이제 내가 내려가서 이집트 사람의 손아귀에서 그들을 구하여…." _출애굽기 3:7 - 8

성경을 처음부터 끝까지 다 읽었다고 어머니께 말씀드리면서 느꼈던 자부심을 기억한다. 그해 여름이 시작될 무렵, 어머니는 나에게 창세기부터 요한계시록까지 성경 이야기의 주요 시대를 아우르는 만화 성경을 사 주셨다. 목회서신도 분명 읽었겠지만, 그 부분은 나를 감동시키지 못했다. 나의 상상력은 사람들을 노예 생활에서 해방시키기 위해 불러내신 출애굽의 하나님에게 사로잡혔다. 나는 의로운 분노로 자신의 흑인 자녀와 갈색 인종 자녀의 고통을 살피시는 하나님에 대해 들으며 자랐다. 나에게 성경은 소망의 근원이었다. 그렇지만 우리는 자라고 변한다. 우리가 자라듯이 본문의 복잡함도 자라 간다. 마침내 나는 노예를 언급하는 바울의 본문과 마주쳤다. 미국 노예제가 남긴 유산의 무게가 본격적으로 내 상상력을 짓눌러 왔다.

> 종의 멍에를 메고 있는 사람은 자기 주인을 아주 존경할 분으로 여겨야 합니다. 그렇게 하여야, 하나님의 이름과 우리의 가르침에 욕이 돌아가지 않을 것입니다. 신도인 주인을 섬기는 종들은, 그 주인이 신도라고 해서 가볍게 여겨서는 안 됩니다. 오히려, 주인을 더 잘 섬겨야 합니다. 왜냐하면, 이러한 섬김에서 이익을 얻는 이들이 동료 신도요, 사랑하는 사람이기 때문입니다. 그대는 이런 것들을 가르치고 권하십시오. (딤전 6:1-2)

백인 노예 주인의 손에 들린 성경은 억압의 수단이었다. 처음으로 성숙하게 바울을 읽어 내려갔을 때, 나는 과연 그 말씀이 맞는지 헷갈렸다. 이 본문은 노예 생활을 하는 이들에게 그들의 위치에 만족하라고 말하는 것 같았다. 바로 그것이 미국에서 노예제를 정당화하는 데에 이 본문이 사용되던 방식이다.[1]

우리는 바울의 유산을 어떻게 이해해야 하는가? 일부 아프리카계 미국인들은 바울을 회피하는 것으로 이 문제에 대처했다. 그러나 이 문제는 옆으로 제쳐 두기에는 말 그대로 너무 긴급하다. 내가 태어나기 약 130년 전, 흑인 목사이자 노예 폐지론자였던 제임스 페닝턴(James W. C. Pennington)은 우리의 불안을 말로 옮긴다.

> 성경은 상황을 막론하고 노예제를 비난합니까, 하지 않습니까? 나는, 나로서는, 알기를 갈망합니다. 나의 회개, 나의 신앙, 나의 소망, 나의 사랑, 나의 인

---

[1] Allen Dwight Callahan, *The Talking Book: African Americans and the Bible* (New Haven, CT: Yale University Press, 2006), p. 32.

내의 모든 것, 모든 것이―숨기지 않겠습니다, 반복해서 말하겠습니다―모든 것이 바로 이것에 달려 있습니다. 이 지점에서 내가 속은 것이라면, 즉 만약 하나님의 말씀이 노예제를 승인한다면, 나는 다른 책, 다른 회개, 다른 신앙, 다른 소망을 원합니다![2]

페닝턴에게 문제는 이 구절 혹은 저 구절이 노예제를 용납하는가가 아니었다. 그는 하나님의 성품을 중심에 놓는다. 만일 성경이 흑인의 몸을 유괴하는 일과 흑인 남녀를 강간하는 일, 가족을 떼어 놓는 일, 채찍과 쇠사슬을 사용하는 일을 뒷받침한다면, 그는 완전히 다른 **책**이 필요했다. 그는 다른 신앙, 다른 소망이 필요했다. 어떤 면에서 흑인 그리스도인들이 갖는 모든 질문 뒤에 있는 질문은 바로 이것이다. 하나님은 우리의 자유를 의도하셨는가? 그렇다면 성경과 흑인 그리스도인에 대한 우리의 고찰은 이 지점, 우리의 모든 문제의 기원인 성경과 노예제의 문제에서 끝나야 한다.

페닝턴처럼 정경 안에 있는 디모데전서 6:1-3을 가지고 노예제에 대해 물을 때, 우리는 너무 많은 것을 위태롭게 하는 것처럼 보인다. 그것은 부활을 위태롭게 하는 것 같다. 얼핏 보면, 그것은 성도의 교제, 성찬, 모든 부족과 민족의 회합을 위험에 처하게 한다. 분별없는 형식의 질문처럼 느껴질 수도 있다. 그러나 우리는 더 밀고 나가 보아야 한다. 성경은 이 대륙에서 흑인의 몸에 일어났던 일들을 과연 승인하는가?

처음 읽으면, 성경은 우리가 원하는 모든 것을 우리가 원하는 방식으로 말하지 않는 것처럼 보인다. 그런데 바로 이것이 결정적인 부분이다. 즉, **성경은 충분한 것을 넘어서서 말한다.** 기독교 이야기가 그 모든 장마다 노

---

[2] _ James Cone, *The Cross and the Lynching Tree* (Maryknoll, NY: Orbis, 2013), p. 27에서 재인용.

예제를 소멸하는 법을 제정하지는 않는다. 그럼에도 불구하고, 기독교 서사와 우리의 신학적 원칙의 핵심, 우리의 윤리적 당위는 노예제를 상상할 수 없게 만드는 세상을 창조한다. 성경을 총체적으로 이해할 때, 그것은 어둡고 깨어진 세상에서 여전히 빛이 된다. 노예 주인들이 어둠에서 걸어 나와 빛으로 들어가기까지 너무 오래 걸렸다고 해도 그것은 그들의 잘못이다. 이러한 논지를 펼치기 위해 먼저 강조해야 할 점이 있다. 예수님의 해석적 방법은 하나님이 우리의 노예 생활을 의도하지 않으셨음을 분명하게 말할 수 있게 해 준다는 것이다. 이렇게 시작한 다음, 우리는 하나님이 왕이신 세상, 그리하여 노예제가 사라진 세상을 상상할 수 있게 해 주는 신구약 성경의 선별된 본문을 살펴볼 것이다.

성경 읽기, 노예제, 하나님의 목적

지상 사역이 끝나갈 무렵, 예수님은 예루살렘을 향해 가면서 반대자들과 지속적으로 대립하는 상황에 처하셨다(마 16:21; 눅 24:25-27). 한번은 바리새인이 예수께 우리의 주제인 노예제와는 아주 동떨어진 사안처럼 보이는 이혼에 대해 질문하러 왔다. 그 본문은 전체를 인용할 만한 가치가 있다.

> 바리새파 사람들이 예수께 다가와서, 그를 시험하려고 물었다. "무엇이든지 이유만 있으면, 남편이 아내를 버려도 됩니까?" 예수께서 대답하셨다. "사람을 창조하신 분이 처음부터 그들을 남자와 여자로 지으셨다는 것과 그리고 그가 말씀하시기를 '그러므로 남자는 아버지와 어머니를 떠나서, 자기 아내와 합하여서 둘이 한 몸이 될 것이다' 하신 것을 너희는 아직 읽어 보지 못하였

느냐? 그러므로 그들은 이제 둘이 아니라 한 몸이다. 하나님이 짝지어 주신 것을 사람이 갈라놓아서는 안 된다." 그들이 예수께 말하였다. "그러면 어찌하여 모세는 이혼 증서를 써 주고 아내를 버리라고 명령하였습니까?" 예수께서 대답하셨다. "모세는 너희의 마음이 완악하기 때문에 아내를 버리는 것을 **허락하여** 준 것이지, **본래부터 그랬던 것은 아니다.**" (마 19:3-8, 저자 강조)

바리새인은 예수님이 신명기 24:1-4과 이혼 문제를 다루는 토라의 다른 부분들도 해석해 주시기를 원했다. 그들의 계획은 이혼 관습 자체가 아니라 그것을 적용하는 상황에 대해 논쟁하는 것이었다. 여기서 이혼 문제는 남북전쟁 전 남부의 노예 주인들이 다루던 노예 문제와 유사하다. 그들은 성경적 노예 제도가 있고, 나쁜 노예 제도가 있다고 주장했다. 문제는 성경의 강력한 지지를 받는 노예 제도 자체가 아니라, 일부의 과용이라는 것이다.

많은 학자들은 여기서 예수님이 이혼을 강력하게 반대하는 것처럼 보이는 입장을 드러내신다고 주장해 왔다. 그것은 나의 관심사가 아니다. 나의 초점은 그러한 주장을 하기 위해 그분이 사용하시는 해석 논리에 있다. 그분은 자신의 반대자들이 염두에 두는 본문인 신명기 24:1-4을 다루지 않으신다. 대신, 창세기 시작 부분의 말씀으로 고개를 돌리신다. 그분은 하나님의 **창조적 의도**에 대해 말씀하신다. 예수님에게 문제는 토라가 무엇을 **허용하는가**가 아니라 하나님이 무엇을 **의도하시는가**다.

예수님은 타락 이전에는 이혼이 없었으며, 따라서 우리는 이혼을 조장해서는 안 된다고 주장하셨다. 대신, 남자와 여자는 서로를 영원히 즐거워하도록 지어졌다. 이것은 반대자들을 어리둥절하게 만들었던 것 같다. 그렇다면 이 구절들이 왜 있는가? 예수님은 모세가 이러한 율법을 제정한 것은 그들의 완악한 마음 때문이라고 대답하신다. 그분은 그들이 "본래부터 그랬던 것은 아[님]"을 기억하기를 원하셨다.

여기서 예수님의 논지는, 모세의 이혼법처럼 인간의 죄성을 감안하는 본문들이 기독교 윤리의 규범이 아님을 시사한다. 중요한 점은 우리가 어떤 존재가 되도록 지어졌는가다. 예수님은 토라의 모든 본문이 인간의 상호작용을 위한 이상을 제시하지는 않음을 보여 주신다. 대신, 어떤 본문들은 깨어진 세상을 받아들이고 우리가 서로 입히는 피해를 제한하고자 한다. 이것은 우리가 구약성경의 본문을 볼 때 그 목적에 대해 우리 스스로에게 질문해 보아야 함을 의미한다. 그 본문은 하나님이 우리에게 원하시는 모습을 제시하는가 아니면 깨어진 세상으로부터 일어나는 피해를 제한하고자 하는가?

바울이 율법은 우리의 죄 때문에 제정되었고 그리스도가 오실 때까지 우리의 개인 교사 역할을 한다고 말할 때, 그 역시 유사한 방식으로 이야기한다(갈 3:19-24). 이것은 율법이 나쁘다는 의미가 아니며(갈 3:21), 기독교 윤리에서 그것이 행하는 형성적 역할을 간과하는 것도 아니다. 대신 율법은 때로 우리가 서로에게 가하는 해를 제한한다는 의미다.

따라서 우리는 가장 긴급한 문제로 곧장 가게 된다. 창세기 시작 부분으로 눈을 돌려 창조 이야기를 볼 때, 우리는 하나님이 아담과 하와의 후손이 서로를 노예로 만드는 것을 **의도하셨다**는 증거를 발견하는가, 아니면 노예가 타락의 발현이라는 증거를 발견하는가? 만약 노예제가 타락의 결과라면, 그것이 하나님의 뜻이라는 주장은 거짓이다. 또한 성경이 노예제를 흑인에게 좋은 것으로 제시한다는 주장 역시 거짓이다. 노예제는 언제나 그리고 영원히 죄로 둘러싸여 있다. 이것을 보는 한 가지 방법은 우리의 눈을 창세기에서 돌려 요한계시록으로 향하는 것이다. 만물의 화해를 향한 하나님의 비전이 무엇인가?(계 21:3-4) 그것은 치유되고 변화된 공동체이지, 노예로 살아가는 이들의 공동체가 아니다. 기독교 윤리가 장차 올 미래에 비추어 지금을 사는 삶에 관한 것이라면, 장차 올 미래 모든 사람의 자유는 어느 지점에서 이전에 노예였던 몸들 안에서 육화되어야 한다. 그 몸들의 **물리적** 자유 자체가 바로 복음이 재연된 비유다.

나는 구약과 이후 신약이, 그 안에서는 노예 제도가 점점 더 성립될 수 없는 상상의 세상을 창조한다고 주장하고 싶다. 다른 식으로 말하면, 하나님은 신학적으로 노예 제도를 해체할 수 있는 사람들을 창조하셨다. 상당수 그리스도인들이 이러한 결론에 이르기까지는 약 1,800년이라는 세월이 걸렸다는 불만이 있다. 이는 합당한 말이다. 그러나 우리는 그리스도인들이 이미 4세기에 그들의 비기독교 동료 사이에서 두드러지는 방식으로 노예 제도를 반대하는 강력한 신학적 논지를 주장하기 시작했음을 인식해야 한다.[3] 더욱 흥미로운 사실은 18세기 노예 폐지론자 이전에는 어떤 사회도 노예제 자체가 근본적으로 비윤리적이라고 주장한 적이 없었다는 점이다. 노예제 폐지를 위한 광범위한 운동은 기독교가 가져온 혁신이었다.

구약성경과 하나님의 성품: 두 번째 접근

나는 예수님이 토라에서 하나님의 목적을 진술하는 본문(창조 이야기)과

---

[3] _ Tom Holland, *Dominion: How the Christian Revolution Remade the World* (New York: Basic Books, 2019), pp. 141-142. 『도미니언』(책과함께). Stuart G. Hall, *Gregory of Nyssa: Homilies on Ecclesiastes: An English Version with Supporting Studies*, Proceedings of the Seventh International Colloquium on Gregory of Nyssa (Berlin: De Gruyter, 1993), pp. 177-184.

인간 죄악의 영향력을 제한하는 본문(이혼법)을 구분하신다고 주장했다. 그렇다면 예수님은 윤리적 판단을 하실 때, 고려 사항과 거기서 나오는 이유에서 시작하지 않으셨다. 그분은 사람들이 그들이 창조된 목적을 기억하게 하셨다. 나는 구약성경의 노예법에도 유사한 논리가 적용되어야 한다고 주장한다.

이제 나는 노예 문제를 약간 다른 각도에서, 말하자면 노예제와 하나님의 성품이라는 각도에서 따라가 보려고 한다. 여기서 다시 나는 다음과 같이 말하는 페닝턴을 따라간다.

> 그들은 다른 시대의 사람들이 노예를 보유했었다는 사실에서 많은 의미를 이끌어 내려고 시도한다.…그러나 그 문제는 성경이 객관적 역사로 기록하는 내용에 의해 영향을 받지 않는다. 오직 성경이 하나님의 도덕적 성품과 부합하거나 부합하지 않다고 드러내는 것, 그분의 보좌 앞에 순종하거나 반역하는 것에 의해 영향을 받는다.[4]

사실상 그는 이렇게 말하고 있다. 성경은 하나님의 성품에 관해 무엇을 드러내는가? 하나님은 과연 노예제를 기뻐하시는가?

출애굽 서사는 이런 면에서 명확하다. 하나님은 어떤 분인가? 그분은 노예로 살아가는 사람들의 고통을 듣고 그들을 구출해 내시는 하나님이다(출 3:7-10). 이 구출은 그분의 이력의 일부분이 된다(신 7:8; 레 11:45). 이스라엘 백성이 하나님께 기도할 때, 그들은 해방시키는 행위 안에서 자신의 성품을 드러내신 하나님을 향해 기도했다. 해방시키시는 하나님의 성

---

[4] James W. C. Pennington, *A two years' absence, or, A farewell sermon, preached in the Fifth Congregational Church, Nov. 2, 1845* (Hartford, CT: H. T. Wells, 1845).

품은 이스라엘이 이방인을 대하는 태도에도 반영되어야 했다(신 24:17). 그렇다면 이스라엘의 긍휼과 하나님의 성품 자체 간에는 신학적 연결고리가 있다. 그런데 우리는 이러한 구약성경의 이야기에 너무 익숙해졌고, 따라서 출애굽은 그 힘을 잃어버렸다. 우리는 노예 소유자의 성경 해석 안에서 훈련받아 왔고, 그 안에서 죄악에 대한 제한은 이상(ideal)이 되어 버렸으며 성경의 이야기가 지닌 힘은 점차 약해졌다.

그러나 노예 생활을 하던 흑인 그리스도인들은 알았다. 어떤 화려한 해석적 묘안도 그들로 하여금 이스라엘 백성을 해방시키셨던 하나님이 이 나라에서 노예로 살아가는 이들에게 관심을 갖지 않으신다고 믿게 할 수 없었다.

제인 이모도 우리에게 말하곤 했어. 이스라엘의 자녀들이 이집트에서 노예였다고. 그리고 하나님이 그들을 이집트에서 구해 내셨다고. 그리고 이모는 하나님이 우리도 구해 주실 거라고 말했어. 우리 모두는 이런 찬송을 부르곤 했지.
"그는 사자굴에서 다니엘을,
고래 배 속에서 요나를,
불타는 용광로에서 세 명의 히브리 자녀를 구해 내셨으니
어째서 나도 구하시지 않으리."[5]

---

5 _ Octavia V. Rogers Albert, *The house of bondage or Charlotte Brooks and other slaves original and life-like, as they appeared in their old plantation and city slave life; together with pen-pictures of the peculiar institution, with sights and insights into their new relations as freedmen, freemen, and citizens* (New York: Hunt and Eaton, 1890), p. 31.

노예 생활을 하던 사람들은 성경 본문에서 해방을 기뻐하시는 하나님에 대해 읽었고(또는 들었고), 이것은 그들에게 소망을 주었다. 노예 본문이 존재하지 않았다는 것이 아니다. 그런 본문들은 단지 출애굽의 증언을 소멸하기 위해서만 사용될 수는 없었다. 성경 본문으로 눈을 돌렸을 때, 그들은 하나님이 자신을 사람을 노예로 삼는 신, 따라서 선택받은 그의 백성 역시 다른 이를 노예로 삼는 신으로 묘사하는 것을 보지 못했다. 대신 다니엘, 모세, 요나 이야기에서 그들이 본 것은 자신들의 노예 주인이 묘사하던 모습과는 아주 다른 하나님이었다.

악마는 세부 사항에 숨어 있는가? 구약성경의 몇몇 노예 본문들

초기 흑인의 해석적 전통은 옳았다. 하나님의 성품은 노예제를 반대한다. 그러나 예수님의 해석 방식을 볼 때 하나님의 의도를 진술하는 본문과 죄악을 제한하는 본문을 구별하는 예를 찾아볼 수 있는가? 토라는 (많은 곳에서) 노예제의 죄악에 의해 야기되는 해를 제한하고자 노력하는가? 이 질문에 답하는 유일한 길은 토라의 몇몇 본문에 묘사된 노예제를 살펴보는 것이다. 구약성경의 모든 노예 본문, 비유, 서사를 제대로 다루는 작업은 지면상 불가능할 것이다. 성경이 쓰일 당시의 세계에서는 노예제가 표준이었고, 성경은 그러한 현실을 반영한다.[6] 그럼에도 구약성경이 이 현실을 다루는 몇 가지 방식을 간략하게 살펴보는 것은 중요하다.

여기서 중요하게 경고해야 할 점이 있다. 나는 성경이 '선한 노예 제도'

---

6 _ Pennington, *Two Years' Absence*, p. 23.

를 묘사한다고 주장하고 그런 다음 그것을 북미 노예 매매의 '나쁜 노예 제도'와 대조하고 있지 않다. 나는 성경의 노예 제도가 북미 노예 매매와 다르며, **그런 이유로** 성경 이야기의 찌르는 듯한 상처가 상쇄된다고 주장하고 있지 않다. 따라서 나는 고대 근동의 노예 제도와 미국의 노예 재산 제도 간의 차이를 약술하지 않을 것이다. 그런 정보는 얼마든지 쉽게 귀할 수 있다.[7] 내가 궁금한 점은, 성경이 하나님은 모든 사람의 자유를 의도하신다는 소망의 여지를 주는가다. 나는 그렇다고 생각하며, 세 가지 이유—(1) 히브리 노예를 놓아주는 실천, (2) 노예 학대를 둘러싼 일부 규칙, (3) 도망친 노예를 위해 주어진 성소—를 논할 것이다.

이스라엘에서 히브리인은 6년 이상 노예로 잡아 둘 수 없었고, 노예를 속량할 때는 새 삶을 시작할 재원을 노예에게 주었다.

> 당신들 동족 히브리 사람이 남자든지 여자든지, 당신들에게 팔려 와서 여섯 해 동안 당신들을 섬겼거든, 일곱째 해에는 그에게 자유를 주어서 내보내십시오. 자유를 주어서 내보낼 때에, 빈손으로 내보내서는 안 됩니다. 당신들은 주 당신들의 하나님으로부터 복을 받은 대로, 당신들의 양 떼와 타작마당에서 거둔 것과 포도주 틀에서 짜낸 것을 그에게 넉넉하게 주어서 내보내야 합니다. 당신들이 이집트 땅에서 종살이한 것과 주 당신들의 하나님이 당신들을 거기에서 구속하여 주신 것을 생각하십시오. 그러므로 내가 오늘 이러한 것을 당신들에게 명하는 것입니다. (신 15:12-15)

---

7 _ 고대 근동의 노예 제도에 대한 보다 자세한 논의는 S. S. Bartchy, "Slavery", *The International Standard Bible Encyclopedia (Revised)*, ed. Geoffery W. Bromiley. Accordance e-book version 1.2. (Grand Rapids, MI: Eerdmans, 1979), pp. 539-547; G. H. Haas, "Slave, Slavery", *Dictionary of Old Testament: Pentateuch*, ed. T. Desmond Alexander and David W. Baker (Downers Grove, IL: InterVarsity Press, 2003)을 보라.

히브리 성경학자 제이컵 밀그롬(Jacob Milgrom)은 이 본문이 "사실상 노예제도를 폐지한다"고 말한다.[8] 고대 근동에는 적용 범위나 관대함 면에서 이와 비교할 수 있는 법이 존재하지 않았다.[9]

여기서 요점은 긍휼이 아니다. 노예 해방은 하나님이 이스라엘을 위해 하신 일을 따라 하라는 특별한 부르심에 근거했다. 성경학자 피터 크레이기(Peter C. Craigie)는 이렇게 말한다. "그들은 자신들이 노예였을 때 하나님이 그들을 사랑하셨고 해방시키셨으며 그들을 위해 풍성하게 공급하셨음을 기억해야 했다. 하나님의 자녀들로 말이다."[10]

나는 노예 이야기가 거기서 끝났기를 바라지만, 해방의 약속은 외국인 노예까지 확장되지 않았다(레 25:39-46). 외국인을 노예로 삼을 수 있었던 것은, 명백한 인종차별의 한 형태에 해당하는 생각, 곧 그들을 온전한 인간보다 하등한 존재로 간주하는 생각 때문이었는가?

이런 식의 흑인의 인간성에 대한 부정이 미국의 노예 매매를 뒷받침했다. 사우스캐롤라이나주 상원 의원이었던 제임스 헨리 해먼드(James Henry Hammond)는 1858년 상원 연설에서 이렇게 말했다.

모든 사회 제도에는 천한 임무를 맡고, 삶의 고역을 수행할 계급이 있어야 합니다.…남부는 다행히 힘들이지 않고 그러한 목적에 알맞은 인종을 찾았

---

8 _ Jacob Milgrom, *Leviticus 23-27*, Anchor Bible 3b (New York: Doubleday, 2001), p. 2214.
9 _ Milgrom, *Leviticus 23-27*, p. 2214.
10 _ Peter C. Craigie, *The Book of Deuteronomy*, NICOT (Grand Rapids, MI: Eerdmans, 1976), p. 239. 또한 Mark F. Rooker, *Leviticus*, ed. E. Ray Clendenen and Kenneth A,. Matthew, NAC3a (Nashville: Broadman&Holman Publishers, 2000), p. 310를 보라. 『NAC 레위기』(부흥과개혁사). 그는 이렇게 말한다. "이스라엘 백성의 노예 상태가 부정적 함의를 지닌다는 사실은 노예 생활 기간이 가혹함을 특징으로 해서는 안 된다는 빈번한 경고를 명백하게 보여 주며(25:43, 46, 53), 이는 노예제에 본질적으로 부조리한 어떤 것이 있음을 시사한다."

습니다. 이 인종은 남부 자신보다 열등하지만, 남부의 모든 목적에 응답하기 위한 기질, 활력, 온순함, 기후를 견디는 능력 면에서 탁월한 요건을 갖추었습니다.[11]

그의 말이 중요한 이유는, 미국의 노예제가 사심 없는 성경 읽기에 근거하지 않기 때문이다. 대신 그들은 성경 본문을 노골적 인종주의, 욕정과 탐욕에서 자라난 인류학에 비추어 읽었다.

희년법이 외국인 노예에게는 왜 적용되지 않았을까? 하나님이 이스라엘을 노예 생활에서 구속하셨을 때, 그들은 하나님의 백성이 되었고 바로 그 이유로 그분의 백성 중 누구도 다시는 원치 않게 영구적 노예로 만들 수 없었다. 또한 하나님은 자신의 백성에게 이스라엘 땅을 약속하셨다. 가난이 그들을 노예 생활로 내몰 때도, 다시 돌아올 수 있다는 소망이 여전히 남아 있었다. 희년은 그러한 실재를 보장하기 위해 존재했다.[12]

비록 외국인 노예는 희년에 포함되지 않았지만, 소망을 찾기 위해 고개를 돌릴 수 있는 다른 지점들이 있다. 한 가지 원천은 예언서에 묘사된 평화와 배움의 종말론적 비전이다. 고대 근동에서 노예제를 발생시키는 두 가지 주요 요인이 있었다. 바로 부채와 전쟁이다.[13] 그러나 이사야서에 예언된 장차 올 종말론적인 하나님 나라는 전쟁의 종말과 물질적 풍요를 내

---

11 _ 또한 Albert Beverage가 미국의 필리핀 합병을 정당화하는 것을 보라. "우리는 인종에 대한 사명, 하나님 밑에서 우리에게 주어진 세상 문명의 신탁 관리의 역할을 부정하지 않을 것입니다.…그는 혼란이 지배할 때 체제를 세우기 위해 우리를 세상의 최고 조직자로 만드셨습니다." Larry G. Murphy, "Evil and Sin in African American Theology", *The Oxford Handbook of African American Theology*, ed. Katie G. Cannon and Anthony B. Pinn (Oxford, UK: Oxford University Press, 2014), pp. 212-227.
12 _ Milgrom, *Leviticus 23-27*, p. 2231.
13 _ Haas, "Slave, Slavery."

다본다(사 2:2-4, 25:6). 전쟁과 결핍의 종말은 결핍과 폭력에서 자라는 노예제에도 종말을 가져온다.

예언자들이 보는 것은 전쟁의 종말 이상이다. 그들은 이방인에게도 율법이 전해지는 것을 내다본다.

> 백성들이 오면서 이르기를
> "자, 가자. 우리 모두 주님의 산으로 올라가자.
> 야곱의 하나님이 계신 성전으로 어서 올라가자.
> 주님께서 우리에게 주님의 길을 가르치실 것이니,
> 주님께서 가르치시는 길을 따르자" 할 것이다.
> 율법이 시온에서 나오며,
> 주님의 말씀이 예루살렘에서 나온다. (사 2:3)

시온(예루살렘)에서 나오는 율법은 이스라엘의 소명과 연결된다. 하나님이 이스라엘에게 복을 주겠다고 약속하실 때, 그것은 세상에 복을 주려는 특별한 목적을 위해서였다. 하나님이 이스라엘을 위해 하시는 놀라운 일들을 보면서, 이스라엘 주변의 민족들이 그들을 따라 하기로 결심하게 되는 것 말이다. 이것이 바로 그들이 이스라엘로 와서 하나님의 길을 배워야 하는 이유다. 만약 우리가 그 길을 진지하게 따른다면, 만약 민족들이 토라를 채택하기로 되어 있었다면, 그것은 사실상 모든 민족에게서 영구적 노예를 소멸시키고(6년마다의 노예 속량법 때문에) 노예를 위한 피난처를 점점 더 확장하게 될 것이다.[14] 노예 속량법을 묵상할 때, "만백성의 빛"이 되는

---

14 _ 다음에 나오는 도망자들에 대한 논의를 보라.

하나님의 정의는 진정한 중요성을 갖게 된다(사 51:4). 이스라엘의 목적은 사회를 조직하는 더 나은 방식이 있음을 보여 주고, 그렇게 함으로써 그들 주변의 민족들에게 긍정적인 영향을 주는 것이었다. 다른 말로 하면, 노예로 살아가던 이스라엘 백성의 자유를 위한 비전과 그러한 자유를 다스리는 율법은 증언으로서의 역할을 해야 했다.

이 모든 것을 외국인 노예도 소망할 수 있었는가? 아니다. 그러나 이스라엘의 노예법이 노예 없는 세상을 향한 하나님의 비전을 증언하는 두 가지 다른 방식이 있다. 첫 번째는 도망친 노예를 위한 규칙이고, 두 번째는 노예를 위한 일부 보호 규정이다. 우리는 도망과 관련된 규칙을 짧게 살펴본 뒤, 노예를 다루는 것과 관련된 일련의 중요한 출애굽기 본문들로 고개를 돌릴 것이다.

"어떤 종이 그의 주인을 피하여 당신들에게로 도망하여 오거든, 당신들은 그를 주인에게 돌려보내서는 안 됩니다. 성 안에서 그가 좋아하는 곳을 택하게 하여 당신들과 함께 당신들 가운데서 살게 하여 주고, 그를 압제하지 않도록 하십시오." (신 23:15-16)

다시금 이런 법은 고대 근동이나 예수님 시대의 그리스-로마 세계에서는 전례가 없다.[15] 이론적으로, 이스라엘 밖의 노예들은 이스라엘을 안전한 장소로 보았을 수 있다.[16] 또한 쓰인 대로 이 본문은 이스라엘 내에서 노

---

15 _ Duane L. Christensen은 "이 명령은 도망친 노예를 숨겨 주는 것을 금지하는 잘 알려진 고대 근동의 법전들에 반(反)한다"고 말한다. Duane L. Christensen, *Deuteronomy 21:10-34:12*, WBC 6B (Grand Rapids, MI: Zondervan, 2002), p. 549. 『WBC 성경주석시리즈 신명기 6(하)』 (솔로몬).

16 _ "노예가 이스라엘 어느 성읍이든 거주지를 삼을 수 있도록 선택할 수 있는 것은 상당한 정도의

예 생활을 피하기 위해 나라의 이쪽에서 다른 쪽으로 도망치는 것 역시 허용하는 듯 보인다. 따라서 율법은 이스라엘 사람들이 외국인 노예를 유지하는 것을 허용하기는 하지만, **어떤 노예든** 만약 그들이 도망칠 수 있다면 노예 상태에 계속 머물러야 한다고 명령하지 않는다. 달리 말하면, 출애굽이 배경에 계속 남아 있었다. 나는 사실상 노예에게, 당신이 벗어날 수만 있다면 당신을 도와줄 것이라고 말하는 문화는 어디서도 보지 못했다.

지금까지 나는 출애굽 서사에서 드러난 하나님의 성품과 그 성품에서 나오는 긍휼이 우리에게 노예 없는 세상에 대해 신학적으로 생각해 볼 수 있는 상상력의 도구를 제공한다고 주장했다. 그런 뒤, 히브리 노예 속량법이 땅의 약속과 연결되어 있으며 모든 이스라엘 백성이 그 유산의 지분을 보유할 수 있게 해 주었다고 주장했다. 마지막으로, 희년법을 이스라엘 백성에게만 제한한 것은 우리에게 어려운 말씀으로 다가오지만, 이는 미국의 노예 매매를 뒷받침했던 동일한 인류학적 차별에 근거하지 않았다고 주장했다. 덧붙이자면, 나는 율법의 보편적 적용에 대한 민족들 사이의 비전이 보편적 노예 폐지 역시 수반한다고 주장한다. 더 나아가, 그 당시 다른 거의 모든 사회와 대조적으로, 토라는 주인에게서 도망칠 수 있었던 어떤 노예에게든 자유를 약속했다.

우리의 구약성경 논의에서 마지막 요소는 노예를 다루는 방식에 초점을 맞출 것이다. NIV는 출애굽기 21:20-21을 다음과 같이 번역한다.

누구든 자기의 남종이나 여종을 몽둥이로 때려서 그 종이 곧바로 죽으면,

개인의 자유를 드러낸다." Ronald E. Clements, "The Book of Deuteronomy", *Numbers-2S amnuel*, NIB 2 (Nashville: Abingdon Press, 1998), p, 462.

그는 처벌받아야 한다. 그러나 그들이 하루나 이틀 뒤 회복되면[하루나 이틀을 더 살면, 새번역], 그 주인을 처벌해서는 안 되는데, 종은 주인의 재산이기 때문이다. (옮긴이 사역)

이 본문은 노예의 죽음을 벌금 같은 처벌로 이어지는 사소한 범죄와 유사하게 다루는 것처럼 보인다.[17] 대부분의 다른 번역도 똑같이 생각한다.[18]

그러나 많은 학자들은 처벌로 번역된 단어가 일반적으로 단지 '처벌'을 의미하지 않음을 지적한다. 그것은 '보복'을 의미한다.[19] 이 본문은 구약성경이 노예를 목숨조차 어떤 가치도 없는 단순한 재산으로 보지 않았음을 보여 준다. 대신, 노예 살인도 명백한 살인이고, 하나님의 형상으로 지어진 인간을 살해하는 것이다. 이 본문은 보복을 누가 하는지는 말하지 않는다. 나는 외국인 노예에게 보복해 줄 친족이 없었을 가능성을 고려할 때, 그 역할이 하나님의 몫이었을 것이라고 확신한다.[20]

이것은 누구든 노예를 거의 죽을 지경까지 때릴 수 있으며, 그 노예가 살아 있기만 하면 그 주인은 처벌받지 않을 수도 있다는 의미인가? 출애굽기 21:26-27은 그렇지 않음을 시사한다.

"어떤 사람이 자기 남종의 눈이나 여종의 눈을 때려서 멀게 하면, 그 눈을

---

17 _ William H. C, Propp, *Exodus 19-40: A New Translation with Introduction and Commentary*, Anchor Bible (New York: Doubleday, 2006), p. 219에 나오는 논의를 보라.
18 _ NRSV, NAB, NJKV, NET도 보라.
19 _ Nahum M. Sarna, *Exodus,* The JPS Torah Commentary (Philadelphia: The Jewish Publication Society, 1991), p. 124; Victor P. Hamilton, *Exodus: An Exegetical Commentary* (Grand Rapids, MI: Baker Academic, 2011), p. 384. 『출애굽기』(솔로몬).
20 _ Hamilton, *Exodus*, p. 384; Sarna, *Exodus*, p. 124를 보라. 이들은 공동체가 범인을 처단했을 것이라고 말한다.

멀게 한 값으로 그 종에게 자유를 주어서 내보내야 한다. 그가 자기 남종의 이나 여종의 이를 부러뜨리면, 그 이를 부러뜨린 값으로, 그 종에게 자유를 주어서 내보내야 한다."

애석하게도 이 본문이 모든 형태의 학대를 제거하지는 않지만, 이를 부러뜨리는 것을 포함하여 노예에게 가하는 상해는 무엇이든 그 결과는 종의 자유라고 말한다. 다른 어떤 고대 근동의 글에서도 노예를, 피해를 입는 것이 인정되는 행위 주체로 다루지 않는다.[21] 성경은 노예가 '그의 이'와 '그의 눈'을 잃은 것 때문에 속량된다는, 들어 보지 못한 주장을 한다.[22] 노예의 몸은 그 주인의 것이 아닌, 여전히 그 자신의 것이다. 노예의 몸에 가한 상해에 대한 배상은 그 **노예**에게 주어져야 한다.

나는 미국의 노예들은 더 열악한 노예 생활을 했던 반면, 성경 본문은 쉬운 노예 생활을 묘사한다고 주장하고 있지 않다. 내가 살펴보고자 한 문제는 성경 본문이 노예제를 선한 것으로 승인하는지, 아니면 깨어진 세상의 해악을 제한하고자 하는지에 관한 것이다. 노예의 후손으로서 이러한 본문들을 읽고 해석하는 일은 여전히 고통스럽다. 어쩌면 이 상처의 치유는 종말론적인 것인지도 모른다. 그럼에도 불구하고, 우리는 몇몇 구약 본문들이 좀 더 멀리 나가기를 바라는 한편으로, 내 생각에 하나님의 성품과 구약성경의 중심 이야기는 노예제에 반대하는 것이 분명하다. 노예제는 타락의 발현이며, 하나님은 소망의 상징으로서 그들을 노예 생활에서 해방시키심으로써 이스라엘의 이야기를 시작하신다. 나의 조상들은

---

21 _ Sarna, *Exodus*, p. 127.
22 _ 사적인 대화에서 나에게 이 점을 지적해 준 휘튼 칼리지 구약학 교수 Aubrey Buster에게 감사드린다.

그 이야기를 그런 식으로 읽었고, 나 또한 그렇다. 구약성경의 율법은 이스라엘의 동시대인들을 훨씬 앞서는 방식으로 노예의 인간성과 존엄을 인식한다. 또한 그것은 자유를 위한 다양한 길을 제공한다. 그것이 전부는 아니지만, 그것으로도 충분하다. 노예 해방을 향해 나아가는 이러한 본문들의 궤적을 따라갈 수 있기 때문이다.

마지막으로, 사도 바울

그러나 사도 바울, 흑인 그리스도인에게 우리의 모든 문제의 원천으로 제시되는 사도 바울은 어떤가? 바울의 시대나 그 뒤로 몇 세기 동안 누구도 하나의 제도로서 노예제의 종말을 꿈꾸었던 것 같지 않다.[23] 바울은 자신의 조그만 신생 공동체가 로마의 법을 바꾸는 것과 같은 극적인 일을 할 수 있으리라고 믿었던 것 같지 않다. 그럼에도 나는 바울의 사고에서 노예제가 사라진 세상을 상상할 수 있는 도구를 제공하는 측면이 있는지 살펴보고 싶다. 이 탐색은 선입견에서 완전히 자유롭지 않으며, 모든 것을 빠짐없이 다루지도 않는다. 나는 바울이 노예를 다른 방식으로 볼 수 있는 자원을 제공하는 방식의 예로 그의 세 본문만을 다룰 것이다. 바로 빌레몬서, 디모데전서 6:1-3, 고린도전서 7:21-24이다.

탈출한 노예 오네시모, 그리고 요구되는 것 이상

바울과 노예제를 생각할 때, 결국 우리는 바울, 오네시모, 빌레몬의 복합

---

23 _ 두드러진 예외로 Gregory of Nyssa가 있다. Tom Holland, *Dominion: How the Christian Revolution Remade the World* (New York: Basic Books, 2019), pp. 141-142를 보라.

적 서사를 다루어야 한다. 이것은 추상적인 한 노예와 상상 속 주인에 관한 신학적 성찰이 아니다. 여기서 우리는 바울이 자신의 신학을 실천에 옮기는 것을 본다. 노예가 도망쳤을 때, 디모데전서 6:1-3과 같은 본문은 과연 어떤 식으로 드러나는가?[24]

노예 보유자들은 바울이 의무대로 그 노예를 돌려보냈고, 노예제를 정당화하는 그 논지를 사용했다고 주장했다.[25] 나는 바울이 이 본문에서 노예제를 약화시키는 두 가지 일을 한다고 주장하고자 한다. (1) 바울은 그리스도의 빛에 비추어 사회관계와 지위를 변화시킨다. (2) 바울은 빌레몬에게 오네시모를 놓아주도록 요청한다.[26]

바울은 자신과 다른 이들을 예수 그리스도를 위해 옥에 갇힌 사람으로 지칭한다(몬 1, 9, 10, 12, 23절). 이러한 낮은 지위는, 사회의 눈으로 볼 때 바울을 오네시모와 동급에 위치시키는 효과가 있다.[27] 만약 누군가 오네시모를 도망친 범죄자로 보려는 유혹을 받는다면, 그들은 사도 역시 비난

---

[24] 많은 이들은 오네시모가 빌레몬에게서 무언인가를 훔치고 도망쳤다고 추정한다. 분석 및 비평을 위해서는, Obusitswe Kingsley Tiroyabone, "Reading Philemon with Onesimus in the Postcolony: Exploring a Postcolonial Runaway Slave Hypothesis", *Acta Theologica* 24 (2016): pp. 225-236를 보라.

[25] James Noel은 이렇게 말한다. "그들 자신이 세운 억압적 담론의 구조라는 렌즈를 통해 본다면, 백인 노예 찬성론자들이 오네시모가 자신에게 더 쓸모 있는 사람이 된 것에 대한 바울의 언급을, 오네시모의 계속되는 노예 상태의 틀 안에서 일어난 어떤 일로 해석하는 것은 놀랍지 않다." "Nat is Back: The Return of the Re/Oppressed in Philemon", *Onesimus Our Brother: Reading Religion, Race, and Culture in Philemon*, ed. Matthew V. Johnson, James A. Noel, and Demetrius K. Williams (Minneapolis, MN: Fortress Press, 2012), p. 73.

[26] Tiroyabone은 빌레몬에 대한 대부분의 해석이 "식민주의적"이며, 그들은 "바울이 식민주의적 주인-노예 관계가 심지어 기독교 그룹 안에서도 만연하기를 원했다"고 추정하고 "바울이 오네시모가 주인-노예 관계에서 풀려나기를 원했다는 가능성을 위한 어떤 여지도 만들지 않는다"고 합당하게 지적한다. Tiroyabone, "Reading Philemon", p. 231.

[27] Mary Hinkle Shore는 바울이 그의 사도직을 언급하지 않으며, 대신 감옥에 갇혀 있는 그의 위치를 강조한다고 지적한다. Mary Hinkle Shore, "The Freedom of Three Christians: Paul's Letter to Philemon and the Beginning of a New Age", *Word & World* 38 (Fall 2018): pp. 390-397.

할 수밖에 없을 것이다. 그렇다면 바울은 자신의 목회적 개입을 권력의 자리가 아닌 약함의 자리에서 시작한다. 로이드 루이스(Lloyd A. Lewis)는 이렇게 말한다. "바울이 자신을 범죄자 상태와 보다 문자적으로 동일시하는 것은 교회에서 두각을 드러내는 그의 위치를 옆으로 제쳐 놓는다. 이때, 사도직은 바울의 신분에서 중요한 지표가 아니다. 따라서 빌레몬은 바울이 바울 자신을 또 다른 범죄자이자 노예인 사람과 비교되는 자리에 위치시키는 것을 듣는다."[28]

바울의 수사법은 빌레몬이 주인으로서의 자신의 위치와 노예로서의 오네시모의 위치를 중요하게 여기기 힘들게 만든다.[29] 또한 바울은 빌레몬을 형제로 부르면서 가족의 언어를 사용한다. 요점은 분명하다. 그리스도 안에서 하나됨은 관계를 변화시킨다. 사회는 권력과 지위를 가진 이들을 가치 있게 여긴다. 그리스도인은 모든 사람을, 노예든 자유인이든 혹은 옥에 갇힌 사람이든 모두를 가족으로 대우한다.[30] 노예와 주인이 가족이라는 이 생각은 노예제를 약화시킨다. 누가 형제나 자매를 노예로 삼겠

---

28 _ Lloyd A. Lewis, "Philemon", *True to Our Native Land: An African American Commentary on the New Testament*, ed. Brian K. Blount et al. (Minneapolis, MN: Fortress Press, 2007), p. 439.
29 _ 어떤 이들은 노예로서의 오네시모의 위치를 반박하면서, 대신 그가 빌레몬의 형제였다고 주장한다. Allen Dwight Callahan, "Paul's Epistle to Philemon: Toward an Alternative Argumentum", *Harvard Theological Review* 86, no. 4 (1993), pp. 357-376를 보라. 그에 대한 반응은, Margaret M. Mitchell, "John Chrysostom on Philemon: A Second Look", *Harvard Theological Review* 88, no. 1 (1995), pp. 135-148를 보라.
30 _ Mitzi J. Smith는 몬 11절에 "쓸모없는" 사람이었지만 이제는 쓸모 있는 사람이라는 그의 이름에 대한 언어유희에 근거하여, 바울이 여전히 게으르고 부정직한 노예의 전형을 통해 오네시모를 보고 있다고 주장한다. Mitzi J. Smith, "Utility, Fraternity, and Reconciliation: Ancient Slavery as a Context for the Return of Onesimus", *Onesimus Our Brother: Reading Religion, Race, and Culture in Philemon*, ed. M. V. Johnson, J. A. Noel, D. K. Williams (Minneapolis, MN: Fortress, 2012), pp. 47-58. 그러나 이에 대한 다음의 반응을 보라. Jennifer A. Glancy, "The Utility of an Apostle: On Philemon 11", *Journal of Early Christian History* 5, no. 1 (2015): pp. 72-86.

는가?

이러한 언어에 대해 냉소적 자세를 취하기 쉽다. 특히 남부의 흑인 노예제를 둘러싼 일부 가부장적 언어를 고려할 때 그렇다. 그럼에도 불구하고, 기독교 신학은 그 자체의 논지를 가질 수 있어야 한다. 바울은 예수님이 노예의 형태로 오셨고, 그렇게 함으로써 세상에 구원을 가져오셨다고 믿는다(빌 2:6-11). 이렇듯 **약함**을 통해 힘 있는 이들을 부끄럽게 하는 것은, 바울이 그의 서신에서 반복해서 돌아오는 주제다(고전 1:18-31). 바울에 따르면, 예수님은 우리가 서로를 어떻게 대해야 하는지 본을 보여 주신다. 이러한 대인관계 권력 역학의 신학적 역전은 노예와 주인이 서로를 보는 방식에 영향을 끼쳤다.

사랑에 근거한 약함을 통해 오는 힘이라는 생각은 바울이 어떤 종류의 주장을 펼치는가에 영향을 준다. 그는 말한다. "그러므로 그리스도 안에서 나는 그대가 마땅히 해야 할 일을 아주 담대하게 명령할 수도 있지만, 우리 사이의 사랑 때문에, 오히려 그대에게 간청을 하려고 합니다"(몬 8-9절). 바울이 빌레몬이 오네시모에게 어떻게 하기를 원하든, 그는 그것이 단순히 명령이 아닌, 그들이 그리스도 안에서 나누는 사랑에 기반을 두는 것이기를 원한다. 바울은 "[빌레몬의] 승낙 없이는 아무것도 하고 싶지" 않으며, 하나님의 섭리 안에서 빌레몬이 오네시모를 더 이상 "종으로서가 아니라 종 이상으로, 곧 사랑받는 형제"로 받아 주기를 바란다.

여기서 바울이 제안하는 바가 정확하게 무엇인가? 그는 무엇을 '명령'하기를 자제하고 있는가? 바울은 단순히 빌레몬이 오네시모를 다시 받아 주고 이제 그리스도인인 그에게 **좀 더 친절하기를** 원한다고 말하고 있는가? 어떤 이들은 바울이 원하는 전부는 화해이지 속량이 아니라고 주장해 왔다. 그들이 이렇게 말하는 것은, 오네시모나 바울에게는 속량이 그다지 중요하지 않을 것이기 때문이다.³¹ 나는 이에 대해, 그들이 단순히 문화에서 노예제가 함축하는 의미와 자유가 인간의 영혼에 행하는 선을 진지하게 생각하지 않는다고 생각한다.

그러나 바울이 빌레몬이 "내가 말한 것 이상으로" 하리라 확신한다고 말할 때, 그것은 무엇을 의미하는가? 바울은 이미 빌레몬이 오네시모를 형제로 받아 줄 것을 **명시적으로** 요청했다. 레이먼드 브라운(Raymond Brown)은 다음과 같이 합당하게 쓴다.

[바울이 원한 것은] 그리스도인 노예 주인이 관습에 도전하는 것이다. 도망친 노예를 용서하고 식구로 다시 받아 주는 것, 바울이 선포한 그리스도께 그가 빚진 것을 생각하여 금전적 배상이 주어지더라도 받지 않는 것, 그 종을 해방시켜 줌으로써 더 큰 관대함을 실천하는 것, 그리고 신학적 관점에서 가장 중요한 것은 오네시모를 사랑받는 형제로 인식하고 따라서 그리스도인으로서 그의 변화를 인정하는 것이다.³²

성경학자 제임스 노엘(James A. Noel)은 교회 성경공부 모임에서 빌레몬서를 가르칠 때 나눈 흥미로운 이야기를 들려준다. 성경공부를 하는 동안 한 교인이 물었다. "노예가 주인에게 돌아와 그에게 이런 편지를 보여

---

31 _ F. F. Bruce, *The Epistles to the Colossians, to Philemon, and to the Ephesians*, NICNT (Grand Rapids, MI: Eerdmans, 1984), pp. 191-202; David W. Pao, *Colossians and Philemon*, ZECNT (Grand Rapids, MI: Zondervan, 2012), pp. 341-355. 『강해로 푸는 골로새서, 빌레몬서』(디모데).

32 _ Raymond Brown, *An Introduction to the New Testament*, Anchor Bible Reference Library (Yale: Yale University Press, 1997), p. 506. 『신약개론』(CLC). 또한, Cain Hope Felder, "The Letter to Philemon", *2 Corinthians-Philemon*, NIB 11 (Nashville: Abingdon Press, 2000), pp. 898-899를 보라.

준다면 어떤 일이 일어날 거라고 생각하세요?"[33] 여기서 그는 회중이 그러한 사건이 교회를 얼마나 뒤흔들었을지 상상해 보도록 하고 있다. 그러나 보다 중요한 질문은 오네시모가 무엇을 소망했을까 하는 것이다. 그 집으로 걸어 들어갔을 때, 그는 어떤 대접을 받고 싶었을까? 최근의 학자들은 우리에게 오네시모를 스스로 행동할 능력이 있는 행위 주체로 보라고 합당하게 요청한다.[34] 오부시츠웨 킹슬리 티로야보네(Obusitswe Kingsley Tiroyabone)는 오네시모의 행위 능력을 진지하게 고려하는 다음의 시나리오를 상정한다.

온 식구가 이제 가정 예배에 참여하고 있었기 때문에, 그는 주인이 기독교 신앙으로 개종했음을 알았다. 그는 복음전도 운동의 지도자가 바울이며 그가 로마에 있다는 것을 알았다. 그런 뒤, 돈 없이는 바울을 만나기 위해 로마에 갈 수 없을 것이기 때문에 빌레몬의 물건을 훔쳤다. 내 판단에는, 오네시모는 새로운 신앙이 그 시대에는 들어 본 적 없는 새로운 것들을 제안한다는 것을 알았다. 그는 노예 생활에서 풀려나고 싶었고, 바울과 함께 지내는 동안 그가 자신의 해방을 추천해 주기를 바라며 자신이 좋은 일꾼임을 증명했다.[35]

나는 오네시모가 빌레몬의 것을 훔쳤다는 증거가 있다고는 생각하지 않지만, 티로야보네의 기본 요점은 여전히 타당하다. 본문에서 오네시모가 노

---

33 _ James A. Noel, "Nat is Back", p. 87.
34 _ M. V. Johnson, J. A. Noel, and D. K. Williams, eds. *Onesimus Our Brother: Reading Religion, Race, and Culture in Philemon* (Minneapolis, MN: Fortress, 2012).
35 _ Tiroyabone, "Reading Philemon", pp. 233-234.

예 생활에서 풀려나고자 바울을 찾아갔고, 바울이 그러한 오네시모의 노력에 가담했다고 추정하는 것을 가로막는 요소는 어디에도 없다. 따라서 우리는 더 이상 그를 도망친 노예라고 불러서는 안 된다. 그를 도망자라고 부르는 것은 노예 보유자들의 의견을 중심에 놓는 일인데, 누군가가 도망칠 때 논리적인 일은 그들을 돌려보내는 것이기 때문이다. 그러나 오네시모는 돌려보내지기를 바라는 마음이 전혀 없었다. 오네시모는 도망치지 않았다. 그는 **탈출했다**.

오네시모가 자유를 바라며 바울에게 갔다면, 그가 발견한 것은 훨씬 더 큰 것이었다. 그는 복음에 의해 변화되었다. 이것은 그가 더 적은 것을 기대했다는 의미가 아니라, 오히려 그가 자유와 그리스도인의 형제애에 대한 소망을 가지고 돌아왔다는 것이다. 빌레몬은 이 편지에 비추어 그러한 소망을 부정하기가 매우 어려웠을 것이다.

자유에 대한 오네시모의 갈망은 다른 그리스도인들에게도 소망의 여지를 준다. 여기 1774년 매사추세츠주 하원에 노예들이 보낸 탄원서를 발췌한 부분이 있다.

우리의 삶은 너무 쓰라립니다.…이 한탄스러운 상황에서 우리는 전능하신 하나님께 우리의 순종을 보여 드릴 수 없습니다. 어떻게 노예가 아내에게 남편의 의무를 다하거나 자녀에게 부모의 의무를 다할 수 있겠습니까? 어떻게 주인은 일하게 남겨 둔 채 남편이 아내와 함께 있겠습니까?…어떻게 아이가 모든 일에서 부모에게 순종할 수 있겠습니까? 우리 가운데는 신실한…그리스도의 교회의 지체들이 아주 많습니다. 어떻게 주인과 노예가 "사랑 가운데 살아라, 풍성하게 형제 사랑하기를 계속하라, 서로의 짐을 져 주어라"라는 명령을 성취한다고 말할 수 있겠습니까? 주인이 그들이 가진 노예제의 무거운 사슬과 나의 뜻에 반하는 행동으로 나를 내리누를 때, 어떻게 그가 나의 짐을 진다고 말할 수 있습니까? 우리 역시 이런 상황에서 어쩔 수 없이 우리의 하나님을 바로 섬기지 못하는데, 어떻게 그에 대한 우리 측의 의무를 다할 수 있겠습니까?[36]

이 그리스도인들은 그리스도인의 삶에 본질상 자유가 필요하다고 주장한다. 노예 신분으로서는 남편, 아버지, 아내, 자녀의 역할을 온전히 해낼 수 없다. 그렇다면 기독교의 메시지는 그러한 제도에 압력을 가했다. 더 나아가, 노예로 살아가던 이 사람들은 바울이 빌레몬서에서 언급한 그 형제애에 호소한다. 그들은 '형제애'가 그리스도인들로 하여금 제도가 그리스도 안에서 그들의 형제자매에게 무슨 일을 하는지 살펴보게 만든다고 주장한다. 나는 하나님이 교회에 제도를 재규정하고 폐지하게 하는 일, 즉 정확하게 그런 형태의 압력을 가하기 위해 바울이 기독교를 가족적 언어로 묘사하도록 의도하셨다고 주장한다.

부르심을 받은 그때의 처지(고전 7:21-24): **빌레몬의 집에서 고린도로**
바울이 고린도 교회에 보낸 편지의 일곱 번째 장에서, 바울은 그에게 제기되었던 일련의 질문들, 즉 그리스도인으로서 어떻게 살아야 하는지에 대한 질문으로 고개를 돌린다. 이 질문들은 결혼, 이혼, 할례, 독신을 다룬다. 이 모든 영역에서 그의 종합적 충고는 다음과 같이 요약할 수 있다. "각 사람은, 주님께서 나누어 주신 분수 그대로, 하나님께서 부르신 처지 그대로 살아가십시오"(고전 7:17). 그리스도인이 될 때 이미 할례를 받았다면, 그것

---
36 _ Callahan, *Talking Book*, p. 34에서 재인용.

을 바꾸려고 하지 마라. 믿지 않는 남편과 결혼했다면, 그들이 신자가 아니라는 **이유로** 이혼하려고 하지 마라.

여기서 우리의 초점은 노예제에 대한 언급이다. 그는 노예들에게 이렇게 말한다.

노예일 때에 부르심을 받았습니까? 그런 것에 마음 쓰지 마십시오. 그러나 **자유로운 몸이 될 수 있는 기회가 있으면, 어떻게 해서든지 그것을 이용하십시오.** 주님 안에서 노예로서 부르심을 받은 사람은 주님께 속한 자유인입니다. 그와 같이 자유인으로서 부르심을 받은 사람은 그리스도의 노예입니다. 여러분은 하나님께서 값을 치르고 사신 사람입니다. 그러므로 사람의 노예가 되지 마십시오. (고전 7:21-23)[37]

그리스도인은 노예 생활에 신경 쓰지 않아야 한다는 말로 시작하는 바울의 진술은 오해하기 쉽다. 노예 상태가 중요하지 않다는 의미인가? 바울의 요점은 그런 것이 아니다. 신약학자 로이 치암파(Roy E. Ciampa)와 브라이언 로즈너(Brian S. Rosner)는 노예인 한 사람이 이렇게 질문하는 모습을 상상한다. "내가 노예의 삶을 산다는 사실은, 하나님께 영광을 돌리고 하나님을 섬기는 나의 능력을 심오하게 손상시키지 않는가? 성적 순결과 정직의 삶을 사는 것과 관련된 경우 특히 그렇지 않은가? 내가 자유로워질

---

[37] _ 강조한 부분의 정확한 의미는 이 책에서 다룰 수 있는 범위를 넘어선다. 여러 가능성에 대한 훌륭한 개관은 Michael Flexsenhar, "Recovering Paul's Hypothetical Slaves: Rhetoric and Reality in 1 Corinthians 7:21", *Journal for the Study of Paul and His Letters* 5, no. 1 (2015), pp. 71-88를 보라. 바울은 고린도 교인들이 가능하기만 하다면 자유를 얻기를 원했다고 진술하는 고전적인 주장은 Will Deming, "A Diatribe Pattern in 1 Cor, 7:21-22: A New Perspective on Paul's Directions to Slaves", *Novum Testamentum* 37, no. 2 (1995): pp. 130-137를 보라.

수만 있다면 하나님 앞에 더 바로 설 수 있지 않을까?"³⁸ 정확하게 바로 이것이 매사추세츠주의 노예들이 입법 기관에 제기했던 문제다. 노예 생활은 그들의 기독교적 실천을 제한한다. 바울의 요점은 이 문제가 **중요하지 않다**는 것이 아니다. 그의 요점은 노예로 살아가는 이들에게 주인이 그들에게 가하는 죄에 대해 **도덕적으로** 과실이 없다는 것이다.³⁹ 그들은 죄가 없을뿐더러, 노예 생활이 그리스도의 명령을 온전히 따르지 못하게 하더라도 하나님이 그들을 덜 사랑하시는 것이 아니라는 것이다. 이것은 목회적 반응이다. 바울은 노예들이 그들 주인의 죄에 대해 도덕적으로 과실이 없다고 말하지만, 그럼에도 불구하고 그들에게 가능하다면 자유를 얻으라고 충고한다.⁴⁰

여기서 바울과 노예제를 이해하기 위한 함축적 의미는 무엇인가? 바울은 유대인과 이방인, 노예와 자유인이 동일한 방식으로 상대화된다고 믿지 않는다. 그는 이방인에게 하나님을 기쁘시게 하기 위해 할례를 받지 말아야 한다고 말한다. 노예에게는 할 수만 있다면 자유를 얻으라고 말한다. 왜 그런가? 노예 생활이 믿는 자에게 제한을 가한다는 것을 인식했기 때문이다.⁴¹

---

38 _ Roy E. Ciampa and Brian S. Rosner, *The First Letter to the Corinthians*, PNTC (Grand Rapids, MI: Eerdmans, 2010), p. 319.

39 _ Ciampa and Rosner, *Corinthians*, p. 319.

40 _ David E. Garland, *1 Corinthians*, Baker Exegetical Commentary on the New Testament (Grand Rapids, MI: Baker Academic, 2003), pp. 309-313를 보라. 『BECNT 고린도전서』(부흥과개혁사). 이 입장을 취한 최근의 학자들의 참고 문헌은 Flexsenhar, "Recovering Paul", p. 73n6을 보라. 그는 이러한 합의에 의문을 제기하는데, 부분적으로 그 이유는 노예가 속량을 선택할 수 있었을지 의심되기 때문이며, 또한 그 문제에서 그들이 발언권을 얻지 못하는 것이 당연시될 때가 많았기 때문이다. 나는 돈을 내고 사는 속량이 그가 생각하는 것보다 더 현저하게 나타났으며, 바울은 우리가 돈을 낸 다른 어떤 방식으로든 자유를 얻을 수 있으면 그렇게 하라고 말하고 있다고 생각한다.

41 _ William Webb은, 고전 7:21-24을 포함한 노예제에 대한 바울의 언급은 노예제를 배제하는 그리스도인의 사고방식을 "조용히 시사"한다고 주장한다. 그는 그 언급들이 그리스도인들로 노예

우리는 이 편지가 다양하게 섞여 있는 회중에게 어떻게 받아들여졌을지 질문해 보아야 한다. 우리 가운데는 바울이 노예들에게 할 수만 있다면 자유를 얻으라고 말하는 것을 듣는 노예론자들이 있다. 바울의 말은 노예 주인들에게 양심의 가책을 느끼게 함으로써 그들이 빌레몬처럼 사랑으로 행동하게 만드는 데에 사용되었을 수 있다. 또한 우리는 민주공화국에서 권력을 가진 이들이 바울의 이 메시지를 어떻게 받아들였는지 질문해야 한다. 그리스도인들은 노예들이 오랫동안 추구해 온 자유를 얻을 수 있게 하는 수단이 되어야 한다.

디모데전서 6:1-3

바울이 노예들에게 그 주인에게 복종하라고 말하는 디모데전서 6:1-3은 모든 개혁을 무효화하는가? 많은 이들이 그렇다고 말하면서, 더 나아가 개혁은 사실 일어난 적이 없다고 주장할 것이다. 그들은 신약성경에서 노예와 주인의 이상화된 그림이 노예로 살아가는 이들의 고통을 심각하게 여기지 않는다고 말할 것이다.[42] 그들은 노예제가 사람들이 그 안에서 실제로 고통당하는 삶의 실재인 반면, 신약성경은 추상적 개념을 다룬다고 말한다.

이러한 비판에는 몇 가지 문제가 있다. 그것은 마치 바울이 신앙이 관계를 재구성할 수 있다고 진짜로 믿은 것이 아니라 단지 노예들이 동조하게 만들기 위해 그 모든 **상호성과 가족의 언어**를 사용하기라도 한 것처럼,

---

제 폐지를 뒷받침할 수 있게 하는 구속의 궤도를 설정한다고 주장한다. *Slaves, Women, and Homosexuals* (Downers Grove, IL: IVP Academic, 2001), p. 84.

42 _ Anders Martinsen, "Was There New Life for the Social Dead in Early Christian Communities? An Ideological-Critical Interpretation of Slavery in the Household Codes", *Journal of Early Christian History* 2, no. 1 (2012): pp. 55-69.

바울의 편에서 일종의 냉소주의를 추정하는 것처럼 보인다. 이것은 마치 두 편이, 즉 노예 찬성론자와 노예 폐지론자가 있고, 바울은 전자를 선택한 것처럼 보이게 만든다. 바울의 시대에는 노예제에 대한 전폭적 저항이 존재하지 않았다. 노예제를 유지하기 위해 바울이 필요한 건 아니었다. 그것은 모든 것을 포괄하는 자립적 체제였다. 둘째로, 노예제에 대한 논의뿐만 아니라 모든 기독교 신학은 이상을 다룬다. 그리스도인의 삶을 마땅히 규정하는 성령의 열매 혹은 상호 간의 사랑에 대한 바울의 논의도 이상적인 것으로 일축될 수 있다. 그럼에도 불구하고, 설령 교회는 반복해서 실패할지라도 바울은 그러한 사랑이 가능하다고 믿었다. 우리에게는 바울이 자신이 교회에 관해 쓴 것을 믿었고, 십자가가 모든 사회관계를 정말로 재구성한다고 생각했다고 믿을 만한 합당한 이유가 있다.[43]

그러나 바울이 디모데전서 6:1-3에서 실제로 말한 내용은 어떻게 할 것인가? 그는 두 가지 시나리오를 상상하고 있다. 첫째, 그는 믿지 않는 주인을 둔 노예들을 언급한다. 그는 그들이 주인을 존중함으로써 하나님의 이름과 기독교의 가르침이 비방을 듣지 않게 해야 한다고 말한다. 그의 가르침에서 이 부분은 이스라엘의 형편없는 증언 때문에 이방인들이 하나님의 이름을 모독하는 것에 대해 언급하는 구약성경의 본문을 암시한다.[44]

이러한 믿지 않는 이들을 위한 노예의 증언에 대한 암시는 디모데전서 6:1-3에서 아주 소홀히 여겨지는 측면이다. 구약성경에는 노예로 살아가는 유대인들이 믿지 않는 이들 앞에서 하나님의 이름을 영화롭게 하는 것

---

43 _ 바울이 실제로 개혁적 사고를 했을 수 있음을 부정하는 것에 대해서는 N. T. Wright, *Paul and the Faithfulness of God* (Minneapolis, MN: Fortress Press, 2013), p. 6를 보라.『바울과 하나님의 신실하심』(크리스챤다이제스트).
44 _ Philip H. Towner, *The Letters to Timothy and Titus*, NICNT (Grand Rapids, MI: Eerdmans, 2006), pp. 380-381.『NICNT 디모데전후서·디도서』(부흥과개혁사).

이 어떤 것인지 보여 주는 예들이 나온다. 예를 들면, 다니엘과 요셉이 있다. 두 경우 모두에서, 그들은 삶과 죽음을 결정할 힘을 가진 이방의 체제 아래 있었다. 요셉은 보디발의 아내에게 잠자리를 함께 하자는 압력을 받았을 때 그것을 거절했고, 그 결과로 어려움을 겪었다. 다니엘은 우상에 절하기를 거부한다. 두 사람 모두 성경 및 2차 성전 시대 문헌에서 **노예 생활 가운데서** 신실함을 지킨 예로 추앙된다.

따라서 복종하라는 바울의 요청을, 그가 그리스도인 노예들이 그 주인들이 원하는 것은 무엇이든 하기를 바랐음을 함축하는 것으로 이해해서는 안 된다. 하나님의 이름을 영화롭게 하는 수단으로서 노예 주인의 성적인 접근을 물리친 예들이 **성경 본문**에 엄연히 존재한다. 그렇다면 나는 바울이 노예들이 그 주인을 존경하는 것에 대해 말할 때, 무조건 복종을 의미하지 않는다고 제안한다. 예언자적 전통에 기대어 그는 그들의 주인을 하나님께로 이끄는 방식으로 행동하는 것을 염두에 두고 있다. 구약성경에 따르면 이것은 일시적 복종 거부를 포함했다.[45] 이는 복음전도로서의 노예 생활이 아니다. 대신, 노예 생활을 하면서도 그들의 신앙을 증언하는 방식으로 살 수 있는 능력이 있음을 말하고 있다.

디모데전서 6:1-3에서 두 번째 시나리오는 그리스도인 주인과 그리스도인 노예를 다룬다. 바울은 노예에게 그 주인을 존경심을 가지고 대하라고 요청한다. 바울이 노예로 사는 그 사람을 단순히 도구가 아닌 도덕적 행위 주체로 본다는 점을 주지하는 것이 중요하다. 그는 그들을 결정을 내

---

45 _ "주인께서는 모든 것을 나에게 맡겨 관리하게 하시고는, 집안일에는 아무 간섭도 하지 않으십니다. 주인께서는 가지신 모든 것을 나에게 맡기셨으므로, 이 집안에서는 나의 위에는 아무도 없습니다. 나의 주인께서 나의 마음대로 하지 못하게 한 것은 한 가지뿐입니다. 그것은 마님입니다. 마님은 주인어른의 부인이시기 때문입니다. 그런데 내가 어찌 이런 나쁜 일을 저질러서, 하나님을 거역하는 죄를 지을 수 있겠습니까?"(창 39:8-9)

릴 수 있는 이들로 여기면서 가르친다. 또한 그는 복음에는 그들로 하여금 그 주인을 다르게 보게 만드는 무엇인가가 있다고 말하는 것처럼 보인다. 바울이 선포했던 것처럼, 복음에는 명백하게 전복의 역학이 작동했다. 바울은 복음이 함축하는 바를 실현시키자고 말하는 데까지는 나가지 않는다. 대신 그는 교회가 복음의 실재를 온전히 실행하기 시작할 때, 심지어 이러한 변화된 상황 안에서도 우리는 여전히 그들에게 사랑과 존경심을 빚지고 있다고 말한다. 여기서 적어도 그 구조는 여전히 건재하다. 설령 복음이 그 힘을 약화시켰다고 할지라도 말이다.

그렇다면 우리는 이 구절을 어떻게 이해해야 하는가? 나는 구약성경의 노예법과 동일한 방식으로 디모데전서 6:1-3을 보아야 한다고 생각한다. 바울은 어려운 상황을 목회적 의미에서 이해하고자 노력하고 있다. 우리는 그의 해결책에 제한되어서는 안 되지만, 그를 보면서 영감을 얻을 수는 있다. 그 반대를 주장하고 있음에도 불구하고, 바울은 노예제가 발생시키는 피해를 제한하고자 했으며, 모든 제도를 십자가와 부활에 비추어 재고했다. 바울이 부활을 믿게 된 이후, 그의 상상의 세상에서는 그 어떤 것도 이전과 같지 않았다. 노예제는 다른 모든 것처럼 변화되어야 했다. 교회는 실제로 했던 것보다 훨씬 더 빨리 미국과 그 너머에서 복음의 함축 의미를 보다 온전하게 실행할 수 있어야 했다. 우리는 노예들을 해방시켜야 했다.

결론

우리는 제임스 페닝턴이 제기한 문제로 시작했다. 그가 섬기는 하나님은 노예제를 지지하시는가? 그는 모든 것이 이 질문에 달려 있다고 생각했다. 이것은 흑인 그리스도인에게 굉장히 위험한 질문인데, 이 질문을 한 뒤 우리를 기다리고 있는 것이 무엇인지 알지 못하기 때문이다. 우리는 그리스도가 우리에게 제공하신 해석 모델을 살펴보는 것으로 시작했다. 예수님은 구약성경의 특정 본문보다 하나님의 더 넓은 창조의 목적에서 출발하여 논지를 펼치신다. 그분은 어떤 본문들이 이상을 제시하기보다는 인간의 죄를 제한한다고 주장하셨다. 따라서 우리는 기독교 신학을 바르게 세워 갈 때 그러한 본문들에 제한되어서는 안 된다. 나는 노예제가 하나님의 원래 의도가 아니었기 때문에, 그리스도인은 창조로부터 노예로 살아가는 이들의 해방을 추론할 수 있다고 주장했다. 더 나아가, 우리는 거꾸로 기독교 종말론에서 맛보기로서의 현재의 해방을 추론할 수도 있다.

나는 구약과 신약, 심지어 바울 서신도 노예제를 해체하기 위한 신학적 자원을 제공한다고 주장했다. 구약과 신약이 단순히 기존의 제도들에 세례를 준다고 주장하는 것은 그야말로 거짓되다. 대신, 성경은 그 중심 주제와 노예제 사이에 갈등을 제기한다.

이는 그 자체로 힌트를 주며 충분한 출발점이 되는가? 기독교와 노예제에 대해 온전하게 논의하기 위해서는, 서로 사랑하라는 계명, 탐욕과 성적 문란에 대한 경고, 대속, 하나님의 이미지, 칭의와 정의를 포함하는 기독교의 모든 신념이 노예제를 종결시키기 위해 어떻게 함께 작동하는지에 대한 논의가 수반되어야 할 것이다. 이러한 교리들을 **함께** 고려할 때 장기적으로 노예제는 용납할 수 없는 것이 되지만, 여기서 그러한 주장을 펼치는 대신 나는 페닝턴이 일생 동안 분투한 끝에 이르렀던 해답으로 이번 장을 마치고자 한다. 이것은 전에 노예였던 사람이 이 문제에 대해 내린 결론을 대표한다.

나의 선고는 신약성경의 전반적 어조와 범위가 노예제를 규탄한다는 것이다. 그것의 교리, 교훈, 모든 경고는 그 제도에 반대한다. 나는 신약성경이 어느 장과 절에서 노예 보유자를 거부할 수 있는 권한을 나에게 준다는 것을 반드시 보여 줄 필요가 없다. 나의 반대자들이 인정하는 것을 보여 주는 것으로도 충분하다. 즉 그것은 가난한 자를 죽이는 것이고, 사회를 부패하게 만드는 것이고, 형제를 소외시키는 것이고, 교회 전체의 품에 불화의 씨앗을 뿌리는 것이다.…노예제란 무엇이며, 복음이란 무엇인지 마음에 늘 새기도록 하자.[46]

---

46 _ Pennington, *Two Years Absence*, p. 27.

결론

소망의 연습

이 희망은 우리를 실망시키지 않습니다. 하나님께서 우리에게 주신 성령을 통하여 그의 사랑을 우리 마음속에 부어 주셨기 때문입니다. _**로마서 5:5**

오래, 아주 오래 걸리긴 했지만, 나는 변화가 오고 있음을 알아요.
_샘 쿡(Sam Cooke)

이 책은 한 가지 주장으로 시작했다. 나 역시 많은 후손 중 한 명인 흑인 교회 전통은 고유한 소망의 메시지를 가지고 있으며, 이는 그 전통의 성경 해석에서 말미암는다는 것이다. 이 소망의 메시지는 단지 과거의 것일 뿐만 아니라, 살아 있고 움직인다. 또한 인도하심을 받고자 계속해서 성경으로 눈을 돌리는 흑인 신자들에게 앞으로 나아갈 길을 제공할 수 있다. 개인적 차원에서, 이 책은 나의 어머니 그리고 나의 어린 시절 교회가 내게 보여 준 신뢰에 보답하려는 시도였다. 나는 그들을 비롯해서 다른 흑인 그리스도인들이 이 책에서 자신들의 일부를 보았으면 했다. 만약 이 책이 혁신적이었다면, 성공하지 못한 것이다. 다른 이들에게 고향을 떠올리게 했다면, 나는 성공했다.

나는 쉽게 묘사하기 어려운 습관 혹은 본능을 책으로 옮기고자 노력했다. 우리는 흑인의 노래와 기도에서 그 힌트를 얻는다. 설교와 밤늦게까지 이어지는 기도 모임에서도 찾을 수 있다. 그것은 저녁 식사 자리에, 묘지에, 나라의 양심을 뒤흔들어 놓았던 연설들 안에 존재한다. 그것은 하나님이 원하시는 바는 우리의 유익이며 해악이 아니라는 확신에 근거하여 인내심을 가지고 성경 본문에 접근하는 것을 포함한다.

이러한 성경 읽기의 전통은 본질적으로 정경적이고 신학적이며, 성경의 이야기 전체에서 드러나는 하나님의 성품에 가장 큰 소망을 둔다. 그것은 창조자, 해방자, 구원자, 심판자로서의 하나님에 대한 위대한 진리에 기초한다. 그러한 성경 해석 전통은 대화의 방식을 취하며, 분명히 흑인 그리스도인들의 관심사에서 출발하지만, 하나님이 다시 우리에게 말씀하실 때 기꺼이 성경에 귀 기울인다. 우리는 우리에게 적대적으로 사용되던 성경 본문에 인내심을 갖는다. 우리는 그 본문이 우리를 축복할 때까지 야곱처럼 씨름해야 한다.

나는 누군가는 이 전통이 오늘날 그리스도인이 직면하는 문제를 다룰 능력이 과연 있는지 의심할 수도 있음을 주지했다. 따라서 나는 이 책을 쓰는 사람에게 긴급해 보이는 몇 가지 문제로 눈을 돌렸다.

- 성경은 흑인들이 압제에서 해방되어 번영할 수 있는 정의로운 사회를 창조하는 것에 대해 할 말이 있는가?
- 성경은 흑인 공동체에서 끊임없는 두려움의 원천이 되는 경찰 활동의 문제에 대해 들려줄 이야기가 있는가?
- 성경은 우리가 불의와 마주칠 때 그에 저항하라고 지지해 주는가?
- 성경은 우리의 민족적 정체성을 가치 있게 여기는가? 하나님은 우리의 흑

인됨을 사랑하시는가?
- 이 나라에서 흑인으로 사는 삶에 따라오는 고통과 울분을 어떻게 해야 하는가?
- 노예제는 어떤가? 성경의 하나님은 우리에게 일어났던 일을 승인하셨는가?

더 많은 질문들을 할 수 있지만, 모든 것을 빠짐없이 다루는 것이 목표는 아니다. 내가 원한 것은 대화를 계속 이어가는 것이지 결론을 내리는 것이 아니었다. 내가 위의 질문들에 누구든 만족할 수 있을 만큼 성공적으로 답했는지 판단하는 일은 독자의 몫이다. 그러나 그 목표를 달성했는지의 여부가 핵심은 아니다. 핵심은 성경과 **씨름하고** 답을 **기대하는** 과정 자체가 소망의 연습이라는 것이다. 그것은 흑인들이 상상할 수 없는 절망을 통과하여 더 밝은 미래로 나아올 수 있게 했던 신앙의 행위다. 성경은 위로의 원천이었지만, 또한 그 이상이기도 했다. 그것은 환경을 변화시키는 행동을 고무했다. 흑인의 몸과 영혼을 해방시켰다.

따라서 그다음은 무엇인가? 나는 이 책이 흑인 교회 전통의 가장 깊은 본능과 습관에 뿌리 내린 더 많은 성경학자들을 고무시키길 바란다. (내가 그것을 바로 파악했다면 말이다.) 주류 전통, 복음주의 전통, 흑인 진보 전통은 마땅히 존중해야 할 또 다른 대화 상대를 발견했기 바란다. 또한 그리스도인들이 이 책의 본문 안에서 적이 아닌 친구를 보기 위해 따라갈 수 있는 길을 제공했기를 바란다. 그러나 이것은 단지 시작이다.

내가 던진 질문은 훨씬 더 철저하게 검토되어야 마땅하다. 이 책은 성경과의 더 깊고 폭넓은 씨름 그리고 흑인의 소망을 향한 밑그림에 불과하다. 신약성경이 다루는 경찰 활동의 문제와 그것이 이 나라에 사는 흑인의 몸과 어떤 관계가 있는지 다루는 단행본이 반드시 나와야 한다. (내가 먼저 쓸 수도 있으니 서두르는 게 좋을 것이다.) 성경 연구 분야에서 공적 증언과 저항의 신학은 여전히 빈약하다. 우리는 너무 오랫동안 잘못 적용된 몇몇 본문들이 대화를 지배하도록 허용해 왔다. 과거에 우리는 사람이 만든[나는 의도적으로 사람(man, 남자)이라는 단어를 사용했다] 규칙들이 성경학자를 옭아매는 해석의 감옥을 만들어 내는 것을 허용해 왔다. 이제 사자가 사냥하도록 풀어 줄 시간이다. 민족적 정체성과 기독교 공동체와 관련해 한 세대 전에 제기되고 답을 얻은 질문이 우리 시대에 다시 다루어져야 한다. 그럼으로써 하나님은 우리 모든 사람이 그분의 나라로 들고 오는 고유한 선물에서 영광을 받으신다는 것을 나의 동족이 알 수 있어야 한다. 그 과정에서 일어나는 흑인의 고통과 분노는 사라지지 않을 것이다. 따라서 우리 흑인의 고통에 대해 성찰하는 오랜 전통은 계속될 것이다. 노예 문제는 마지막 때까지 우리와 함께 있을 것이다. 따라서 우리는 계속해서 읽고 쓰고 해석하고 소망해야 한다. 우리의 모든 질문에 답해 주실 분 혹은 그 모든 질문을 쓸모없게 만드실 분이 임하실 때까지.

보너스 트랙

흑인 교회의 성경 해석 발전 과정에 관한 추가 고찰

흑인의 성경 해석 역사에 대한 자세한 설명은 많이 나와 있다.[1] 나는 보다 광범위한 연구를 더 발전시키기보다, 내가 읽어 낸 이 전통을 간략하게 개관하는 한편, 그동안 소홀히 다루어진 몇 가지 증거에 초점을 맞추고자 한다. 나의 목표는 흑인 교회의 성경 해석에 관한 나의 주장에 역사적이고 신학적인 틀을 제공하는 것이다.[2]

많은 이들은 흑인 기독교가 반동적 해석으로 시작했다고 인식한다. 미국에서 대부분의 흑인 노예들이 처음 접한 기독교는, 그들을 통제하고, 다음 세상의 더 나은 미래를 소망하는 반면 이 세상에서는 그들의 운명에

---

1 _ Mitzi Smith, *Insights from African American Interpretation* (Minneapolis, MN: Fortress Press, 2017), pp. 1-76; Allen Dwight Callahan, *The Talking Book: African American and the Bible* (New Haven, CT: Yale University Press, 2006); Vincent Wimbush, "The Bible and African Americans: An Outline of an Interpretive History", *Stony the Road We Trod: African American Biblical Interpretation*, ed. Cain Hope Felder (Minneapolis, MN: Augsburg Fortress, 1991), pp. 81-97.
2 _ 불행히도 1920년과 흑인 신학이 시작된 1960년대 사이의 많은 부분은 지면 관계상 제대로 다루지 못할 것이다.

만족하게 만들고자 노력했다. 사우스캐롤라이나주에서 사역했던 성공회 선교사 프랜시스 르조(Francis Le Jau)는 이러한 관행의 직접적 예다. 그는 노예에게 세례를 주기 전 다음과 같은 내용에 동의하게 했다.

> 당신은 하나님과 이 회중 앞에서, 당신이 사는 동안 주인에게 바쳐야 할 의무와 순종에서 자유로워지려는 어떤 계획도 없이, 오직 영혼의 유익을 위해 그리고 예수 그리스도의 교회에 속한 지체들에게 약속된 은혜와 복에 참여하기 위해 거룩한 세례를 받고자 한다고 맹세합니다.[3]

많은 이들이 이렇게 심각하게 제한된 복음을 거부했다는 사실은 놀랍지 않다.[4] 그럼에도 불구하고 18세기 중엽 대각성 기간 동안 흑인들은 대규모로 그리스도께로 회심하기 시작했다.[5] 부흥운동은 고루한 전통에 결여된 활력과 긴박함을 가지고 있었기 때문에, 이전에 성공회와 청교도의 시도가 실패한 지점에서 성공을 거두었다.[6]

복음주의의 생동감과 함께, 항상 실천된 것은 아니었더라도 정신상으로는 모두가 하나님의 은혜가 필요한 죄인이라는 믿음 덕분에 모든 이들의 평등이 강조되었다. 모두가 동등하게 은혜를 필요로 한다는 사실이 흑인의 몸과 영혼의 동등한 가치를 부각시켰고, 이러한 형태의 기독교로 개

---

3 _ Albert J. Raboteau, *Canaan Land: A Religious History of African Americans*, Religion in American Life (New York: Oxford University Press, 2001), p. 16에서 재인용.
4 _ Allen Dwight Callahan, *The Talking Book: African Americans and the Bible* (New Haven, CT: Yale University Press, 2006), p. 3.
5 _ Raboteau, *Canaan Land*, pp. 16-17; H. L. Whelchel, *The History and Heritage of African-American Churches: A Way Out of No Way* (St. Paul, MN: Paragon House, 2011), p. 83.
6 _ Whelchel, *The History and Heritage of African-American Churches*, p. 84.

종하는 일을 현실적으로 가능하게 만들었다. 더 나아가, 침례교와 이후 감리교의 유연한 행정 조직은 아프리카계 미국인들이 인종차별로 인해 백인 교회에서 나와야 했을 때 그들 자체의 독립적 교회와 교단을 쉽게 만들 수 있게 해 주었다. 우리는 여기 새롭게 형성된 흑인 교회와 교단에서, 흑인이 성경을 접한 것을 기록한 첫 번째 광범위한 자료를 얻는다.

복음주의 그룹의 성경에 대한 강조는 흑인의 문해 교육에 대한 욕구를 부추겼다. 성경 읽기를 배우는 것은 노예의 세상과 상상력을 넓히는 데 도움을 주었고, 그들을 통제하기는 더 어려워지게 만들었다. 이는 저항 가능성에 대한 두려움 때문에 노예들의 성경 읽기를 제한하려는 시도로 이어졌다.[7] 성경에 대한 노예 주인들의 두려움은 분명 그들이 성경이 말한다고 생각했던 바를 간접적으로 증언한다. 그들 중 일부는 오직 노예들이 직접 그 본문을 읽을 수 없을 때만 자신들의 해석과 그에 따른 결론이 유지될 수 있음을 알았던 것이다. 내 생각에 이것은 성경 읽기가 그 자체로 절망에 대항하고 소망을 붙드는 행위였음을 보여 주는 증거다.

우리는 이 시기에 흑인이 성경을 접하게 되면서 일어난 적어도 세 가지 반응을 증언할 수 있다. 이전에 노예였던 사람들 가운데 일부는 피부색에 기인한 인종차별과 노예제를 논박하기 위해 성경을 사용했다. 그들이 가장 좋아한 본문은 킹 제임스 성경의 사도행전 17:26이었다. 이 구절은 하나님이 "인류의 모든 족속을 한 혈통으로 만드셔서 온 땅 위에 살게 하셨으며, 그들이 살 시기와 거주할 지역의 경계를 정해 놓으셨습니다"라고 말한다.[8]

---

7 _ Whelchel, The *History and Heritage of African-American Churches*, p. 90.
8 _ Olaudah Equiano, "Traditional Ibo Religion and Culture", *African American Religious History: A Documentary Witness*, ed. Milton C. Sernett (Durham, NC: Duke University Press), p. 18을 보라.

많은 흑인 신자들에 따르면, 이러한 공통의 기원은 인종에 기반한 노예제를 불가능하게 만든다. 그러나 적어도 부분적으로는, 백인 그리스도인 사이에서 발견되는 흑인의 가치에 대한 부정적 이해를 내면화한 이들도 있었던 것으로 보인다.[9] 이러한 그룹 중에는 필리스 휘틀리(Phillis Wheatley)와 주피터 해먼(Jupiter Hammon)이 흔히 언급되어 왔다.[10] 해먼의 "뉴욕주의 니그로들에게 고함"(Address to the Negroes in the State of New York)이라는 글은 백인 노예 주인들 사이에서 표준적이던 바울 해석에 기초하여 노예들에게 그들의 곤경을 받아들이라는 요청으로 알려져 있다. 또한 해먼의 연설은 노예제 지지자 문헌에서 볼 수 있듯이 흑인의 윤리적 능력에 대한 의심을 포함한다. 다른 학자들은 이 두 사람의 글을 지나치게 단순화해서 읽는 것에 의문을 제기하기도 한다.[11] 그럼에도 그들이 미국 기독교에 대한 좀 더 소리 죽인 비판을 반영한다고 말하는 것은 온당하며, 이는 노예로서의 그들의 처지를 고려할 때 다소 이해할 만하다. 흑인 해석의 세 번째 갈래는 성경이 자유를 위한 출애굽 같은 반란을 요청한다고 주장했다. 냇 터너(Nat Turner)가 이런 해석 갈래를 전형적으로 대표한다. 그는 자신이 이 반란을 이끌도록 하나님께 부름받았다고 주장했고, 이는 부분적으로 그의 성경 해석에서 비롯되었다.

이 시기 대부분의 흑인 저자들은 구약과 신약 본문에서 **실제 노예제**

---

9 _ Jupiter Hammon, "Adderss to the Negroes in the Sates of New York", *African American Religious History*, pp. 34-43를 보라.
10 _ Eleanor Smith, "Phyllis Wheatley: A Black Perspective", *The Journal of Negro Education* 43, no. 3 (1974): pp. 401-407.
11 _ Wheatley에 대해서는 Sondra O'Neale, "A Subtle War: Phyllis Wheatley's Use of Biblical Myth and Symbol", *Early American Literature* 21 (1986), pp. 144-165를 보라. 최근 발견된 Hammon이 쓴 시는 Cedric May and Julie McCown, "An Essay on Slavery: An Unpublished Poem by Jupiter Hammon", *Early American Literature* 40 (2013), pp. 457-471에서 다루어졌다.

해방을 요청하는 메시지를 보았다. 노예제 종식의 요청은, 그들이 개인 죄로부터의 구원을 소홀히 여겼다는 의미가 아니다. 기독교의 역사적 고백이라는 문맥에서 개인적·사회적 변혁에 대한 요청은, 내가 흑인 교회 전통의 주류 혹은 적어도 중요한 흐름이라고 생각하게 된 측면이다.

노예로 살던 사람들이 성경에 이끌린 이유가 성경이 노예 생활로부터의 해방을 묘사하는 부분 때문이었다고 단언하는 것은 일반적인 주장이 되었다. 주요 본문에 의거하여, 우리는 성경의 증언들이 구원의 기쁨으로 넘치는 것을 본다.[12] 이렇듯 기독교 메시지의 개인적·사회적 변화를 가져오는 힘에 주목하는 이중 초점의 차용(appropriation)은, 흑인 기독교 전통이 미국 교회에 주는 선물이다. 이 세 가지 실재(비판, 순응, 반란)는 단순히 해석 방법으로서가 아니라, 아프리카계 미국인들이 성경 본문에서 발견했던 내용에 대한 반응으로서 나란히 존재한다. 어떤 이는 인종차별을 종식하고, '이마고 데이'에 대한 상호적 인식과 그리스도의 주권에 대한 믿음에 기반한 하나의 가족을 형성하고자 노력했다.[13] 또 다른 그룹은 종말론적 구속을 기다리면서, 흑인의 역경을 받아들이고 그 안에서 최선을 다하고자 노력했다. 세 번째 그룹은 혁명에서 소망을 보았다.

흑인 교회의 초기 증언

어떤 학자들은 흑인의 초기 해석 방법론을, 성경 해석에서 자신들의 관심

---

12 _ Whelchel, *The History and Heritage of African-American Churches*, p. 85.
13 _ Brian K. Blount, *Then the Whisper Put on Flesh: New Testament Ethics in an African American Context* (Nashville: Abingdon Press, 2001), pp. 26-28.

사를 중심에 놓는 현대 해석자들의 전조로 묘사한다.[14] 노예 생활을 하던 사람들이 자신들의 관심사를 본문 안으로 들고 온 것은 분명 맞다. 그렇다면 백인 노예 보유자들은 사심 없이 성경을 읽었으며, 아프리카인에 대한 자신들의 신체적·정신적·경제적 우월성을 정당화하는 그들의 해석은 우연히 나왔는가? 노예 보유자들은 사심 없는 해석자가 아니었다. 그들은 권력과 물질적 부에 대한 욕망을 **본문보다 앞에** 놓았고, 바로 그러한 시각으로 성경을 읽었다.

흑인 그리스도인이 자신들의 관심사를 본문 앞에 내세운 첫 번째 사람들이 아니었다면, 그들만의 고유함은 어디서 오는가? 이 질문에 대한 답을 찾을 수 있는 곳이 있다면, 분명 그것은 이 시기 즈음 형성된 흑인 교회일 것이다. 그들은 자신들이 교회를 세운 목적은 하나님을 신실하게 예배하기 위함이었다고 반복적으로 진술한다. 문제의 핵심은 기독교 신앙의 교리 자체가 아닌, 노예 주인들의 실천에 있었던 것이다. 아프리카 감리교 감독교회(AME)는 백인 감리교회가 기도 시간에 흑인 그리스도인들을 교회에서 내보냈기 때문에 시작되었다.[15] AME에 따르면, 상대편 백인들의 행동은 **기독교다운 것이 아니었다**. 따라서 그들은 **기독교**를 올바르게 실천하기 위해 그들 자신의 공동체를 형성해야 했다. 흑인 그리스도인들은 자신들의 규율집에 노예제에 대한 강력한 비난을 포함시킬 수 있는 자유를 사용했다. 해당 본문은 다음과 같다.

- 질문: 노예제 근절을 위해 무엇을 해야 하는가?

---

14 _ Blount, *Then the Whisper Put on Flesh*, p. 34.
15 _ African Methodist Episcopal Church, *The Doctrines and Discipline of the African Methodist Episcopal Church* (Philadelphia: Richard Allen and Jacob Tapsico, 1817), p. 3.

- 답: 우리는 노예 보유자인 어떤 사람도 우리 모임의 일원으로 받아들이지 않을 것이다. 현재의 일원 가운데서, 노예를 보유하고 있으며 설교자로부터 해당 혐의에 대해 지적을 받은 뒤에도 그들을 보내 주기를 거부한다면 누구든 제명되어야 한다.[16]

아프리카 감리교 감독교회가 문제로 본 것은, 전해 받은 성경의 교리가 아닌 기독교의 실천이었다. 성경이 생명과 구원에 필요한 모든 것을 담고 있다는 감리교 (그리고 그 뒤에 성공회) 신앙에 대해서는 전혀 수정하지 않았다.[17]

1886년 총회가 시작된 흑인 침례교 역시 독립성을 추구했다. 기독교 신앙을 실천할 자유를 원했기 때문이다. 그들 역시 기독교 신앙의 본질적인 부분에서는 개정할 필요를 느끼지 못했다.[18] 감리교와 아주 유사하게, 전통적 신학에 덧붙여 사회적 행동을 강조했을 뿐이다. 전국 대회의 초대 회장 윌리엄 시몬스(William J. Simmons)는 초기 흑인 교회를 다음과 같은 방식으로 묘사한다.

하나님은 우리가 승리하는 것을 허락하셨고, 그분을 통해 승리하게 하셨습니다. 그는 우리 안에 왕성한 영적 나무를 심으셨으며, 해방 이래 그 나무는 어떻게 자라 왔습니까? 어디에도 매이지 않은 우리는, 무지와 빈곤에도 불

---

16 _ African Methodist Episcopal Church, *Doctrines and Discipline*, p. 190.
17 _ African Methodist Episcopal Church, *Doctrines and Discipline*, pp. 13-14.
18 _ C. Eric Lincoln and Lawrence H. Mamiya, *The Black Church in the African American Experience* (Durham, NC: Duke University Press, 1990), p. 28; Walter H. Brooks, *The Silver Bluff Church: A History of Negro Baptist Churches in America* (Washington, D.C.: Press of R. L. Pendleton, 1910), pp. 11-20. 미국침례교회의 현재 신앙 선언문은 여기서 보라. www.nationalbaptist.com/about-nbc/what-we-believe.

구하고 수천의 교회를 세웠고, 수천의 학교를 시작했고, 수백만의 아이들을 교육했고, 수천 명의 복음사역자를 후원했고, 병자를 돌보고 죽은 사람을 묻어 주는 단체를 조직했습니다. 이러한 후손들의 영성과 사랑은, 오랫동안 끈질기게 계속되던 노예제가 우리 인종 안에서 하나님을 닮은 왕성하며 약동하는 영성을 만났음을 보여 주는 확실한 증거입니다. 이 영성은 종려나무처럼 반대를 뚫고 번성하며 위를 향해 자라 갑니다.[19]

여기서 시몬스는 교회가 반대에 직면해서도 지역 사회를 섬기고 복음에 충실했음을 칭찬한다. 그리스도 하나님의 교회(COGIC)의 창립 과정을 숙독해도 정통 교리(orthodoxy), 정통 실천(orthopraxy)과 관련해 거의 동일한 결론에 이를 것이다. 한 가지 눈에 띄는 차이가 있다면, 흑인 오순절 교회는 백인 교단에서 분리되지 않았다. 대신 백인 목사들이 흑인 목사들에게 먼저 안수를 받은 뒤 독립하여 자신들의 그룹을 형성했다.

이렇듯 감리교, 오순절, 침례교가 함께, 흑인이 독립적으로 성경을 접한 가장 초기 시절을 대표한다. 그들은 자신들 공동체의 신앙을 반영하는 선언문을 스스로 작성했다. 초기 아프리카계 미국인의 증언을 중요하게 다룰 때, 이 교회들이 문제로 삼은 것은 성경 자체가 아니라 성경 본문에 대한 해석이었음을 주지하는 것이 중요하다. 더 나아가, 성경이 사회경제적 억압으로부터의 해방에 대해 직접적으로 말하는 부분에서만 그들이 성경에 관심을 가졌다는 주장은 옳지 않다. 그것이 주요 관심사이기는 했어도, 우리는 그들이 영적 상태를 변화시킬 수 있는 성경의 능력 역시 강력하게 단언했음을 본다. 하나를 확증하기 위해, 반드시 다른 하나를 부정할 필

---

19 _ William J. Simmons, *Men of Mark: Eminent, Progressive and Rising* (Cleveland, OH: Geo M. Rewell & Co, 1887), p. 8.

요는 없었다.

그렇다고 이것을 아프리카계 미국인이 성경을 접한 첫 세기에, 성경과 그에 대한 해석을 둘러싸고 매우 다양한 믿음이 존재하지 않았다는 말로 이해해서는 곤란하다.[20] 나의 논지는, 아프리카계 미국인의 성경 해석 기본 원칙이 성경 전체의 권위와 가치에 대해 회의적인 경우는, 가장 초기 성경을 읽었던 흑인 대다수와 연속성을 갖지 않는다는 것이다. 가장 초기의 흑인 신자들이 성경을 어떻게 읽었는지 알고 싶다면, 그 답은 흑인 그리스도인들의 설교, 간증, 초기 고백문에서 찾을 수 있다.

종합하면, 초기 흑인 그리스도인들은 개인 구원의 필요성에 대한 강력한 확증과 다양한 수준의 사회적 행동이나 저항을 결합했다. 이는 쉽게 이해할 만하다. 흑인 교회가 복음주의 교회의 대각성 운동과의 대화에서 나오고 자랐다면, 그들이 자신들에게 강요되던 해석을 거부할 때조차 성경에 대한 큰 애착을 지니고 있었음은 놀라운 일이 아니다. 모든 그리스도인은 단일한 이야기의 일부이며, 과거와 현재의 해석들과 다양한 수준에서 대화를 나눈다. 기독교 공동체는 무에서 유로 등장하지 않는다. 초기 흑인 교회가 노예 보유자들이 제공하는 것보다 더 총체적이고 신실한 증언을 향해 복음의 방향을 재조정한 것은, 기독교 신앙의 본질에 대한 계속되는 대화의 발현이다.

---

20 _ 이는 Callahan, *Talking Book*에서 연대기적으로 서술되어 있다.

흑인 신학과 아프리카계 미국인의 성경 해석

18세기에 흑인 교회가 형성되었음에도 불구하고, 흑인이 학계에서 성경을 연구하는 것은 20세기 중반 리언 화이트(Leon White)가 아프리카계 미국인 최초로 신약학 박사가 되었을 때 본격적으로 시작되었다.[21] 이러한 성경학자의 결핍은 관심의 결핍 때문이 아니라 흑인의 고등 교육 접근을 제한한 오랜 제도적 인종차별의 역사 때문이었다.[22]

1세대 흑인 성경학자들은 대체로 성경에서 흑인의 존재를 부정하던 유럽 중심의 성경 역사 설명을 바로잡는 데에 초점을 두었다. 이 그룹에서 두각을 나타낸 이들은 찰스 코퍼(Charles Copher)와 케인 호프 펠더(Cain Hope Felder)다.[23] 코퍼는 구약성경 본문 분석, 역사적 증거, 인종에 대한 동시대의 관점을 조합하여 다음과 같이 주장했다.

> 노예부터 통치자까지, 왕실 관료부터 구약성경 자체의 일부분을 쓴 저자까지, 입법자에서 예언자까지, 흑인 민족과 그들의 땅, 개별적 흑인들은 여러 차례 등장한다. 히브리-이스라엘-유다-유대 민족의 핏줄에는 흑인의 피가 흘렀다.[24]

---

21 _ Michael Joseph Brown, *The Blackening of the Bible: The Aims of African American Biblical Scholarship* (Harrisburg, PA: Trinity Press International, 2004), p. 19. 약 50년 후에 Renita Weems는 미국의 신학교에서 구약학 박사 학위를 받은 최초의 흑인 여성이 되었다. Brown, *Blackening of the Bible*, p. 93를 보라.
22 _ Smith, *Insights from African American Interpretation*, pp. 25-26.
23 _ Cain Hope Felder, *Troubling Biblical Waters: Race, Class, and Family* (Maryknoll, NY: Orbis Books, 1989); Cain Hope Felder, "Race, Racism, and the Biblical Narratives", *Stony the Road We Trod*, pp. 127-145; Charles B. Copher, "The Black Presence in the Old Testament", *Stony the Road We Trod*, pp. 146-164. 또한 그의 선집은 Charles B. Copher, *Black Biblical Studies: Biblical and Theological Issues on the Black Presence in the Bible* (Chicago: Black Light Fellowship, 1993)을 보라.

그들 연구의 핵심은 충분히 분명하다. 그들은 아프리카인들이 처음부터 하나님의 구속을 위한 목적의 일부였음을 명확하게 하고 싶어 했다.

이러한 기초 작업은 아직 끝나지 않았다. 어떤 이들은 아직도 성경 속 아프리카인의 존재를 인정하지 않는다. 여전히 그것은 보여도 보이지 않는 사실로 남아 있다.[25] 이 연구자들의 모든 결론에 동의하지는 않을지라도, 이 작업은 아프리카계 미국인들이 자신들 역시 원대한 구속 이야기의 일부임을 이해하도록 돕는 데 필수적이었다.[26] 그들의 연구가 끼친 영향은 성경과 흑인의 정체성에 관한 나의 고찰에서도 나타난다. 그들은 흑인의 존재를 되찾는 데서 더 나아갔다. 즉, 그들은 자신들의 해석적 방법론을 위해 1960-1970년대 무르익어 가던 해방 신학의 안내를 받고자 했다.[27]

제임스 콘(James H. Cone)은 흑인 해방 신학의 창설에서 독보적 인물로 모두에게 인식된다. 그를 다루지 않고는 흑인 교회 전통에 대한 분석이 완전할 수 없다. 이는 콘의 소논문 "성경의 계시와 사회적 실존"(Biblical Revelation and Social Existence)에 나타난 그의 해석적 방법론을 간략하게 살펴보는 것을 정당화해 준다.[28] 콘은 모든 신학이 사회적 위치를 반영한다고 합당하게 주장한다. 콘에 따르면 이것은 좋은 일이다. 사회적 위치를 인정하면 하나님이 자신의 백성을 위치시키신 창조 세계의 선함을 확증하기 때문이다.[29] 따라서 하나님이 노예 생활을 하던 이스라엘을 자신의 백

---

24 _ Copher, "The Black Presence in the Old Testament", p. 164. 이러한 주장에 대한 분석은 Brown, *Blackening of the Bible*, pp. 25-34를 보라.
25 _ 성경에 나오는 흑인의 존재에 대해 이 책 5장에서 내가 기초적으로 논의한 내용을 보라.
26 _ Brown, *Blackening of the Bible*, pp. 24-53에 나오는 보다 자세한 해설을 보라.
27 _ Felder, *Troubling Biblical Waters*, xii-xiii.
28 _ James H. Cone, "Biblical Revelation and Social Existence", *Interpretation* 28, no. 4 (1974): pp. 422-440.
29 _ Cone, "Biblical Revelation", p. 423.

성으로 선택하신 것은 그분의 성품을 말해 준다. 콘은 이렇게 말한다. "만약 하나님이 자신의 '거룩한 나라'로 이스라엘 노예들 대신 이집트의 노예 주인들을 선택하셨다면, 완전히 다른 종류의 하나님이 계시되었을 것이다. 따라서 이스라엘이 선택받은 것은 그들의 노예 상태나 해방과 분리될 수 없다."30 우리 자신의 성경 읽기와 적용에서 성경 인물의 사회적 위치를 강조하는 습관은, 내가 연구 계획서로 가져갔던 통찰이다.

콘은 이어서 언약으로의 부르심은 은혜의 행위였으며, 그 부르심을 지탱하는 것도 하나님의 은혜라는 사실을 논한다. 왕정 시기 동안 예언자들은 이스라엘에게 두 가지 면에서 언약적 신실함으로 돌아올 것을 요청했다. 즉, 이스라엘 백성은 그들의 신뢰를 야웨께 두어야 하며, 가난한 자들을 억압하는 것을 멈춰야 했다. 따라서 콘에게 구약성경은 해방의 하나님을 드러내며, 그분이 자신의 백성을 향해 자신에게 신실하라고 요청하는 것은 그들이 해방을 경험했다는 사실에 기초한다. 콘에게 신약성경은, 예수님의 삶과 사역이 해방을 향한 부름과 소외된 존재들에 대한 관심을 구현했다는 점에서 구약성경의 성취였다.31 그런 다음, 그는 하나님이 정치 제도를 변혁하시는 것을 강조하는 읽기를 옹호하고, 그러한 변혁이 성경 메시지의 중심에 있다고 주장한다. 그는 이렇게 말한다.

성경 석의를 위한 해석적 원칙은, 압제당하는 이들로 하여금 사회적 압제에서 정치적 투쟁으로 나아가게 하는 해방자 그리스도 안에서 드러난 하나님이며, 그 정치적 투쟁에서 가난한 이들은 가난과 불의에 맞서는 자신들의 싸움이 복음과 일관될 뿐 아니라 바로 그 싸움이 그리스도의 복음임을 깨

---

30 _ Cone, "Biblical Revelation", p. 425.
31 _ Cone, "Biblical Revelation", p. 432.

닫는다.³²

이러한 주장의 전체주의적 성격은 나를 상당히 주저하게 만든다. 제도의 변혁과 개인 삶의 변화를 함께 묶는 흑인 기독교 전통의 중요한 흐름과도 콘을 분리시키는 것처럼 보인다. 이 글에서 그가 복음을 정의하는 방식은, 그러한 주장을 가능하게 하는 성경적 서사와 상충하는 것처럼 보인다.

바로 **그것이 그리스도의 복음**이라고 주장할 수 있을 만큼 정치적 해방이야말로 신구약 성경의 최우선적 관심사라고 주장하는 것은 과연 옳은가? 성경에서 출애굽기는 레위기에서 삶의 거룩함을 통해 하나님의 본성을 반영하는 백성과 종교 의식이 형성되는 것으로 이어진다. '마그니피카트'(Magnificat)와 시편, 예언서의 구절들은 사회 구조의 전복을 강조하지만, 또한 그 동일한 성경 본문은 새롭게 해방된 이들에게 자신들의 죄를 회개하고 메시아 예수님이 가져온 변화를 드러내는 삶의 변혁에 헌신하라고 요청한다.³³

이사야 5:7-8은 가난한 자에 대한 착취를 비난한다. 그런 다음 몇 구절 뒤에서 예언자는 유다 시민들의 개인적 도덕성에 대한 자신의 불만을 표현한다. "아침에 일찍 일어나 / 독한 술을 찾는 사람과, / 밤이 늦도록 / 포도주에 얼이 빠져 있는 사람에게 재앙이 닥친다!"(11절) 예언자의 메시지는 압제의 종식과 유다의 개개인들의 성품 변화에 대한 두 가지 요청을 모두 포함한다.

덧붙여, 나는 예수님의 십자가 죽음이 국가가 후원하는 테러 행위였고, 그분의 부활은 국가의 가장 소중한 무기인 삶과 죽음을 결정하는 권

---

32 _ Cone, "Biblical Revelation", p. 439.
33 _ Cone, "Biblical Revelation", p. 432, 마리아 찬가(Magnificat)에 대한 부분을 보라.

세를 국가로부터 박탈한다고 단언하는 콘과 다른 이들에 동의했다.[34] 그러나 그리스도의 죽음이 단지 국가의 전체주의적이고 억압적인 힘에 대한 비판인 것만은 아니다. 신약성경 전체에 걸쳐 나오는 다양한 본문에 따르면, 또한 그것은 하나님과 인간을 화해시키는 수단이다.[35] 그것은 죄사함을 가져오는 대속의 행위다(롬 4:25). 따라서 콘은 초기 흑인 성경 해석의 특징이었던 해방적 측면에 주목한 반면, 동일하게 두드러지는 회심주의와 경건주의 갈래에 대해서는 그만큼의 주의를 기울이지 않았다고 말하는 편이 타당해 보인다. 이 책에서 성경 해석을 다루는 장들을 쓰면서, 나는 해방적 관점의 갈래가 예수님 자신의 십자가 사례에서 영향을 받았음을 확실히 하는 한편, 이 세 요소를 함께 모으려고 노력했다.

흑인의 존재를 되찾으려는 노력은, 이 주제에 대한 초기 연구를 기반으로 이를 발전시킨 저자들에 의해 약간 다른 형태를 취하게 된다.[36] 첫째, 흑인의 존재에서 흑인의 행위 능력으로 초점이 이동했다. 흑인 인물들의 존재를 주지하는 것으로는 충분하지 않았다. 학자들은 개인들이 본문에서 어떤 역할을 했는지 알고자 했다.[37] 단호히 아프리카계 미국인의 관점

---

34 _ James Cone, *A Black Theology of Liberation*, 40th Anniversary Edition (New York: Orbis Books, 1970), pp. 124-125.
35 _ 나는 Cone이 십자가가 하나님과 인간을 화해시킨다는 것 혹은 십자가가 죄사함을 가져온다는 것을 부정한다고 주장하지 않는다. 나는 십자가 이야기에서 하나님이 자신을 억압받는 자들과 동일시하심을 간과하는 불균형을 다루려는 그의 노력이 십자가의 다른 중요한 측면을 잘 보이지 않게 가렸을 수 있다고 주장하고 싶다. 우리에게 필요한 작업은 그 동일한 연구에서 이러한 다양한 측면들을 창조적으로 종합하는 것이다.
36 _ Smith, *Insights from African American Interpretation*, pp. 31-48; Brown, *Blackening of the Bible*, pp. 54-88.
37 _ 예를 들어, Randall Bailey는 모세의 어머니가 아프리카인이었다고 주장하고, 그런 다음 출 2:1-10에 나오는 그녀의 행동에 초점을 맞춘다. "Is That Any Name for a Nice Hebrew Boy?" *The Recovery of Black Presence: An Interdisciplinary Exploration: Essays in Honor of Dr. Charles B. Copher* (Nashville: Abingdon Press, 1995), pp. 27-54.

으로 성경 본문을 해석하는 것에서도 역시 성장했다.[38] 또한 초기 설교자, 교사, 전도자, 심지어 이후 소설가 같은 이들이 흑인의 1차 자료로 눈을 돌리는 현상 역시 목격된다. 이러한 자료 전집은 원래 '흑인 교부들'(Black fathers)로 간주되었지만, 오늘날 우리는 그들을 흑인 신앙의 어머니와 아버지로 바르게 기억할 것이다.[39]

아프리카계 미국인의 성경 해석에서 최근 가장 중요한 발전은 아마도 **우머니스트**(womanist) 성경 해석의 발전일 것이다. '우머니스트'라는 용어는 앨리스 워커(Alice Walker)에게서 나왔는데, 그녀는 인종 이슈를 흑인 여성의 능력 인정, 권리 옹호와 명시적으로 연결시키는 페미니즘의 한 형태를 지칭하기 위해 이 용어를 사용했다.[40] 이 용어가 성경 연구와 관련될 때는, 많은 이들이 분리되었다고 느끼는 것을 하나로 모으는 해석의 형태를 지칭하게 되었다. 우머니스트 학자들은 백인 페미니즘이 그 자체의 특권은 검토하지 못하고 인종 문제를 소홀히 한 것을 비판한다. 흑인 신학 역시 비판하는데, 성차별과 가부장제 문제는 배제한 채 인종차별에만 초점을 맞추었기 때문이다. 라켈 클레어(Raquel St. Clair)는 코알라 존스-워소

---

38 _ Smith는 마가복음에 대한 Blount의 연구에 주목한다. Smith, *Insights from African American Interpretation*, p. 28. 또한 보다 최근에는 Blount의 요한계시록 연구에 대한 책을 출간하기도 했다. *Can I Get A Witness? Reading Revelation Through African American Culture* (Louisville, KY: Westminster John Knox Press, 2005). 또한 Brad Braxton, *No Longer Slaves: Galatians and African American Experience* (Collegeville, MN: The Liturgical Press, 2002), Brian K. Blount, *True to Our Native Land: An African American New Testament Commentary* (Minneapolis, MN: Fortress Press, 2007)를 보라.

39 _ Frederic L. Ware, *Methodologies of Black Theology* (Eugene, OR: Wipf and Stock, 2002), p. 28. 또한 Smith, *Insights from African American Interpretation*, p. 51; Vincent Wimbush, "Introduction: Reading Darkness, Reading Scriptures", *African Americans and the Bible: Sacred Texts and Social Textures*, ed. Vincent Wimbush (New York: Continuum, 2001), pp. 1-49를 보라.

40 _ Walker의 차용(appropriation)이 그 자신의 의도와 어떻게 다른지에 대한 광범위한 논의는, Nyasha Junior, *An Introduction to Womanist Biblical Interpretation* (Louisville, KY: Westminster John Knox Press, 2015), pp. xi-xxv를 보라.

(Koala Jones-Warsaw)를 인용해 다음과 같은 정의를 제공한다. 우머니스트 해석은 "오늘날 인종차별, 성차별, 계급 차별의 '3차원적 실재'를 경험하는 흑인 여성을 위한 성경 본문의 중요성과 유효성을 발견하는 것을 포함한다."[41] 우머니즘이 흑인 여성 해석 작업의 전부는 아니다.[42] 일부 흑인 여성들은 자신을 우머니스트로 인식하지만, 그렇지 않은 흑인 여성들도 있다.[43] 어떤 이름을 사용하든, 하나님의 백성 전체가 해석 과정에 동참해야 한다면, 흑인 여성의 목소리는 필수다.

우머니즘의 등장과 행위 능력에 초점을 맞추는 추세에 덧붙여, 최근의 동향은 성경 본문을 문제시하는 것을 포함한다. 스미스는 이렇게 말한다. "아프리카계 미국 성경학자들은 점점 더 '방 안의 코끼리(누구나 알지만 말하기 꺼리는 문제—옮긴이)를 다루고' 인정하며…우리의 수많은 아프리카계 선조들이 앞서 주장했던 것, 즉 때로 성경 본문 (혹은 문맥) 자체에 문제가 있음을 단언한다. 성경 본문은 하나님과 동의어가 아니다."[44] 아프리카계 미국인에게 오랜 성서 비평의 전통이 있다는 것은 스미스가 옳다. 그러나 아프리카계 미국 그리스도인 대다수가 신구약 성경의 계속되는 규범적 역할을 확증하는 길을 발견했다고 말하는 것 역시 타당하다. 수많은 흑인 해석자는 성경을 읽는 사람들이 오랜 세월 동안 해 온 일, 즉 지나치게 환원적인 해석과 적용에 의문을 제기하는 정경적 본문 읽기에 참여했다. 이를

---

41 _ Raquel St. Clair, "Womanist Biblical Interpretation", in *True to Our Native Land*, p. 54.
42 _ Nyasha Junior, *An Introduction to Womanist Biblical Interpretation* (Louisville, KY: Westminster John Knox Press, 2015)을 보라.
43 _ Cheryl J. Sanders, Cheryl Townsend Gilkes, Katie G. Cannon, Emille M. Townes, M. Shawn Copeland, bell hooks, "Roundtale Discussion: Christian Ethics and Theology in Womanist Perspective", *Journal of Feminist Studies in Religion* 5, no. 2 (1989): pp. 83-112를 보라.
44 _ Smith, *Insights from African American Interpretation*, p. 66.

우머니스트 학자들이 성경 본문에서 여성의 이미지와 묘사에 대해 문제를 제기하는 것과 같은 타당한 우려까지도 일축해 버리는 것으로 들어서는 안 된다.[45] 혹은 정경에 작별 인사를 고하고 성경의 난제들을 그냥 무시해 버릴 수 있다는 것도 아니다. 학자의 임무는 지나치게 단순화한 독해를 치밀하게 탐색하고 조사하고 도전하는 것이다. 또한 단순화한 독해에 이의를 제기할 때 우리의 경험을 사용하는 것 역시 중요하며, 우리의 경험은 그것을 공유하지 않는 다른 이들이 놓쳤을 수도 있는 통찰력을 제공할 수 있다.

그럼에도 불구하고, 여기서 나는 해석자 일반에 대해 말하고 있다. 해석의 사회적 위치를 인정하는 것과 앞서 말한 위치가 본문 자체를 가리게 하는 것 사이에는 차이가 있다. 우리가 아직 몰랐던 내용을 우리에게 말해 줌으로써, 성경이 실제로 흑인 그리스도인의 사고를 **형성**하는 지점들이 있어야 한다. 성경이 우리에게 말을 걸어올 수 있는 유일한 길은, 우리가 어떤 의미에서 하나님과 인간 사이의 만남이 이루어지는 장소로서 성경의 자기 제시(self-presentation)를 인정할 때다. 달리 말하면, 흑인의 해석적 방법론 안에는 정치적 해방을 향한 갈망을 확증하는 것, 성경 본문과의 진지한 씨름과는 대체로 상관없이 결정된 사항들 이상이 있어야 한다. 브라운은 성경의 규범적 역할을 거부하는 추세를 의식하면서 이렇게 말한다. "아프리카계 미국인 성경 해석의 아주 많은 부분은, 아프리카계 미국인 공동체 내의 복음주의 기독교와 근본주의의 드러난 발전에 대한 반작용 혹은 반응이다."[46]

---

45 _ Renita Weems, *Battered Love: Marriage, Sex, and Violence in the Hebrew Prophets* (Minneapolis, MN: Fortress Press, 1995)를 보라.
46 _ Brown, *Blackening the Bible*, pp. 154-155.

아프리카계 미국인 공동체의 전통적 믿음을 비판할 때, 흑인 진보 전통의 요소들이 그 **기원**에 대한 의존성을 드러내는 지점이 바로 여기다. 만약 초기 흑인 전통주의자들이 복음주의 뿌리에서 영향을 받았다는 사실을 단언할 수 있다면, 초기 흑인 신학 전통 역시 주류 신학교, 교단, 대학에서 일어난 진보적 선회에 의존하고 있음을 인정할 수 있다.[47] 흑인 전통주의처럼 흑인 진보주의는 무에서 유로 솟아나지 않았다. 어떤 면에서 흑인 교회의 회중석과 흑인 학계 사이의 갈등은 백인 복음주의와 백인 진보주의 사이의 접점 없는 대화를 반영한다.[48] 흑인 공동체 안에 협력을 위한 공간이 보다 많아야 한다는 점에서 이는 불행한 일인데, 양쪽은 기독교와 관련된 많은 사안에서, 또 기업이 없는 이들을 위한 정의의 문제에서 동의할 때가 많기 때문이다. 또한 우리는 분리된 기관이나 교회를 만든 적이 없다. 흑인 진보주의자와 흑인 전통주의자는 함께 살고 함께 일하며 함께 교회에 간다.

앞에서 개괄한 이 전통에 대해 읽으면서 나는 몇 가지를 깨달았다. 첫째, 흑인 전통은 단일하게 존재하지 않으며, 적어도 세 노선—혁명주의/민족주의, 개혁주의/변혁주의, 순응주의—이 있다.[49] 현대 학계의 대화는 대부분 혁명주의와 순응주의 전통의 후예들을 강조한다. 나는 아프리카계 미국인 전통 내 제3의 입장을 옹호하는 목소리를 내고 싶었다. 둘째, 개혁주의/변혁주의 노선 안에 공통적 경향이 있음을 인지했다. 나는 이것을 흑

---

47 _ Brown은 해방 신학이 현대성에 대한 반응이며, 흑인 신학은 그 기획의 일부임을 주지한다. Brown, *Blackening the Bible*, p. 154.

48 _ Smith와 Brown은 학계와 흑인 대중 신학 사이의 갈등에 주목한다. Smith, *Insights from African American Interpretation*, pp. 23-24, Brown, *Blackening the Bible*, p. 23.

49 _ 예를 들어, 나는 James Cone을 혁명주의 노선으로 구분할 것이다. J. Doetis Roberts는 변혁주의 혹은 혁명주의 노선에 놓을 것 같다. 순응주의로 구분되고 싶어 할 사람은 별로 없을 것이다.

인 교회의 전통이라고 불렀는데, 그러한 경향은 설교 강단에서 살아 있다고 생각하기 때문이다. 서적에서는 보다 덜 등장할지라도 말이다.

나는 흑인 교회의 성경 해석이 분명 **사회적 위치를 반영**한다고 말했다. 흑인이자 그리스도인으로 살아간다는 것이 무엇을 의미하는지 이해하고자 한다는 것이다. 또한 흑인 교회의 성경 해석이 **신학적**이라고도 말했다. 이것이 의미하는 바는, 하나님의 성품 혹은 '이마고 데이' 같은 신학적 개념을 사용하여, 노예제를 정당화하기 위해 사용되던 해석 방법은 우리가 아는 하나님의 성품에 위배되므로 틀린 것일 수밖에 없음을 주장한다는 것이다. 이는 세 번째 요점으로 이어지는데, 흑인 해석 전통은 정경적이라는 것이다. 디모데전서 6:1-3 같은 어려운 본문을 대면할 때, 그들은 성경의 더 광범위한 증언으로 고개를 돌리고 성경의 전체 서사에 비추어 개별 본문을 읽는다. 또한 그들의 방법론은 **인내심**을 드러내는데, 성경에 대한 부정적 경험으로 인해 그들이 가장 처음 갖게 되는 본능은 성경의 권위에 대한 거부일 수 있기 때문이다. 그들은 그렇게 하지 않았다. 흑인을 억압하기 위해 성경을 사용했던 노예제 지지자들의 유산으로 인해, 세속 흑인들이 기독교를 비판해 온 오랜 역사가 존재한다. 따라서 흑인 신자들은 흑인 세속주의자**와** 백인 진보주의자가 제기하는 문제에 답하는 **이중의 변증**을 발전시켜야 했다. 내가 이 전통을 바르게 읽었다면, 이러한 도구들은 초기 흑인 신자들이 진정한 기독교와 그것의 왜곡 사이에는 차이가 있다고 주장할 수 있게 해 주었다. 기독교 신앙의 진리를 그 반대와 분별하기 위해 성경 해석에서 이러한 도구를 사용하는 습관이, 바로 내가 **흑인 교회의 성경 해석**이라고 부르는 바로 그것이다. 다음 세대가 동일한 구분을 할 수 있도록 돕는 길을 조금이라도 닦았다면, 이 책은 제 일을 다 한 것이다.

토론 가이드

1. 1장에서 나는 내가 아는 서로 다른 해석 공동체들의 한계를 논했다. 당신이 자란 공동체는 당신의 성경 해석을 어떻게 도왔고 또한 어떻게 가로막았는가?

2. 나는 흑인 교회의 성경 해석이 대체로 흑인 교회의 설교 강단에서 존재하며, 책에서는 거의 보이지 않는다고 주장한다. 당신은 흑인 교회를 어떻게 경험했는가? 내가 묘사한 모습이 당신의 경험과 일치하는가? 흑인 교회에 한 번도 가 보지 않았다면, 한번 시도해 보는 것이 어떤가?

3. 2장은 성경에 근거하여 경찰 개혁을 주장한다. 신구약 성경에서 경찰 활동과 관련하여 나의 주장을 강화해 줄 예가 또 있는가? 내가 든 예들을 어떻게 이해하는가? 아프리카계 미국인에게 아주 중요해 보이는 사안에 대해 신학적 혹은 석의적 고찰이 잘 다루어지지 않는 이유는 무엇일까?

4. 3장은 교회의 정치적 증언을 다룬다. 당신의 교회는 정치적으로 어떤 입장을 옹호하는가? 만약 내 해석의 논지가 건전하다면, 그러한 논지

는 당신의 교회가 기업이 없는 이들을 옹호하는 일에 참여하는 방식에 어떤 영향을 끼칠 수 있을까? 여기서 열거된 신구약 성경의 지도자들과 정부 관리들 사이의 상호작용 외에 더 부가할 만한 것이 있는가?

5. 4장은 정의의 문제를 다룬다. 정의를 위한 싸움에서 냉소주의를 극복해 본 적이 있는가? 흑인 기독교의 증언은 우리의 냉소주의에 어떻게 도전하는가? 누가는 정말로 의로운 사회 창조에 대해 말할 수 있는 모든 원천을 제공하는가? 신구약 성경에서 정의 추구를 지향하는 본문은 어떤 곳이 있는가?

6. 5장은 정체성의 문제를 다룬다. 성경에서 아프리카인의 존재를 연구해 본 적이 있는가? 성경의 다민족적 비전은 당신의 교회를 위해 어떠한 문맥을 형성했는가? 각 문화가 하나님께 그 고유의 선물을 드린다는 것은 무엇을 의미하는가?

7. 6장은 흑인의 분노를 다룬다. 교회에 화가 나거나 실망해 본 적이 있는가? 어떤 종류의 자원으로 고개를 돌렸는가? 탄식 시편, 십자가, 최후 심판은 당신의 분노를 변화시키는가? 고대 이스라엘이 복수 이상의 것을 기대할 수 있었다는 사실이 인상적으로 다가오는가?

8. 7장은 노예제에 초점을 맞춘다. 여기서 개괄한 방법론에서 어떤 점이 유익하다고 보는가? 기독교가 노예제를 옹호한 때가 우리 역사의 어두운 시대라는 사실을 어떻게 이해하는가?

9. 보너스 트랙은 흑인 해석 전통을 보다 상세하게 검토한다. 당신이 새롭게 알게 된 점은 무엇인가?

참고 도서

African Methodist Episcopal Church. *The Doctrines and Discipline of the African Methodist Episcopal Church*. Philadelphia, PA: Richard Allen and Jacob Tapsico, 1817.

Albert, Octavia V. Rogers. *The House of Bondage*. New York: Hunt and Eaton, 1890.

Allison, Dale C. *The New Moses: A Matthean Typology*. Minneapolis, MN: Fortress, 1999.

Anderson, Bernhard W. *Out of the Depths: The Psalms Speak for Us Today*. Louisville, KY: Westminster John Knox Press, 2000.

Augustus. *Res Gestae*. Translated by Thomas Bushnell. 1998. http://classics.mit.edu/Augustus/deeds.html.

Aune, David E. *Revelation 17-22*. WBC 52C. Grand Rapids, MI: Zondervan, 1998.

Azurara, Gomes Eanes de. *The Chronicle of Discovery and Conquest of Guinea*. 2 vols. London: Hakluyt Society, 1896-1899.

Bailey, Randall. "Is That Any Name for a Nice Hebrew Boy?" In *The Recovery of Black Presence: An Interdisciplinary Exploration: Essays in Honor of Dr. Charles B. Copher*, edited by Randall C. Bailey, pp. 27-54. Nashville: Abingdon Press, 1995.

Bartchy, S. S. "Slavery", In *The International Standard Bible Encyclopedia(Revised)*, edited by Geoffery W. Bromiley, pp. 539-546. Accordance e-book version 1.2. Grand Rapids, MI: Eerdmans, 1979.

Bass, Jonathan S. *Blessed Are the Peacemakers: Martin Luther King, Jr., Eight White Religious Leaders, and the "Letter from Birmingham Jail."* Baton Rouge, LA: LSU Press, 2001.

Bauckham, Richard. *Jesus and the Eyewitnesses: The Gospels as Eyewitness Testimony.* Grand Rapids, MI: Eerdmans, 2006. 『예수와 그 목격자들』(새물결플러스).

Bebbington, David W. *Evangelicalism in Modern Britain: A History from the 1730s to the 1980s.* London: Routledge, 1989. 『영국의 복음주의: 1730-1980』(한들).

Blount, Brian K. *Can I Get a Witness? Reading Revelation Through African American Culture.* Louisville, KY: Westminster John Knox Press, 2005.

_____. *Then the Whisper Put on Flesh: New Testament Ethics in an African American Context.* Nashville: Abingdon Press, 2001.

_____. *True to Our Native Land: An African American New Testament Commentary.* Minneapolis, MN: Fortress Press, 2007.

Boring, Eugune M. "The Gospel of Matthew", In *General Articles on the New Testament: Matthew-Mark*, pp. 90-509. NIB 8. Nashville: Abingdon Press, 1995.

Bosworth, A. B. "Vespasian and the Slave Trade", *The Classical Quarterly* 52, no. 1 (2002): pp. 350-357.

Bovon, François. *Luke 1: A Commentary on the Gospel of Luke 1:1-9:50.* Hermeneia 63A. Edited by Helmut Koester. Translated by Christine M. Thomas. Minneapolis, MN: Fortress Press, 2002.

Braxton, Brad Ronnell. *No Longer Slaves: Galatians and African American Experience.* Collegeville, MN: Liturgical Press, 2002.

Brooks, Walter H. *The Silver Bluff Church: A History of Negro Baptist Churches in America.* Washington, D.C.: Press of R. L. Pendleton, 1910.

Brown, Michael Joseph. *The Blackening of the Bible: The Aims of African American Biblical Scholarship.* Harrisburg, PA: Trinity Press International, 2004.

Brown, Raymond. *An Introduction to the New Testament.* Anchor Bible Reference Library. New Haven, CT: Yale University Press, 1997. 『신약개론』(CLC).

Bruce, F. F. *The Epistles to the Colossians, to Philemon, and to the Ephesians.* NICNT. Grand Rapids, MI: Eerdmans, 1984.

Burnett, Clint. "Eschatological Prophet of Restoration: Luke's Theological Portrait of John the Baptist in Luke 3:1-6", *Neotestamentica* 47 (2013): pp. 1-24.

Burridge, Richard. *Imitating Jesus: An Inclusive Approach to New Testament Ethics.* Grand Rapids, MI: Eerdmans, 2007.

Buth, Randall. "That Small-Fry Herod Antipas, or When a Fox Is Not a Fox", *Jerusalem Perspective*. September 1, 1993. www.jerusalemperspective.com/2667/.

Callahan, Allen Dwight. "Paul's Epistle to Philemon: Toward an Alternative Argumentum", *Harvard Theological Review* 86, no. 4 (1993): pp. 357-376.

_____. *The Talking Book: African Americans and the Bible*. New Haven, CT: Yale University Press, 2006.

Carpenter, C. C. J., et al. "A Call for Unity." April 12, 1963. www3.dbu.edu/mitchell/documents/ACallforUnityTextandBackground.pdf.

Cassidy, Ron. "The Politicization of Paul: Romans 13:1-7 in Recent Discussion", *The Expository Times* 121, no. 8 (2010): pp. 383-389.

Christensen, Duane L. *Deuteronomy 21:10-34:12*. WBC 6B. Grand Rapids, MI: Zondervan, 2002. 『WBC 성경주석시리즈 신명기 6(하)』(솔로몬).

Ciampa, Roy E., and Brian S. Rosner. *The First Letter to the Corinthians*. PNTC. Grand Rapids, MI: Eerdmans, 2010.

Clements, Ronald E. "The Book of Deuteronomy", In *Numbers-2 Samuel*, pp. 271-539. NIB 2. Nashville: Abingdon Press, 1998.

Cone, James. "Biblical Revelation and Social Existence", *Interpretation* 28, no. 4 (1974): pp. 422-440.

_____. *A Black Theology of Liberation Fortieth Anniversary Edition*. New York: Orbis Books, 1970.

_____. *The Cross and the Lynching Tree*. Maryknoll, NY: Orbis, 2013.

Copher, Charles B. *Black Biblical Studies: Biblical and Theological Issues on the Black Presence in the Bible*. Chicago: Black Light Fellowship, 1993.

Craigie, Peter C. *The Book of Deuteronomy*. NICOT. Grand Rapids, MI: Eerdmans, 1976.

Crowder, Stephanie Buckhanon. "Luke", In *True to Our Native Land: An African American New Testament Commentary*, edited by Brian K. Blount, pp. 186-213. Minneapolis, MN: Fortress Press, 2007.

Culpepper, Alan R. "The Gospel of Luke", In *The Gospel of Luke-The Gospel of John*, pp. 3-492. NIB 9. Nashville: Abingdon Press, 1995.

Deming, Will. "A Diatribe Pattern in 1 Cor. 7:21-22: A New Perspective on Paul's Directions to Slaves", *Novum Testamentum* 37, no. 2 (1995): pp. 130-137.

Douglass, Frederick. *The Life of an American Slave*. Boston: Anti-Slavery Office, 1845.

_____. "The Meaning of July Fourth for the Negro." July 5, 1852. http://masshumanities.org/files/programs/douglass/speech_complete.pdf.

Du Bois, W. E. B. *The Souls of Black Folk*. 1903. Reprint, New York: Dover Publications,

1994.

Dunbar, Paul Laurence. "We Wear the Mask", *Lyrics of Lowly Life*. New York: Dodd, Mead, and Company, 1896.

Dunn, James D. G. "The Letters to Timothy and the Letter to Titus", In *2 Corinthians-Philemon*, pp. 775-882. NIB 11. Nashville: Abingdon Press, 2000.

Equiano, Olaudah. "Traditional Ibo Religion and Culture", In *African American Religious History: A Documentary Witness*, edited by Milton C. Sernett, pp. 13-19. Durham, NC: Duke University Press, 1999.

Felder, Cain Hope. "The Letter to Philemon", In *2 Corinthians-Philemon*, pp. 883-909. NIB 11. Nashville: Abingdon Press, 2000.

_____. "Race, Racism, and the Biblical Narratives", In *Stony the Road We Trod: African American Biblical Interpretation*, edited by Cain Hope Felder, pp. 127-145. Minneapolis, MN: Fortress Press, 1991.

_____. *Stony the Road We Trod: African American Biblical Interpretation*. Minneapolis, MN: Fortress Press, 1991.

_____. *Troubling Biblical Waters: Race, Class, and Family*. Maryknoll, NY: Orbis Books, 1989.

Fletcher-Louis, C. "Priests and Priesthood", In *Dictionary of Jesus and the Gospels*, 2nd ed., edited by Joel B. Green, Jeannine K. Brown, and Nicholas Perrin, pp. 696-705. Downers Grove, IL: InterVarsity Press, 2013.

Flexsenhar, Michael. "Recovering Paul's Hypothetical Slaves: Rhetoric and Reality in 1 Corinthians 7:21", *Journal for the Study of Paul and His Letters* 5, no. 1 (2015): pp. 71-88.

Fowl, Stephen. *Ephesians: A Commentary*. Louisville, KY: Westminster John Knox Press, 2012.

France, R. T. *The Gospel of Matthew*. NICNT. Grand Rapids, MI: Eerdmans, 2007. 『NICNT 마태복음』(부흥과개혁사).

Fuhrmann, Christopher J. *Policing the Roman Empire: Soldiers, Administration, and Public Order*. Oxford, UK: Oxford University Press, 2012.

Garland, David E. *1 Corinthians*. BECNT. Grand Rapids, MI: Baker Academic, 2003. 『(BECNT) 고린도전서』(부흥과개혁사).

Gaventa, Beverly Roberts. "Is Galatians Just A 'Guy Thing'?" *Interpretation: A Journal of Bible and Theology* 54, no. 3 (2000): pp. 267-278.

_____. "Reading Romans 13 with Simone Weil: Toward a More Generous Hermeneutic", *Journal of Biblical Literature* 136, no. 1 (2017): p. 7.

Glancy, Jennifer A. "The Utility of an Apostle: On Philemon 11", *Journal of Early Christian History* 5, no. 1 (2015): pp. 72-86.

González, Justo L. *Mañana: Christian Theology from a Hispanic Perspective*. Nashville: Abingdon Press, 1990.

Green, Joel. *The Gospel of Luke*. NICNT. Grand Rapids, MI: Eerdmans, 1997. 『NICNT 누가복음』(부흥과개혁사).

Haas, G. H. "Slave, Slavery", In *Dictionary of Old Testament: Pentateuch*, edited by T. Desmond Alexander and David W. Baker, pp. 778-782. Downers Grove, IL: InterVarsity Press, 2003.

Häkkinen, Sakari. "Poverty in the First-Century Galilee", *Hervormde Teologiese Studies* 72, no. 4 (2016): pp. 1-9.

Hall, Stuart G., ed. *Gregory of Nyssa, Homilies on Ecclesiastes*. Berlin: De Gruyter, 2012.

Hamilton, Victor P. *Exodus: An Exegetical Commentary*. Grand Rapids, MI: Baker Academic, 2011. 『출애굽기』(솔로몬).

_____. *The Book of Genesis: Chapters 1-17*. NICOT. Grand Rapids, MI: Eerdmans, 1990. 『NICOT 창세기 1』(부흥과개혁사).

Harrill, J. Albert. "The Vice of Slave Dealers in Greco-Roman Society: The Use of a Topos in 1 Timothy 1:10", *Journal of Biblical Literature* 118, no. 1 (1999): pp. 97-122.

Hays, Richard. *The Moral Vision of the New Testament: A Contemporary Introduction to New Testament Ethics*. San Francisco: HarperSanFrancisco, 1996. 『신약의 윤리적 비전』(IVP).

Hoehner, H. W. "Herod", In *The International Standard Bible Encyclopedia* (Revised), edited by Geoffery W. Bromiley, pp. 588-598. Grand Rapids, MI: Eerdmans, 1979.

Holland, Tom. *Dominion: How the Christian Revolution Remade the World*. New York: Basic Books, 2019. 『도미니언』(책과함께).

Horsley, Richard A. *Paul and Politics: Ekklesia, Israel, Imperium, Interpretation*. Harrisburg, PA: Trinity Press International, 2000.

Hossfeld, Frank-Lothar, and Erich Zenger. *Psalms 3: A Commentary on Psalms 101-150*. Edited by Klaus Baltzer. Translated by Linda M. Maloney. Hermeneia 19C. Minneapolis, MN: Fortress Press, 2011.

Hoyt, Thomas Jr. "Interpreting Biblical Scholarship for the Black Church Tradition", In *The Stony Road We Trod: African American Biblical Interpretation*, edited by

Cain Hope Felder, pp. 17-39. Minneapolis, MN: Fortress Press, 1991.

Ingraham, Christopher. "You Really Can Get Pulled Over for Driving While Black, Federal Statistics Show", *The Washington Post*. September 9, 2014. www.washingtonpost.com/news/wonk/wp/2014/09/09/you-really-can-get-pulled-over-for-driving-while-black-federal-statistics-show.

Isichei, Elizabeth. *A History of Christianity in Africa: From Antiquity to the Present*. London: SPCK, 1995.

Jennings, William James. *The Christian Imagination: Theology and the Origins of Race*. New Haven, CT: Yale University Press, 2010.

Jensen, Morten Hørning. "Antipas: The Herod Jesus Knew", *Biblical Archaeology Review* 38, no. 5 (September 2012): pp. 42-46.

_____. *Herod Antipas in Galilee: The Literary and Archaeological Sources on the Reign of Herod Antipas and Its Socio-Economic Impact on Galilee*. WUNT 2/215. Tübingen, Germany: Mohr Siebeck, 2006.

Jewett, Robert. *Romans: A Commentary*. Minneapolis, MN: Fortress, 2007.

Johnson, Luke Timothy. *The Gospel of Luke*, Sacra Pagina. Collegeville, MN: Liturgical Press, 1991. 『루카복음서』(대전 가톨릭대학교 출판부).

Johnson, M. V., J. A. Noel, and D. K. Williams, eds. *Onesimus Our Brother: Reading Religion, Race, and Culture in Philemon*. Minneapolis, MN: Fortress, 2012.

Junior, Nyasha. *An Introduction to Womanist Biblical Interpretation*. Louisville, KY: Westminster John Knox Press, 2015.

Keck, Leander. *Romans*. Abingdon New Testament Commentaries. Nashville: Abingdon Press, 2005.

Keener, Craig S. *Galatians: A Commentary*. Grand Rapids, MI: Baker Academic, 2019.

Kendi, Ibram X. *Stamped from the Beginning: The Definitive History of Racist Ideas in America*. New York: Nation Books, 2017.

King, Martin Luther, Jr. "I Have a Dream", In *I Have a Dream: Speeches and Writings that Changed the World*, edited by James M. Washington, pp. 101-106. New York: HarperCollins, 1992. 『나에게는 꿈이 있습니다』(예찬사).

_____. "Letter from a Birmingham Jail", In *I Have a Dream: Speeches and Writings That Changed the World*, edited by James M. Washington, pp. 83-106. New York: HarperCollins, 1992.

_____. "Where Do We Go from Here?", In *I Have a Dream: Speeches and Writings That Changed the World*, edited by James M. Washington, pp. 169-179. New York: HarperCollins, 1992.

Knight, George W., III. *The Pastoral Epistles*. NIGTC. Grand Rapids, MI: Eerdmans, 1992.

Lewis, Lloyd A. "Philemon". In *True to Our Native Land: An African American Commentary on the New Testament*, edited by Brian K. Blount, pp. 437-443. Minneapolis, MN: Fortress Press, 2007.

Lincoln, Eric C., and Lawrence H. Mamiya. *The Black Church in the African American Experience*. Durham, NC: Duke University Press, 1990.

Lohse, Eduard. *Colossians and Philemon: A Commentary on the Epistles to the Colossians and to Philemon*. Edited by Köster Helmut. Translated by William R. Poehlmann. Minneapolis, MN: Fortress Press, 1971.

Luz, Ulrich. *Matthew 1-7: A Commentary on Matthew 1-7*. Edited by Helmut Koester. Translated by James E. Crouch. Hermeneia 61A. Minneapolis, MN: Fortress Press, 2007.

Marcus, Joel. "Herod Antipas". In *John the Baptist in History and Theology*, pp. 98-112. Columbia, SC: University of South Carolina Press, 2018.

_____. *Mark 1-8: A New Translation with Introduction and Commentary*. Anchor Bible. New York: Doubleday, 2000.

Marshall, I. Howard. *The Gospel of Luke: A Commentary on the Greek Text*. NIGTC. Grand Rapids, MI: Eerdmans, 1978.

Martin, Clarice J. "1-2 Timothy, Titus". In *True to Our Native Land: An African American Commentary on the New Testament*, edited by Brian K. Blount, pp. 409-436. Grand Rapids, MI: Fortress Press, 2007.

Martinsen, Anders. "Was There New Life for the Social Dead in Early Christian Communities? An Ideological-Critical Interpretation of Slavery in the Household Codes". *Journal of Early Christian History* 2, no. 1 (2012): pp. 55-69.

Martyn, James Louis. *Galatians: A New Translation with Introduction and Commentary*. Anchor Bible. New Haven, CT: Yale University Press, 1997. 『갈라디아서』(기독교문서선교회).

May, Cedric, and Julie McCown. "An Essay on Slavery: An Unpublished Poem by Jupiter Hammon". *Early American Literature* 40 (2013), pp. 457-471.

McCaulley, Esau. *Sharing in the Son's Inheritance: Davidic Messianism and Paul's Worldwide Interpretation of the Abrahamic Land Promise in Galatians*. London: T&T Clark, 2019.

"Members of the Historically Black Protestant Tradition Who Identify as Black". *Pew*

Research Forum. www.pewforum.org/religious-landscape-study/racial-and-ethnic-composition/black/religious-tradition/historically-black-protestant.

Milgrom, Jacob. *Leviticus 23-27*. Anchor Bible. New York: Doubleday, 2001.

Mitchell, Margaret M. "John Chrysostom on Philemon: A Second Look", *Harvard Theological Review* 88, no. 1 (1995): pp. 135-148.

Morris, Leon. *The Epistle to the Romans*. Grand Rapids, MI: Eerdmans, 1987.

_____. *The Gospel According to Matthew*. PNTC. Grand Rapids, MI: Eerdmans, 1992.

Morrison, Craig E. *2 Samuel*. Berit Olam. Collegeville, MN: The Liturgical Press, 2013.

Motyer, J. Alec. *The Prophecy of Isaiah: An Introduction and Commentary*. Downers Grove, IL: InterVarsity Press, 1993. 『이사야 주석』(솔로몬).

Mounce, Robert. *The Book of Revelation*. NICNT Revised. Grand Rapids, MI: Eerdmans, 1997. 『NICNT 요한계시록』(부흥과개혁사).

Murphy, Larry G. "Evil and Sin in African American Theology", In *The Oxford Handbook of African American Theology*, edited by Katie G. Cannon and Anthony B. Pinn, pp. 212-227. Oxford, UK: Oxford University Press, 2014.

Noel, James A. "Nat Is Back: The Return of the Re/Oppressed in Philemon", In *Onesimus Our Brother: Reading Religion, Race, and Culture in Philemon*, edited by Matthew V. Johnson, James A. Noel, and Demetrius K. Williams, pp. 59-90. Minneapolis, MN: Fortress Press, 2012.

Noll, Mark. *The Rise of Evangelicalism*. Downers Grove, IL: IVP Academic, 2003. 『복음주의 발흥』(기독교문서선교회).

Nolland, John. *Luke 1-9:20*. WBC 35A. Grand Rapids, MI: Zondervan, 1989. 『WBC 성경주석시리즈 누가복음 35(상)』(솔로몬).

Novenson, Matthew V. *The Grammar of Messianism: An Ancient Jewish Political Idiom and Its Users*. Oxford, UK: Oxford University Press, 2017.

Oliver, Isaac W. *Torah Praxis After 70 CE: Pleading Matthew and Luke-Acts as Jewish Texts*. WUNT 2/355. Tübingen, Germany: Mohr Siebeck, 2013.

O'Neal, Sondra. "A Subtle War: Phyllis Wheatley's Use of Biblical Myth and Symbol", *Early American Literature* 21 (1986), pp. 144-165.

Pao, David W. *Colossians and Philemon*. ZECNT. Grand Rapids, MI: Zondervan, 2012. 『강해로 푸는 골로새서, 빌레몬서』(디모데).

Parson, Michael C. *Acts*. Paideia. Grand Rapids, MI: Baker, 2008.

Payne, Daniel Alexander. "Welcome to the Ransomed", In *African American Religious History: A Documentary Witness*, edited by Milton C. Sernett, pp. 232-244. Durham, NC: Duke University Press.

Perkins, Pheme. "Taxes in the New Testament", *The Journal of Religious Ethics* 12 (1984): pp. 182-200.

Powery, Luke. "Gospel of Mark", In *True to Our Native Land: An African American New Testament Commentary*, edited by Brian K. Blount, 1. Minneapolis, MN: Fortress Press, 2007.

Prewitt, J. F. "Candace", In *International Standard Bible Encyclopedia (Revised)*, edited by Geoffery W. Bromiley, p. 591. Accordance e-book version 1.2. Grand Rapids, MI: Eerdmans, 1979.

Propp, William H. C. *Exodus 19-40: A New Translation with Introduction and Commentary*. Anchor Bible. New York: Doubleday, 2006.

Raboteau, Albert J. *Canaan Land: A Religious History of African Americans*. Religion in American Life. New York: Oxford University Press, 2001.

Riesner, R. "Archeology and Geography", In *Dictionary of Jesus and the Gospels*, 2nd ed., edited by Joel B. Green, Jeannine K. Brown, and Nicholas Perrin, pp. 45-59. Downers Grove, IL: InterVarsity Press, 2013.

Rooker, Mark F. *Leviticus*. Edited by E. Ray Clendenen and Kenneth A. Mathew. NAC 3A. Nashville: Broadman & Holman Publishers, 2000. 『(NAC) 레위기』(부흥과개혁사).

Rowe, C. Kavin. *Early Narrative Christology: The Lord in the Gospel of Luke*. Berlin: Walter de Gruyter, 2006.

Rowland, Christopher C. "The Book of Revelation", In *Hebrews-Revelation*, pp. 502-745. Nashville: Abingdon Press, 1998.

Sanders, Cheryl J., Cheryl Townsend Gilkes, Katie G. Cannon, Emilie M. Townes, M. Shawn Copeland, and bell hooks. "Roundtable Discussion: Christian Ethics and Theology in Womanist Perspective", *Journal of Feminist Studies in Religion* 5, no. 2 (1989): pp. 83-112.

Sarna, Nahum M. *Exodus*. The JPS Torah Commentary. Philadelphia: The Jewish Publication Society, 1991.

Sernett, Milton C., ed. *African American Religious History: A Documentary Witness*. Durham, NC: Duke University Press, 1999.

Shore, Mary Hinkle. "The Freedom of Three Christians: Paul's Letter to Philemon and the Beginning of a New Age", *Word & World* 38 (2018): pp. 390-397.

Simmons, Martha J., and Frank A. Thomas. *Preaching with Sacred Fire: An Anthology of African American Sermons, 1750 to the Present*. New York: W. W. Norton, 2010.

Simmons, William J. *Men of Mark: Eminent, Progressive and Rising*. Cleveland, OH: Geo M. Rewell & Co, 1887.

Smith, Eleanor. "Phillis Wheatley: A Black Perspective", *The Journal of Negro Education* 43, no. 3 (1974): pp. 401-407.

Smith, Mitzi J. *Insights from African American Interpretation*. Minneapolis, MN: Fortress Press, 2017.

_____. "Utility, Fraternity, and Reconciliation: Ancient Slavery as a Context for the Return of Onesimus", In *Onesimus Our Brother: Reading Religion, Race, and Culture in Philemon*, edited by M. V. Johnson, J. A. Noel, and D. K. Williams, pp. 47-58. Minneapolis, MN: Fortress, 2012.

Southern, Pat. *The Roman Army: A Social and Institutional History*. Santa Barbara, CA: ABC-CLIO, 2006.

Stein, Robert H. *Luke*. Edited by E. Ray Clendenen and David S. Dockery. NAC 24. Nashville: Broadman & Holman, 1992.

Stott, John. *Message of the Sermon on the Mount*. Downers Grove, IL: InterVarsity Press, 1978.

Strelan, Rick. *Luke the Priest: The Authority of the Author of the Third Gospel*. New York: Routledge, 2016.

Stuart, Douglas K. *Exodus*. NAC. Nashville: Broadman & Holman, 2006.

Stubbs, Monya A. "Subjection, Reflection, Resistance: An African American Reading of the Three-Dimensional Process of Empowerment in Romans 13 and the Free-Market", In *Navigating Romans Through Cultures: Challenging Readings by Charting a New Course*, edited by K. K. Yeo, pp. 171-198. New York: T&T Clark, 2004.

Talbert, Charles H. *Ephesians and Colossians. Paideia Commentaries on the New Testament*. Grand Rapids, MI: Baker Academic, 2007.

Thiselton, Anthony C. *The First Epistle to the Corinthians: A Commentary on the Greek Text*. NIGTC. Grand Rapids, MI: Eerdmans, 2000. 『NIGTC 고린도전서』(새물결플러스).

Thurman, Howard. *Jesus and the Disinherited*. Boston: Beacon Press, 1976.

Tiroyabone, Obusitswe Kingsley. "Reading Philemon with Onesimus in the Postcolony: Exploring a Postcolonial Runaway Slave Hypothesis", *Acta Theologica* 24 (2016): pp. 225-236.

Towner, Philip H. *The Letters to Timothy and Titus*. NICNT. Grand Rapids, MI: Eerdmans, 2006. 『NICNT 디모데전후서·디도서』(부흥과개혁사).

Ware, Frederick L. *Methodologies of Black Theology*. Eugene, OR: Wipf and Stock, 2002.

Watts, John. *Isaiah 34-66*. Grand Rapids, MI: Zondervan, 2005. 『WBC 성경주석시리즈 이사야 25(하)』(솔로몬).

Webb, William. *Slaves, Women, and Homosexuals*. Downers Grove, IL: IVP Academic, 2001.

Weems, Renita. *Battered Love: Marriage, Sex, and Violence in the Hebrew Prophets*. Minneapolis, MN: Fortress Press, 1995.

_____. "The Song of Songs", In *Introduction to Wisdom Literature: Proverbs-Sirach*, pp. 363-436. NIB 5. Nashville: Abingdon Press, 1997.

Whelchel, H. L. *The History and Heritage of African-American Churches: A Way Out of No Way*. St. Paul, MN: Paragon House, 2011.

Wimbush, Vincent. "The Bible and African Americans: An Outline of an Interpretive History", In *Stony the Road We Trod: African American Biblical Interpretation*, edited by Cain Hope Felder, pp. 91-97. Minneapolis, MN: Augsburg Fortress, 1991.

_____. "Introduction: Reading Darkness, Reading Scriptures", In *African Americans and the Bible: Sacred Texts and Social Textures*, edited by Vincent Wimbush, pp. 1-49. New York: Continuum, 2001.

Wright, N. T. *Paul and the Faithfulness of God*. Minneapolis, MN: Fortress Press, 2013. 『바울과 하나님의 신실하심』(크리스챤다이제스트).

인명 찾아보기

가랜드, 데이비드 David E. Garland 210, 245
가벤타, 비벌리 로버츠 Beverly Roberts Gaventa 54, 88, 245
곤잘레스, 후스토 Justo L. González 176, 246
골든버그, 데이비드 David M. Goldenberg 136
구디맙 Goodie Mob 18
그레고리우스, 니사의 Gregory of Nyssa 189, 201, 246
그린, 조엘 Joel B. Green 110, 118, 245, 246, 250
글랜시, 제니퍼 Jennifer A. Glancy 203, 246
길키스, 셰릴 타운센드 Cheryl Townsend Gilkes 236, 250

나스 Nas 179
나이트 3세, 조지 George W. Knight III 78, 248
노벤슨, 매튜 Matthew V. Novenson 177, 249

노엘, 제임스 James A. Noel 202-203, 205-206, 247, 249, 251
놀, 마크 Mark Noll 27-28, 249
놀랜드, 존 John Nolland 67, 105, 249

더글라스, 프레더릭 Frederick Douglass 35, 73-74, 83, 113, 170, 244
던, 제임스 James D. G. Dunn 77, 245
던바, 폴 로런스 Paul Laurence Dunbar 168, 245
데밍, 윌 Will Deming 209, 244
듀보이스, W. E. B. Du Bois 160, 244

라보트, 앨버트 Albert J. Raboteau 222, 250
라이트 N. T. Wright 2, 15, 85, 212, 252
람페, 페터 Peter Lampe 61
레이, 이사 Issa Rae 31, 33
로버츠, 도에티스 J. Doetis Roberts 238

인명 찾아보기 :: 253

로세, 에드워드 Edward Lohse 89, 248
로우, 케빈 C. Kavin Rowe 124-125, 250
로즈너, 브라이언 Brian S. Rosner 209-210, 244
롤런드, 크리스토퍼 Christopher C. Rowland 92, 250
루이스, 로이드 Lloyd A. Lewis 203, 248
루츠, 울리히 Ulrich Luz 94, 248
루커, 마크 Mark F. Rooker 194, 250
르조, 프랜시스 Francis le Jau 222
리스너, 라이너 Rainer Riesner 118, 250
링컨, 에릭 C. Eric Lincoln 227, 248

마미야, 로런스 Lawrence H. Mamiya 227, 248
마샬, 하워드 I. Howard Marshall 81, 248
마운스, 로버트 Robert H. Mounce 91-92, 249
마커스, 요엘 Joel Marcus 65, 82, 248
마틴, 루이스 J. Louis Martyn 86, 248
마틴, 클라리스 Clarice J. Martin 77, 248
마틴센, 앤더스 Anders Martinsen 211, 248
매컬리, 이서 Esau McCaulley 141-143, 154, 177, 248
머피, 래리 Larry G. Murphy 195, 249
메이, 세드릭 Cedric May 224, 248
모리슨, 크레이그 Craig E. Morrison 139, 249
모티어, 알렉 J. Alec Motyer 149, 249
미첼, 마거릿 Margaret M. Mitchell 203, 249
밀그롬, 제이컵 Jacob Milgrom 194-195, 249

바스, 조나단 S. Jonathan Bass 72, 242
바치 S. S. Bartchy 193, 242
버네트, 클린트 Clint Burnett 65, 243
버릿지, 리처드 Richard A. Burridge 49, 243
버스터, 오브리 Aubrey Buster 200
베버리지, 앨버트 Albert Beverage 195
베빙턴, 데이비드 David W. Bebbington 27, 243
베일리, 랜달 Randall Bailey 234, 242
보링, 유진 M. Eugene Boring 94, 243
보봉, 프랑수아 François Bovon 67, 105, 243
보스워스 A. B. Bosworth 78, 243
보캄, 리처드 Richard Bauckham 146, 243
볼드윈, 제임스 James Baldwin 159
부스 R. Buth 82, 243
브라운, 레이먼드 Raymond Brown 205, 243
브라운, 마이클 조지프 Michael Joseph Brown 230-231, 234, 237-238, 243
브라운, 제임스 James Brown 131
브루스 F. F. Bruce 205, 243
브룩스, 월터 Walter H. Brooks 227, 243
블라운트, 브라이언 Brian K. Blount 39, 90, 92, 203, 225-226, 235, 243, 244, 248, 250
블랙, 레너드 Leonard Black 183
블랙스톤, 브래드 로넬 Brad Ronnell Braxton 87, 235, 243

사르나, 나훔 Nahum M. Sarna 199, 200, 250
샌더스, 셰릴 Cheryl J. Sanders 236, 250
서던, 팻 Pat Southern 58, 251

서먼, 하워드 Howard Thurman 36-37, 111, 251

세넷, 밀턴 Milton C. Sernett 113, 116, 223, 245, 249, 250

소크라테스 Socrates 179

쇼어, 메리 힝클 Mary Hinkle Shore 202, 250

스미스, 미치 Mitzi J. Smith 203, 221, 251

스타인, 로버트 Robert H. Stein 82, 251

스텁스, 몬야 Monya A. Stubbs 51, 54, 251

스토트, 존 John Stott 98, 251

스튜어트, 더글라스 Douglas K. Stuart 139, 251

스트렐란, 릭 Rick Strelan 105, 251

시몬, 니나 Nina Simone 45

시몬스, 마샤 Martha Simmons 106, 250

시몬스, 윌리엄 William J. Simmons 227-228, 251

시저, 셜리 Shirley Caesar 18

아우구스투스 Caesar Augustus 59-60, 79, 242

아우구스티누스, 히포 Augustine of Hippo 132

아웃캐스트 OutKast 18

아주라라, 고메즈 Gomez Eanes de Azurara 167

아타나시우스, 알렉산드리아의 Athanasius of Alexandria 134

안드레 3000 André 3000 17, 20

앤, 데이비드 David E. Aune 91, 242

앤더슨, 버나드 Bernhard W. Anderson 164-165, 242

앨런, 리처드 Richard Allen 106, 226, 242

앨리슨, 데일 Dale C. Allison 93, 242

앨버트, 옥타비아 로저스 Octavia V. Rogers Albert 191, 242

에퀴아노, 올라우다 Olaudah Equiano 223, 245

옌젠, 모르텐 외르닝 Morten Hørning Jensen 80, 247

오닐, 손드라 Sondra O'Neale 224

올리버, 아이작 Issac W. Oliver 105, 249

와츠, 존 John D. W. Watts 84, 252

워커, 앨리스 Alice Walker 235

웨어, 프레더릭 Frederick L. Ware 235, 252

웰첼 H. L. Whelchel 222, 223, 225, 252

웹, 윌리엄 William Webb 210, 252

윌리엄스 D. K. Williams 202, 203, 206, 247, 249, 251

윔부시, 빈센트 Vincent Wimbush 221, 235, 252

윔스, 레니타 Renita J. Weems 131, 230, 237, 252

이시체이, 엘리자베스 Elizabeth Isichei 132-134, 247

잉그레이엄, 크리스토퍼 Christopher Ingraham 46, 247

잭슨, 마할리아 Mahalia Jackson 17-18

제닝스, 윌리 제임스 Willie James Jennings 162, 167, 247

존스, 압살롬 Absalom Jones 106

존스-워소, 코알라 Koala Jones-Warsaw 235-236

존슨, 루크 티모시 Luke Timothy Johnson 107-

109, 247
주니어, 냐샤 Nyasha Junior 235, 236, 247
주잇, 로버트 Robert Jewett 56, 247
줄리아누스(누비아로 파송되었던 선교사) Julian 133

쳉어, 에리히 Erich Zenger 166, 246
치암파, 로이 Roy E. Ciampa 209-210, 244

카펜터 C. C. J. Carpenter 72, 244
캐넌, 케이티 Katie G. Cannon 195, 236, 249, 250
캐시디 R. Cassidy 50, 244
캘러핸, 앨런 드와이트 Allen Dwight Callahan 108-109, 184, 203, 208, 221, 222, 229, 244
컬페퍼, 앨런 R. Alan Culpepper 67, 82, 83, 105, 126, 244
켁, 린더 Leander E. Keck 50, 247
켄디, 이브람 Ibram X. Kendi 130, 247
코퍼, 찰스 Charles B. Copher 230-231, 234, 242, 244
코프랜드, 숀 M. Shawn Copeland 236, 250
콘, 제임스 James H. Cone 185, 231-234, 238, 244
쿡, 샘 Sam Cooke 217
크라우더, 스테파니 뷰캐넌 Stephanie Buckhanon Crowder 107, 244
크레이기, 피터 Peter C. Craigie 194, 244

크리스텐센, 두에인 Duane L. Christensen 197, 244
클레멘츠, 로널드 Ronald E. Clements 198, 244
클레어, 라켈 Raquel St. Clair 235-236
클리블랜드, 제임스 James Cleveland 18
키너, 크레이그 Craig S. Keener 86, 247
킹, 마틴 루터 Martin Luther King Jr. 24, 72-73, 89, 93-94, 151-153, 163, 247

타우너, 필립 Philip H. Towner 212, 251
타운스, 에밀리 Emilie M. Townes 236, 250
탈버트, 찰스 Charles H. Talbert 86, 251
터너, 냇 Nat Turner 224
테르툴리아누스, 카르타고의 Tertullian of Carthage 132
토머스, 프랭크 Frank A. Thomas 106, 250
티로야보네, 오부시츠웨 킹슬리 Obusitswe Kingsley Tiroyabone 202, 206, 251
티슬턴, 앤서니 Anthony C. Thiselton 153, 251

파슨, 마이클 Michael C. Parson 149, 249
파오, 데이비드 David W. Pao 205, 249
파울, 스티븐 Stephen E. Fowl 86, 245
퍼만, 크리스토퍼 Christopher J. Fuhrmann 49, 56, 58-60, 245
퍼킨스, 페임 Pheme Perkins 60, 250
페닝턴, 제임스 W. C. James Pennington 184-185, 190, 192, 214-216
페인, 대니얼 알렉산더 Daniel Alexander Payne

115-116, 249
펠더, 케인 호프 Cain Hope Felder 62, 205, 230-231, 245, 246, 252
포웨리, 루크 Luke Powery 145-146, 250
폴러드, 마더 Mother Pollard 71
프랜스 R. T. France 98, 245
프랭클린, 커크 Kirk Franklin 101
프레윗 J. F. Prewitt 146, 250
프로프, 윌리엄 William H. C. Propp 199, 250
프루멘티우스, 악숨의 Frumentius of Axum 133
플레처-루이스 C. Fletcher-Louis 110, 245
플렉센하, 마이클 Michael Flexsenhar 209, 210, 245
하릴 J. A. Harrill 78, 246
하스 G. H. Haas 193, 195, 246

하키넨, 사카리 Sakari Häkkinen 82, 246
해먼, 주피터 Jupiter Hammon 224, 248
해먼드, 제임스 헨리 James Henry Hammond 194
해밀턴, 빅터 Victor P. Hamilton 135, 199, 246
헤이스, 리처드 Richard Hays 49, 246
호스펠드, 프랭크 로타 Frank-Lothar Hossfeld 166, 246
호슬리, 리처드 Richard A. Horsley 85, 246
호이트, 토머스 Thomas Hoyt Jr. 62, 246
홀, 스튜어트 Stuart G. Hall 189, 246
홀랜드, 톰 Tom Holland 189, 201, 246
화이트, 리언 Leon White 230
회너 H. W. Hoehner 79, 82, 246
훅스, 벨 bell hooks 236, 250
휘틀리, 필리스 Phyllis Wheatley 224, 249, 251

성경 찾아보기

구약성경

창세기

9:20-27 136
10:1-32 135
11장 135
12:1-3 135, 139
12:3 141
13장 135
15:17-18 141
17장 135
18:25 45
22장 135
28장 135
35장 135
39:8-9 213
41:40 137

48장 135
48:3-5 137
50:19-21 174

출애굽기

2:1-10 234
2:11-15 54
3:1-22 54
3:7-8 183
3:7-10 53, 190
12:38 138-139
19-40장 199
21:20-21 198-199
21:26-27 199-200
32:1-17 125

레위기

10:10-11 110

11:45 190

23-27장 194-195, 249

25:39-46 194

신명기

7:8 190

15:12-15 193

21:10-34:12 197, 244

23:15-16 197

24:1-4 187

24:17 191

사무엘하

7:14 139

시편

3편 166

69:23-24 165

72편 139-143

72:1-4 124, 140-141

72:8 141

101-150편 166, 246

109편 165

109:7-10 165

137편 166-170, 172, 173, 178-179

137:1-2 166

137:3-5 167

137:7-9 169

아가

1:5 131

이사야

1:4 84

1:17 84

2:1-5 136

2:2-4 196

2:2-5 172

2:3 196

5:7-8 233

5:8 84

5:11 233

9:6-7 95-96

9:7 96-97

11:1-9 97

11:1-10 173

11:6-9 97

13:11 91

14:4-6 91

14:13 91

25:6 196

34-66장 84, 252

40장 113-114

40-66장 126

42:9 87-88

49:6 172

51:4 197

51:9-10 121

52:10-12 121-122

52:11-12 147-148

52:13-53:12 122, 126, 147

53장 147-148

58:1-6 129

58:3 127

58:5-6 127

58:6 126-127

61:1 126, 128

61:1-2 84

65:13 87-88

65:17 87-88

예레미야

8:20 112

에스겔

37:1-14 115

다니엘

2:20-21 55

7:1-28 54

하박국

2:1-4 90

스가랴

8:20-23 172

신약성경

마태복음

1-7장 94, 248

1:1 136, 142

1:18-19 117

5-7장 93

5:4 94

5:6 94

5:9 75, 96

10:28 51

10:38 145

16:21 186

16:24 145

19:3-8 186-187

22:31-32 115

23:32 115

26:52 55

27:27-30 68

28:18-20 79

마가복음

1-8장 82, 248

10:47 142

누가복음

1장 67, 105, 243

1-2장 79

1:1 67, 106, 243

1:1-4 106, 108

1:1-9:50 105, 243

1:6 112

1:35 118

1:38 145

1:50 120

1:51 120

1:52-53 101

1:52-54 120

1:66 115

1:68-79 65

1:71-79 177

2:25 113

2:33-35 122

3:1-6 65, 243

3:4-6 66

3:10-14 112

3:14 66-67

3:22 124

4:1-13 125

4:14-21 85

7:19 177

13:31 80

13:32 75

13:32-33 82

13:33 83

23:34 178

24:25-27 186

요한복음

1:14 118

8:56 142

사도행전

1:8 146

8:4 146

8:26 146

8:32-33 147

13:1-3 151

15장 105

17:26 223

26:8 118

로마서

3:23 176

4:25 86, 147, 176, 234

5:5 217

8:17 145

8:32 86, 147

9:16 76

9:17 53, 69

11:13 153

13장 54, 76

13:1-2 50-55, 76

13:1-7 49-50, 63, 74-76, 99-100, 244

13:3-4 56-57, 61, 66-67

13:4 63

15:8 142-143

15:12 142-143

16:13 146

고린도전서

1:18 159

1:18-31 204

1:26-29 149-150

1:28 128

7:17 208

7:21 209, 245

7:21-23 209

7:21-24 201, 208-211

9:20-23 153

15:12-19 179-180

고린도후서

4:13 17

갈라디아서

1:3-5 86

1:4 75, 147

2:20 147, 176

3:16 136

3:19-24 188

3:21 188

3:28 37, 88, 153-154

4:4-5 106

4:4-7 106

4:16 71

4:19 145

에베소서

1:21 86

빌립보서

2:6-8 175

2:6-11 204

골로새서

1:13 88-89

디모데전서

1:8-11 78, 100

1:10 78, 246

2:1-4 75-77, 92, 99-100

2:1-7 99

6:1-2 184

6:1-3 38, 185, 201-202, 211-214, 239

빌레몬서

1절 202

8-9절 204

9절 202

10절 202

11절 203
12절 202
23절 202

야고보서
1:27 178
2:5 128

요한1서
1:3-4 144

요한계시록
1:1-20 154
2:1-3:22 154

4:1-11 154
5:1-4 154
5:5 143, 155
6-8장 154
6:10 180
7:9 180
7:9-10 155
17-22장 91
18장 75, 90, 92
18:2 90
18:21-24 180
18:24 92
19:11-14 173
21:3-4 188-189

옮긴이 백지윤은 이화여대 의류직물학과를 졸업하고, 서울대 미술대학원에서 미술 이론을, 캐나다 리젠트 칼리지에서 기독교 문화학을 공부했다. 2023년 현재 캐나다 밴쿠버에 살면서, 다차원적이고 통합적인 하나님 나라 이해, 종말론적 긴장, 창조와 새창조, 인간의 의미 그리고 이 모든 주제에 대해 문화와 예술이 갖는 관계 등에 관심을 가지고 번역 일을 하고 있다. 옮긴 책으로는 『손에 잡히는 바울』, 『이것이 복음이다』, 『모든 사람을 위한 신약의 기도』, 『오늘이라는 예배』, 『밤에 드리는 기도』, 『알라』, 『일과 성령』, 『세상에 생명을 주는 신학』, 『바보와 이단』, 『돈은 중요하다』, 『BST 스가랴』, 『BST 예레미야애가』(이상 IVP) 등이 있다.

진리는 나의 집에 있었다

초판 발행_ 2023년 9월 7일

지은이_ 이서 매컬리
옮긴이_ 백지윤
펴낸이_ 정모세

펴낸곳_ 한국기독학생회출판부
등록번호_ 제2001-000198호(1978.6.1)
주소_ 04031 서울시 마포구 동교로 156-10
대표 전화_ (02) 337-2257 팩스_ (02) 337-2258
영업 전화_ (02) 338-2282 팩스_ 080-915-1515
홈페이지_ http://www.ivp.co.kr 이메일_ ivp@ivp.co.kr
ISBN 978-89-328-2180-1

ⓒ 한국기독학생회출판부 2023

책값은 뒤표지에 있습니다.
무단 전재와 복제를 금합니다.